U0858243

社会角色概论

齐世泽／著

中国方正出版社

图书在版编目（CIP）数据

社会角色概论/齐世泽著．—北京：中国方正出版社，2020.10

ISBN 978-7-5174-0881-9

Ⅰ.①社… Ⅱ.①齐… Ⅲ.①社会角色—研究 Ⅳ.①C912.6

中国版本图书馆 CIP 数据核字（2020）第 202153 号

社会角色概论

齐世泽 **著**

责任编辑：王庆展
责任校对：周志娟
责任印制：李惠君

出版发行：中国方正出版社
（北京市西城区广安门南街甲 2 号　邮编：100053）
编辑部：（010）59594690　印制部：（010）59594625
发行部：（010）66560938　门市部：（010）66562755
网　址：www.lianzheng.com.cn
经　　销：新华书店
印　　刷：北京中科印刷有限公司

开　　本：880 毫米×1230 毫米　1/32
印　　张：9.75
字　　数：245 千字
版　　次：2021 年 1 月第 1 版　2021 年 1 月北京第 1 次印刷

ISBN 978-7-5174-0881-9　定价：39.00 元

（本书如有印装质量问题，请与本社发行部联系退换）

立足当代中国实际，关注改革开放和现代化建设提出的时代课题

（代序）

许全兴

同世界一样，当代中国也正处于深刻的大变革时期，改革开放和现代化建设向哲学提出了新的课题。中国哲学家应当立足当代中国现实，关注改革开放和现代化建设中提出的哲学问题。

共产党最终的历史使命是解放无产阶级和解放全人类，建立“自由人的联合体”，即共产主义的理想社会。人的自由而全面的发展是马克思恩格斯终身追求的价值指向。但在一个很长时期里，人的问题没有得到应有的重视。随着社会主义市场经济的发展和知识经济时代的日益临近，主体问题、人的现代化问题和人的解放问题已经成为当代哲学社会科学研究的热点问题。由于旧中国没有经过资本主义阶段，生产能力、科学技术和教育十分落后，商品经济很不发达，资产阶级软弱，民主制度无有，资产阶级的个性解放任务没有完成。20世纪中国资产阶级哲学的一个根本缺陷是不讲个性自由，不讲主体性。由于社会发展客观条件的制约，

时至今日，封建主义残余和小生产习惯势力的影响仍广泛存在着，民主主义的个性解放任务还没有完成，人的主体地位还没有完全确立。在新世纪，马克思主义哲学要十分关注人的问题，关注人的现代化和人的解放问题。人的全面发展是社会主义的本质要求，人的自由发展同样也是社会主义的本质要求。就我国社会的现状而言，人的自由发展，人的解放，更具有现实性和紧迫性。人的自由，既是发展的手段，更是发展的目的。我们所要建立的理想社会，不仅是富强的、民主的、文明的，而且是自由的，是个性能得到自由全面发展的社会。在人的研究上，我们要坚持历史唯物主义指导，警惕抽象人性论的复活，防止把马克思主义人道主义化。

人是理性与非理性的统一。对非理性主义的批判是必要的，但由此否定非理性，不从正面去研究非理性则是错误的。在人类社会发展中，在现代化进程中，人的欲望、情感、意志、信仰等非理性因素起着极为重要的作用。一个人的活力是由非理性因素启动的。一个人的成就在很大程度上取决于非理性因素的正确发挥。抑制、否认非理性因素，势必把人搞得死气沉沉，形同槁木，也使社会失去活力。

人们在认识世界和改造世界过程中需要克服许多困难和障碍，需要付出艰苦的努力和巨大的代价。为此，需要有不屈不挠的坚强意志。中国古代哲人老子讲："强行者有志。"尼采看到了把世界"本来如此这般"转化为"应当成为如此这般"过程中意志的决定作用。① 毛泽东在青年时代就说过："意志也者，固人生事业

① 见尼采：《权力意志》，载《西方现代资产阶级哲学论著选集》，商务印书馆1982年版，第15页。

之先驱也。”[1] 在晚年，他仍说：“一定要锻炼意志。”[2] 可以讲，古今中外，大凡有作为的政治家、军事家、科学家，无不具有坚强的意志。惊天动地的伟业，与意志薄弱者无缘。锻炼意志应是人生修养的重要内容之一。意志可分为个人意志和群体（民族、国家、阶级、党派、团体等）意志。国家意志，是构成一个国家综合国力的重要因素。美国学者克莱因提出的综合国力计算方程为：综合国力=（基本实体+经济实力+军事实力）×（战略意图+国家意志）。英国学者汤普逊的方程式则为：国家实力=（人力+资源）×意志。[3] 当然，盲目的意志也会给个人和社会带来负面的效果，乃至灾难。唯意志论要批判，但不能由此忽视意志的作用。从哲学上对意志作出科学的说明具有重大价值。

总之，非理性因素引导得好，发挥得好，对人的认识和实践，对社会的发展，可以起极大的促进作用。反之，若不加以正确引导，任其无节制地放任发展，则可起极大的破坏作用。科学指导下的信仰是强大的精神动力。盲目的、反科学的信仰（迷信）则可产生极大的破坏力。受传统的影响，许多人把非理性的研究仅限于认识论领域。其实，非理性因素对人的影响主要不是表现在认识上，而是表现在行为上、实践上。非理性问题与其说是个认识论问题，不如说更主要是人性问题、历史观问题。总之，对非理性全面的研究已提到马克思主义哲学的议事日程上。

---

① 见毛泽东：《体育之研究》（1917 年 4 月 1 日），载《毛泽东早期文稿》，湖南出版社 1990 年版，第 72 页。

② 见毛泽东：《致李讷》（1958 年 2 月 3 日），载《老一辈革命家书选》，中央文献出版社、生活·读书·新知三联书店 1990 年版，第 56 页。

③ 转引自郑必坚主编：《当代世界经济》，中共中央党校出版社 2004 年版，第 2—3 页。

哲学的使命不仅在于解释世界，更重要的在于改造世界。迄今为止的哲学研究，重点在世界是什么和怎么认识，重点在本体论和认识论，而忽视了改造应是什么和怎么去做，忽视了需要论、价值论和实践论的研究，忽视了改造世界规律的研究。世界应是什么，不只是对世界的简单反映，掌握世界的规律，而且还包含着人的价值需要、审美需要等主观欲求。指导人们直接行动的实践观念（即改造世界的图样、计划、政策、步骤等），是真、善、美三者的统一。从认识客观对象的规律（理性观念）到形成改造客观对象的图样和计划（实践观念），这是一个复杂的过程，其中包括对计划的可行性论证和图样的设计监理。从形成改造对象的图样和计划到把图样和计划转化为现实（即图样和计划的对象化），这更是一个复杂的过程，其中包括对实践过程的控制和工程监理等问题。成功的实践不仅要符合客观规律，而且要尽可能地满足人的价值需要和审美需要，要符合实践规律。人类追求的境界是真、善、美三者的和谐统一。随着社会的进步，科学技术的迅猛发展，人们对善和美的追求将日益强烈。马克思主义哲学研究的重点应放在世界应是什么和怎么去做上，亦即探求如何改造世界的规律方面。

哲学的研究可分为不同层次。在重视基础理论研究的同时，也不可轻视应用哲学的研究。近十多年来，文化哲学、经济哲学、发展哲学、社会哲学、政治哲学等研究都有较大的进展。哲学的通俗化、大众化和现实化，是哲学发展的重要环节，它反过来可以促进哲学的提高和发展。我们要认真总结这方面的经验教训，把它做得更好。

目录

第一章 角色和社会角色

这里讨论的社会角色，不是我们表达某人在某个事件中所发挥作用时经常说的角色，也不是社会学和社会心理学理论中说的角色，更不是戏曲舞台或影视作品中所谓的角色，而是一个哲学概念—— 一个标志人们社会性和实践性的历史唯物主义概念。

人的社会性和实践性原理，是马克思在清算德国古典哲学和人本主义遗产的过程中发现的，是《关于费尔巴哈的提纲》和《德意志意识形态》两个重要文献的主题。现在，正确把握人的社会性和实践性原理，再次成为能否坚持历史唯物主义哲学立场的关键问题。

所谓人的社会性，按照马克思的话说，是指每个人的本质都是其在实践活动中结成的各种社会关系的总和。在阶级社会，每个人的社会关系总和表达为其所处的阶级地位。而在中国特色社会主义新时代，一方面，阶级斗争还在一定范围内长期存在；另一方面，社会主要矛盾已经转化为人民日益增长的美好生活需要和不平衡不充分的发展之间的矛盾。人们之间的社会关系，不但有利益分化和差异的一面，而且有共同追求民族复兴大业一致性的一面，以及由此而产生的相互宽容和期待。阶级性，作为一个标志人们以往社会关系总和的哲学概念，不可能充分表达人们现实社会关系的丰富内容。需要找到一个新的概念，表达新时代人们社会性的完整内涵。

第一节　哲学对角色概念的关注

早在哲学关注这个问题之前很久，角色已经成为社会学和社会心理学的专属性学术概念，而且已经被赋予特定的内涵和定义。但一个社会学概念不可能被直接拿来作为哲学概念使用。哲学要用这个概念表达的核心内涵，既不是社会学所关注的个人与社会的关系问题，也不是社会心理学所关注的人们的社会身份对其心理活动的影响，而是人与人之间的社会关系。从这个意义上说，哲学所研究的，不是一般意义上的角色，而是特指人们在某一特定社会组织主题性实践活动中所扮演的角色，即社会角色。为了弄清角色与社会角色在内涵上的区别，需要梳理一下人们使用角色这个概念的几种不同情形及其理论研究的状态。

一、三种不同的角色理念及其内涵

在汉语中，角色，作为一个概念，原本是传统戏曲艺术领域使用的一个艺术概念，后来被广泛引申和使用为日常用语，并不具有典型的理论形态。角色的理论形态，首先是在社会学和社会心理学中形成的。哲学对角色问题的关注，只是最近 20 多年以来的事情。正是这几种不同的语境，决定了角色概念有几种不同的内涵。

（一）舞台角色和事件角色及其内涵

角色，最初是指传统戏剧中的演员类别，所以也叫脚色。清朝人李斗的《扬州画舫录》中说：“梨园以副末开场，为领班；副末以下老生、正生、老外、大面、二面、三面七人，谓之男脚色；老旦、正旦、小旦、贴旦四人，谓之女脚色；打诨一人，谓之杂。此江湖十二脚色。"① 现在，角色的另一个含义是用表演艺术塑造出来的舞台形象，指的是在戏曲或电影、电视剧本中设置的人物或演员所扮演的剧中人物。这两种含义都没有离开舞台上的戏剧表演这个范畴，都是特指舞台角色。所以，在这一意义上的角色概念，作为一种理念形态，可以称为舞台角色理念。舞台角色理念中所谓的角色，作为一个概念，反映的是这样一种对象：一个从事艺术表演的行为主体或一个被行为主体所创造的艺术形象。在舞台角色理念中，角色作为一个标志演员类别的概念，实际上也可以理解为标志舞台上被创作出来的艺术形象类别的概念，都是标志客体对象的概念。

在汉语中，角色是一个合成词，由"角""色"两个单音节词拼合而成。与很多中国汉字一样，"角"字也有多重含义和用法，其中包括较力、竞争的含义，用以表达人们之间的一种特殊关系和互动形式。这就在某种程度上反映了人与人之间的社会性联系。不同类别的演员要扮演的剧中人物之间的故事情节，常常被理解为对手戏。也就是说，戏曲演员所表演的剧中人物之间的矛盾冲突，戏曲舞台上的角色互动，本质上是对现实生活中人与人之间的社会关系、社会冲突的形象化、艺术化的夸张表达。所以"角"字不但可以被用来指称不同类别的演员区分，而且这种角色划分本身，还包含着对人与人之间的社会关系的反映。

"色"字也经常在不同的语境中表达不同的含义。除了指客观事物的颜色之外，有时引申为种类、品质，例如"色目""形形色色""成色"等。正是在这个意义上，唐朝各级官衙所使用的杂役

① 见《扬州画舫录》卷五《新城北录下》，中华书局1980年版，第122页。

被称为色役。宋朝人孟元老所著《东京梦华录》之五《民俗》中有“其士农工商，诸行百户，衣装各有本色……街市行人，便认得是何色目”①，其中所说色目，就是行业种类的意思。脚色之所以被用来指称传统戏剧中的演员类别，就是这种含义进一步引申的结果。

而“脚”字，除了指称人用以站立和行走的器官之外，有时还指物体的最底下的部分、最基础的部分，然后又引申为最初的形态，例如把排演戏曲时所使用的剧本称作脚本。演员所以能够被称作脚色，也是从这里引申的结果。

语言是生活的产物，并随着生活的发展而发展。由于生活的需要，人们逐渐把角色这个概念进一步引申到社会实际生活中来，用以表达某一行为主体在某一具体的社会生活事件中所处的地位、所发挥的作用。这一引申的意义之重大，不在于把这种内涵所指称的对象扩展到了戏曲舞台之外的社会实际生活，而在于角色已经从一个纯粹的客体概念，在一定程度上变成了一个主体概念。舞台角色标志的对象是一个由行为主体塑造的形象，是一个纯粹客体的概念，并没有反映行为主体的行为本身。而经过引申之后的角色所标志的对象，是指行为主体在某一具体事件进展过程中塑造其自身形象的行为。很显然，在这一引申意义上的角色概念，一方面，只是反映某一行为主体在某一具体社会生活事件中所发挥的作用，还没有完全突破舞台角色固有的含义；另一方面，角色概念在这一次引申中已经被赋予了新的含义：它已经不是一个反映行为主体所创造的客体对象的概念，而是反映行为主体自身行为的客观意义、客观效果。所以，在这一意义上使用角色这个概念，作为一种理念形态，可以叫作事件角色理念。事件角色理

① 见《东京梦华录》卷五《民俗》，贵州人民出版社 2009 年版，第 79 页。

念中所谓的角色，作为一个概念，反映的是这样一种对象：一个在某一事件过程中发挥了某种社会作用的行为主体。

事件角色理念与舞台角色理念一样，都仅仅是作为一种模糊的理念形态而存在，还没有形成一种清晰的理论形态。

人们之所以能够借助原本在我国传统戏曲艺术实践中使用的角色这个概念，从总体上来表达某一行为主体在某一具体的社会生活事件中所处的地位、所承担的责任、所发挥的作用等各种社会关系内容，是因为人类的社会生活实践本身就是一出又一出的活剧。事实上，任何舞台上演出的戏剧，都不过是经过剧作家典型化的活剧，都是来源于实际生活的加工品，而不是剧作家凭空杜撰的产物。舞台上的孙悟空神奇得不得了，能够根据需要变幻出七十二种化身，然而如果我们仔细分辨一下，就会发现，孙悟空所能够变换的各种化身，都是《西游记》的作者吴承恩先生所亲眼见过的客观事物。凡是吴承恩先生没有见过或者没有听说过的事物，例如现代人才能够见识的电视机、收音机、电冰箱、原子弹，孙悟空是不可能变化出来的。

因此，随着人类社会生活的不断丰富，随着社会实践中不断出现的新内容迫切需要新的语言来反映、来表达的客观要求，以及人们准确反映生活实际情况的强烈冲动，原本只在戏剧艺术实践中使用的角色这个概念，没有停止在事件角色的引申意义上，而是进一步被赋予了新的思想内涵：用以泛指人们在社会生活中所处的位置、所发挥的作用，成为一个抽象性和理论性更强的社会科学概念，并被社会学和社会心理学广泛使用。

（二）社会学中的行为角色及其内涵

社会学对角色理论问题的研究始于20世纪30年代。美国社会学家米德最早提出了角色承担、角色扮演和角色充当等概念，美国教育家科尔伯格还把这些概念用于教育领域。此后，在西方，特别是在美国，涌现了一批研究角色理论的专著。社会心理学更是大量使用角色概念。作为一个社会学概念，角色的内涵已经不再局限于舞台角色和事件角色的含义。舞台角色是个客体概念、对象概念，是指一种被行为主体塑造的戏曲形象、艺术形象、个体形象。事件角色是个主体概念，是指行为主体在某一具体社会生活事件中所发挥的作用。而社会学和社会心理学里的角色，不但是个主体概念，而且是个反映行为主体的社会行为以及这种社会行为所发挥的社会作用的概念，具有更加丰富的理论内涵。社会学和社会心理学关于角色问题的理论研究，已经在相当深入的程度上触及人的社会性问题。

我国恢复社会学研究以后，介绍角色概念的论著时有所见。1991年，丁水木等出版《社会角色论》。2010年，奚从清先生在其与人合著《角色理论研究》的基础上，单独出版了《角色论——个人与社会的互动》。这些重要的理论成果，光大了社会学中的人本传统，深化了社会学基本问题的研究，进一步拉近了社会学与现实生活的距离，同时也为其他社会科学包括哲学理论进一步探讨角色问题提供了有益的思想资料。

社会学中的角色概念，是指作为社会对立面的单个自然人的行为及其对社会所发挥的作用。所以，奚从清先生为角色所下的定义是："角色是指个人在社会关系中处于特定的社会地位，并符合社会期待的一套行为模式。"① 有些社会学者也使用社会角色这一概念（例如丁水木等出版的《社会角色论》一书），那是为了突出人们行为的社会学意义，而不是表达人们身上的社会关系。

尽管不同的社会学者对角色的定义有不同的表述，但"关于

---

① 奚从清著：《角色论——个人与社会的互动》，浙江大学出版社2010年出版，第6页。

处于某一位置的人应该怎样行事，存在着相当程度的一致看法”①。也就是说，社会学中的角色概念所标志的对象，是作为社会对立面的单个自然人的行为特征或行为模式，其关注点是自然人的行为特征或行为模式中所表达的社会期待，以及这种行为特征或行为模式对社会期待的满足程度。

社会学把角色理解为每一个科学家、公务员、工人、农民、教授、学生等各种职业的从业者身份及其行为特征，或者作为父亲、母亲、儿子、女儿等个人伦理身份及其行为特征，而不包括在人的社会实践中由于利益划分而导致的群体性行为主体的行为特征、心理特征。各种政党和社会团体、企业、学校等社会群体，虽然与自然人一样也是一种特定类型的行为主体，而且，在现实的社会生活中，政党政治已经成为现代政治生活的主旋律，离开各种政党以及生活于其背后的各种社会利益群体所扮演的社会角色，就无法解释世界近代史和现代史，就无法解释很多现实的社会历史现象，但是，这类行为主体的行为特征，并不包括在社会学的角色概念外延之中。不过这并不是社会学作为一门社会科学学科的缺陷，因为社会学关注的只是人们的社会身份对其行为所产生的影响，以及人们行为的社会效应。社会学明确规定以个人与社会的关系为社会学的基本问题，群体性社会行为主体并不在其研究对象之内。社会学也不涉及科学研究的方法论问题。② 所以，社会学为角色所下的定义，已经能够满足其作为一门社会科学学科的要求。

---

① 奚从清著：《角色论——个人与社会的互动》，浙江大学出版社 2010 年出版，第 6 页。

② 在哲学看来，自然科学的统计和实验方法提供的数据和实验结果，都还没有脱离事实的形态，只能为进一步的分析提供事实资料，而不能代替科学的分析方法。

社会心理学是研究个人心理与社会行为相互关系的一门学科，关注的是人们的社会身份对人们社会行为、社会心理的影响，所以有时也使用社会角色这个概念。简才永所著《社会心理学》中辟有专门章节论述社会角色的定义和本质等问题，认为社会角色就是个体在社会群体中被赋予的身份以及该身份应该发挥的功能。社会角色的本质其实就是社会现实存在及各种社会关系的反映。由此可见，某些社会心理学论著中使用社会角色这个概念，是为了强调人们的社会身份对人们心理活动（包括认知、学习和期待等）的影响，虽然已经意识到人们的社会身份在本质上就是人们的社会现实存在即各种社会关系，但在对概念内涵的把握上，并没有超越社会学对角色概念所赋予的理论内涵。

不难看出，社会学和社会心理学中使用的角色概念，是指由人们特定社会地位和社会对其期待所决定的行为模式、社会心理的综合表现，例如，社会组织中的领导者和被领导者，企业中的经营者和生产者，学校里的教师和学生，部队里的军官和士兵，家庭里的父亲和儿子等不同社会身份所决定的不同行为特征。作为一种角色理念，可以称为行为角色理念。

社会学和社会心理学所使用的角色概念，已经完全不同于舞台角色理念和事件角色理念，已经从一种比较模糊的理念状态升华为一种系统的理论形态，涉及角色的定义、角色的类型、角色关系、角色扮演、角色观念、角色期望、角色规范、角色行为、角色意识、角色建设、角色形象、角色机制等十分广泛的问题。不过，尽管有的社会学和社会心理学论著已经使用社会角色这个概念，但由于其所关注的研究对象，仅仅是作为社会对立面的单个人的社会行为和心理活动，因而并不包括各种社团、政党、阶级等抽象性行为主体。

（三）哲学探索中的社会角色及其内涵

哲学历来钟情于人的本质、人的价值问题。既然理解人的本质、人的价值问题离不开人的角色特征，所以，哲学不可能长期忽略人的角色特征。

1991 年，上海教育学院政教系孙廷华在《社会科学》第 4 期发表《对“社会角色”的哲学思考》。这似乎是我国哲学领域第一篇专门探索角色问题的学术论文。此后，经过数年的理论储备，探索角色问题的哲学论文越来越多。1998 年，山东社会科学院韩民青在其论文中认为，“人向社会的投入使人作为社会角色而存在”，并认为“社会角色即是社会成分”。2011 年，韩民青又在《学术研究》第 8 期发表论文：《论人的社会角色》。2000 年，《襄樊学院学报》第 4 期发表江畅的文章：《论人的社会角色》。2000 年 6 月，《武钢职工大学学报》第二期发表陈金清、徐学福的文章《社会变革时期人的角色的自我认定》。2007 年，东北师范大学邱德亮完成了以《论社会角色责任与角色道德建设》为题目的博士论文。2014 年 10 月，《北京交通大学学报》（社会科学版）第 4 期刊发本人论文《角色理论：一个亟待拓展的哲学空间》。

应当说，这些论文虽然数量不多，却表达了我国哲学界试图把角色理论开辟为一个稳固的哲学园地的强烈冲动。这些论文的问世，使角色概念的哲学色彩越来越浓厚。这主要体现在以下几个方面：

一是关于人的角色特征的观察和分析，不再像社会学那样关注人们的行为特征，而是把关注点转移到了人本身所具有的社会性特征。江畅在《论人的社会角色》一文中强调：“人的社会角色是人的社会规定性的体现，也是人的社会性的体现。”“人与他人和共同体的关系是在活动中结成的，因而我们可以根据人活动的领域对人可能具有的角色作一个大致的划分。”这就表明，他是从人本身所具有的社会特性和实践特性上来理解角色的。

二是注重角色理论的方法论意义。孙廷华在《对“社会角色”的哲学思考》中提出：“社会角色这一概念的基本内涵是指个人在特定的社会关系网络中所占有的位置以及社会或组织对某个特定位置所规定和要求的行为模式；个人是各种角色的总和；个人在社会生活和社会互动中不可能摆脱一定的角色束缚。这一概念以及由此引出的理论不仅为分析社会结构提供了有力的工具，为理解人们的社会行为和社会态度提供了一种模式，同时也为情景再现类型的复制构思了策略。”

三是提出并论证了社会角色的价值意义问题。孙廷华在《对“社会角色”的哲学思考》中提出：“角色期待实际上包括一整套行为规范和价值评价。具体表现为社会或组织对居于特定关系位置上的人的法律、道德等规范要求以及相应的价值评价和希望。其中，一部分是通过制度来体现和保证的，一部分是通过社会意识形态来体现和约束的。因此，它包括成文的和不成文的、明文规定的和约定俗成的、清晰明确的和模糊不清的诸方面。……角色期待首先应当是社会多数成员价值认同的结果，代表着一种传统的为人们所接受和习惯的规范和期望。我们可以把这种角色叫作常规角色，可理解为社会或组织对某一社会角色的最一般的要求和模式。这种要求和模式只能是传统的、最基本的，只能是社会化的一般产物。它们代表着现实的社会关系和传统的价值认同。”① 江畅在《论人的社会角色》一文中也指出，“承当社会角色对于人并不是消极的，并不是人不得已而必须接受的，而是有价值的。社会角色隐含着深刻的价值意蕴，承当一定的社会角色对于人的生存、发展和享受是必要和重要的，而且一般地说，承

---

① 孙廷华：《对“社会角色”的哲学思考》，载《社会科学》1991 年第 4 期。

担的社会角色越多越有利于人的生存、发展和享受，越有助于人的幸福的实现”。

四是初步触及了社会角色与权利、义务的密切关系。江畅在《论人的社会角色》一文中曾经指出，“人在社会中扮演什么角色就有什么权利和义务，有什么权利和义务同时又标志着人在社会中扮演什么角色”。

五是把人们的角色划分理解为一个历史发展的过程。韩民青在其论文《论人的社会角色》中提出，“角色并不是原生的，它是在一定条件下出现的”。韩民青认为，最初的人类社会组织中“随着氏族社会的壮大和发展，氏族内逐渐出现了较为复杂的活动分工，这些分工又慢慢固定化。当较为固定的分化开来的活动由特定的人来承担时，个人与特定的社会活动职能形成了比较稳定的联系，社会角色就开始出现了”。

此外，在这些哲学论文中，角色分类也不再恪守社会学的固有习惯。江畅在《论人的社会角色》中提出了按照人的社会活动内容划分角色种类的方法。他认为，“多重、变动的角色构成了人的权利和义务存在及其变化的基础”。而且，在这些哲学论文中，虽然仍然沿用了一些社会学固有的角色概念，但在对诸如角色扮演、角色意识等概念的把握中，已经赋予了很多哲学特有的意蕴。最为重要的是突破了个人与社会的关系这一社会学范畴，从人本身所具有的社会特性和实践特性上来理解角色这一概念，赋予了角色概念更为一般的社会关系的意义。所以，哲学所理解的角色，作为一种理论形态，已经不再仅仅反映人们由于社会身份不同而形成的外在行为特征，更不是特指某一或某些作为生命个体的自然人，而是反映更加一般意义上的主体行为内容，即其所承载的以权利和义务为集中表达形式的各种社会关系。哲学所理解的角色，是一个集中反映人的社会性特征的概念，所以应该叫作社会角色。社会角色，是指人们在各种社会组织中所扮演的角色，既不是指文艺舞台上的各种艺术形象，也不是指人们在各种社会事件中所发挥的作用，抑或人们由于社会身份不同而表现出来的外在行为特征。作为一个哲学概念，社会角色反映的是人们在人类社会实践活动中由于履行不同社会义务、行使不同社会权利而形成的不同的社会价值形态。

尽管已经取得了这些重要的理论进展，但是毋庸讳言，距离在哲学领域开辟一个专门的理论空间，形成一个相对独立的理论形态，还有很大距离：一是仍然沿用社会学已经使用很久的角色这一概念，而且在概念内涵的理解上，没有突破社会学角色定义的束缚，缺乏哲学应有的抽象程度和理论色彩。二是作为一个相对独立的哲学理论形态，研究对象还不够明确，因而其社会规范功能和方法论功能也不够到位。三是还没有提出和确立足够丰富的理论概念，难以支撑起一个相对独立的理论框架。从总体上看，哲学对社会角色问题的探索还只是初步的。

社会角色问题之所以在最近 30 年引起我国哲学的关注，绝不是偶然的。一方面，人的本质和人的价值问题，最近 30 多年来已经成为国内一个热点话题，成为马克思主义哲学不得不面对的一个问题。另一方面，角色这个概念，确实能够比较生动地表达人类存在方式的本质特征。所以，它是社会生活向哲学提出的时代课题。

首先，社会主义初级阶段的主要矛盾，是哲学无法回避的一个理论课题。十月革命以来的百年社会主义曲折进展，每一个起伏都与怎样认识、怎样处理这个问题直接相关。我国实行改革开放 40 多年以来，一方面，市场机制激发了强大的社会活力，社会财富实现了快速增长、快速积累。另一方面，共同富裕的目标不可能一蹴而就。已经富裕起来的少数人有其特定的利益诉求，尚未实现自己富裕目标的多数人也有其特定的利益诉求。“我国社会主要矛盾已经转化为人民日益增长的美好生活需要和不平衡不充分的发展之间的矛盾。”正确地把握和处理这个主要矛盾，决定着中国特色社会主义的前途和命运。

把握中国特色社会主义新时代的利益格局，既不能对不同利益诉求之间的矛盾视而不见，也不能把这种矛盾与旧社会那种你死我活的阶级斗争混为一谈。用社会角色这个概念把人的社会性原理与新时代主要矛盾转化的战略判断以及人民内部矛盾思想贯通起来理解，更深刻、更具体地把握新时代主要矛盾和人民内部矛盾的哲学内涵、逻辑结构和运动机理，自觉地用以观察新时代的各种社会现象，就能正确区分和处理两类不同性质的社会矛盾。这是越来越多的学者开始关注社会角色问题的一个客观原因，也是研究社会角色问题的一个十分现实的理论意义。

其次，中国共产党作为一个按照其崇高理想结成的社会组织，包括其中每一个基层组织和每一名党员，从其诞生的那一天起，就是一个扮演社会主导角色的实践主体。在社会主义市场经济环境中，共产党员必须始终秉持全心全意为人民服务的宗旨，以“先天下之忧而忧，后天下之乐而乐”的胸怀面对利益分化的社会现实。这是中国共产党自觉地拒腐防变的内生动力。

引导每一名共产党员正确体认其所扮演的社会角色，牢固树立社会主义核心价值观，正确地行使社会已经授予自己的社会权利，认真地履行社会已经配置给自己的社会义务，为实现不敢腐、不能腐、不想腐的理想目标构筑牢固的思想基础，既是推动全面从严治党战略布局的现实要求，也是哲学义不容辞的社会责任，于是成为社会生活向哲学提出的时代课题。

二、社会角色的定义

如前所述，哲学和社会学都使用角色这个概念，但角色概念在哲学和社会学中所标志的客观对象并不一致。概念所标志的对象不同，概念的内涵和定义就不能一样。把社会学意义上的角色哲学化，首先需要厘清哲学意义上的社会角色内涵和定义。社会角色作为哲学中一个集中表达人的社会性本质的概念，应当具有不同于其他理论形式的特定内涵和定义方法。

（一）社会角色内涵的核心是人们的社会关系

我们这里的研究对象，如前所述，是人们的社会关系问题。这里所谓人们的社会关系，包括自然人之间的相互关系，也包括自然人与已经人格化了的社会组织的关系。也就是说，为社会角色下定义，必须紧紧围绕人类社会实践活动中各种实践主体之间的相互关系问题。

马克思在其宣布与德国古典哲学决裂，标志其新哲学形态诞生的第一个文件《关于费尔巴哈的提纲》中表示，不能满足于费尔巴哈把宗教的本质归结为人的本质，因为费尔巴哈仍然把人的本质理解为“单个人所固有的抽象物”。在马克思看来，人的本质，“在其现实性上，它是一切社会关系的总和”。[①] 马克思这里所说的人的本质，不是指作为一个类存在物的人的本质，而是作为一个一个的现实存在的人的本质。马克思的意思是说，现实生活中的每一个人的本质，不能归结为作为类存在物的本质，不能用从单个人身上抽取其固有抽象物的方法去研究、去发现、去表述，只能用分析与综合相结合的方法，着力研究和发现那些隐藏在不同立场、观点和思维方法背后的共同本质。

---

① 《马克思恩格斯选集》（第 1 卷），人民出版社 1995 年版，第 60 页。

这个隐藏在不同立场、观点和思维方法背后的共同本质不是别的，就是人们身上所承载的一切社会关系。正是由于人们身上承载着各种不同的社会关系，所以现实生活中的人们才会有不同的诉求，有不同的立场观点和方法。对于这一点，费尔巴哈没有予以认真的关注，所以他虽然能够用十分犀利的语言否定了把人的本质归结为神的唯心主义哲学，但他所理解的人还只是一个抽象的人，一个从单个人身上剥离出来的某种抽象物，一个作为类概念而存在的抽象符号。马克思由于发现了社会关系，所以把社会生活中的人还原成了现实的具有不同立场观点和方法的人，告别了德国古典哲学，创立了历史唯物主义哲学。

马克思虽然没有直接使用社会角色这个概念，但马克思所说的、所关注的真实的现实的具有不同立场观点和方法的人，实际上就是我们现在所说的在各种社会组织中扮演不同角色的人。因此，马克思关于现实人的本质的论述，不但说明了人类为什么会有不同的立场观点和方法，而且已经为我们研究社会角色的定义问题规定了必须遵循的思维方法，即沿着关注社会关系问题的思路去研究社会角色问题。或者说，我们研究社会角色的问题，不能离开马克思研究人的本质的思路和方法，不能离开社会关系这个历史唯物主义的基本概念。

社会关系，作为我们现在经常使用的一个概念，在不同的语境下有不同的内涵。在哲学中，它标志着人类的感性活动已经变成社会的实践活动，标志着人类社会已经与纯粹的兽群有了本质的区别。在《德意志意识形态》中，马克思以生动的富有感情色彩的笔融描述了人类从一个自然的存在变成社会存在的过程中的四个因素。他说：“社会关系的含义在这里是指许多个人的共同活动。"① 人类因为只有确定了各种社会关系，才能在共同的劳动中实现协作，正是由于有了社会关系，人类才真正有了分工，有了社会组织，并因此而进一步有了语言和社会意识。

人们身上所承载的各种社会关系，包括两种存在形态：一种是制度的形态，一种是实践的形态。前者属于社会组织对行为主体的客观规定，后者属于行为主体对自己行为的主观规定。前者是人类感性活动由个体行为变成社会实践的外在性制约。不管是关于个人与个人之间关系的规定、个人与社会组织之间关系的规定、社会组织与社会组织之间关系的规定，都是对行为主体的外在性制约。后者是人类感性活动由本能行为变成社会实践的内在性制约。不管人们是通过语言、肢体动作，还是用行为方式表达出来的社会关系，都是对行为主体的内在性制约。一般来说，前者是静态的，后者是动态的；前者决定后者，后者塑造和改变前者。

人们身上所承载的社会关系，不管是双边关系还是多边关系抑或是网格化关系，从内容上说，都可以区分为三个方面：一是关于经济方面的规定，包括财产所有方面的主体关系和财富分配方面的主体关系；二是关于政治方面的规定，包括层级主体方面的相互关系、平行主体方面的相互关系和交错主体方面的相互关系；三是关于文化方面的规定，包括伦理方面的主体关系、思想信仰方面的主体关系、科学技术方面的主体关系和艺术方面的主体关系。

社会关系，不管是人们能够仅凭直观就能感知的，还是只有理性才能把握的，不管是由社会组织规定的，还是由人们自行搭建起来的，都是对人们现实本质的规定。社会关系不仅规定着一

① 《马克思恩格斯选集》（第1卷），人民出版社1995年版，第80页。

个人是人而不是动物，而且规定着一个人是张三而不是李四。也就是说，社会关系标志着每一个具体存在的人的本质。很显然，社会关系这个概念，是理解人的本质的一个关键概念。离开社会关系，我们就不可能站在历史唯物主义的立场上把握人的本质，把握社会角色这个概念的科学内涵。

（二）人们的全部社会关系都可以归结为权利和义务

我们知道，人们之间的社会关系，是由于人类社会实践的需要而产生的，必须满足人类社会实践的需要。如果一种社会关系的形式已经不能满足社会实践的需要，就会或迟或早地发生改变，所以不同历史时代的人类实践活动有很大的差别，人们在社会实践活动中结成的社会关系也就会有很大差别。因此，给社会角色下定义，不可能仅仅依据某一个历史时代的社会关系类型，必须紧紧围绕人类社会关系中那些不变的共同本质，只能反映人类社会关系中那些不变的共同本质。人们之间社会关系中那些不变的共同本质是什么呢？

马克思是人类历史上第一个运用社会关系概念来说明人的本质的哲学家。所谓社会关系，就是人们为社会生产自己的生活所需要的物质文化资料而不得不确定、不得不认可、不得不服从的相互之间的联系方式。在人类社会的初期，人们身上所承载的社会关系很简单。随着社会生产能力的提高和剩余社会财富的出现和增加，人们身上所承载的社会关系越来越复杂。但人类社会关系无论多么复杂，它始终不可能超越其确立这种关系的初衷：确保社会实践活动的统一和协调，把社会冲突控制在社会实践活动能够承受的限度之内。这既是人类确定各种社会关系的初衷，也是人类社会理想的最高境界。从这一初衷和最高境界的意义上说，一切社会关系，都可以归结为人们在社会实践中处理与他人、与社会组织之间各种事务的行为准则，即关于每一个行为主体应当承担的社会责任、应当发挥的社会作用、应当实现的社会价值，以及为承担其社会责任、发挥其社会作用、实现其社会价值而必须拥有的社会条件。人们在社会实践中处理与他人、与社会组织之间关系的行为准则，如果用两个概念来表达，一个叫必须履行的社会义务，一个叫必须行使的社会权利。人们履行社会义务，表达的是对社会组织的认可和尊重，是其作为一个类存在物的社会属性的表现形式。社会授予某些权利由人们去行使，表达的是社会组织对行为主体作为一个类存在物的自然属性的认可和尊重。

人类各种社会关系的类型、关系、内容及其相互关系，可以用如下一个树形图来表示。

权利与义务	权利与义务	权利与义务	权利与义务	权利与义务	权利与义务	权利与义务	权利与义务	权利与义务	权利与义务	权利与义务	权利与义务	权利与义务	权利与义务	权利与义务	权利与义务
个人与个人	个人与组织	组织与组织	语言	肢体	行动	资源占有	财富分配	财产交易	上下级	平行	混合	思想信仰	伦理	科技	艺术
制度形态			行为形态			经济关系			政治关系			文化关系			
关系形态						关系内容									
社会关系															

社会关系树形图

权利通常是作为一个法律概念出现的，是指公民或法人应当得到法律保障的利益和行为。近代人道主义思潮曾经赋予它鲜明的哲学和政治含义。在汉语中，权利是一个合成词。其中的权，有衡量、分量、变化以及姑且等含义。利，有利益、锐利等含义，可引申为实现某种态势的趋势。在社会角色论里，权利所标志的是社会应当满足的实践主体为履行其社会义务而必不可少的各种客观条件。这些客观条件起码应当包括四个方面：一是生命得到尊重；二是自主掌握、使用并不断积累、提升自身的主观能量；三是占有和使用各种客观的社会资源和自然资源；四是在社会分工方案、社会规矩制定方面表达自己的意志。每个实践主体获得这些权利的具体情况，会由于社会组织的历史状态而有所不同。

与权利一样，义务通常也是作为一个法律概念出现的，是指由法律规定的公民应当对国家和他人承担的责任。在汉语中，义务也是由“义”和“务”两个概念构成的合成词。所谓义，有正、道、公、情等含义，是标示应该做的或者应该有的，即指公正的、合理的、高踞于个人利益之上的，反映社会整体需要，因而必须做、应该做的事情，必须采用、应该采用的做法，必须有、应该有的表现，以及应该达到的标准等。① 所谓务，有事、做、必等含义。义务，是一个反映人们相互之间以及个人与社会之间相互关系的概念，是标志社会对实践主体全部期待的哲学概念。人类的实践活动是社会活动，每个行为主体都必须满足社会以及与之互动的其他主体的期待，社会实践才能得以进行。这种必须被满足的社会期待应当包括四个方面的内容：一是为社会实践主题承担责任；二是在社会实践活动中奉献能量；三是为社会实践目标的实现发挥作用；四是敬畏、尊重、服从既定的社会角色扮演规则，按规则与相关角色协调行动。通俗一点说，就是人们在社会主题实践活动中必须要做的事情、必须要承担的责任、必须要遵守的

① 关于义字的更多内涵，可参见本书第七章第四节关于“评价类角色行为的概念”部分论述。

规则、必须要发挥的作用、必须要实现的价值。每个社会角色履行这些义务的实际情况，会由于其相应社会权利的行使状态而有所区别。

由此可知，人们的社会义务反映的是社会特别是社会主题实践活动对一个具体的实践主体的需求和期待，而实践主体要满足社会的这种需求和期待，就需要得到社会的支持，并授予其相应的社会权利。因此，权利离不开义务，义务也离不开权利。不管哪个实践主体，其义务是其权利的根据和来源。离开义务，其权利就失去了逻辑的依据和前提，就成了无源之水、无本之木。不管哪个实践主体，其权利是其义务的保障。离开了权利，其义务的履行就失去了逻辑的可能，就成了没有任何意义的空话。因此，无论什么实践主体，其权利和义务必须互相对应。义务多则权利大，义务少则权利小。两个不同的社会角色，义务不同，权利也不应该一样。社会角色的权利和义务如果不能相互对应，就不可能满足社会组织对实践主体的价值期待。一个实践主体的权利少而义务多，就无法圆满地充分地履行社会组织所赋予他的义务。同样，一个实践主体的义务少而权利多，则必然发生角色迷失甚至角色异化。① 所以，既不能离开义务比较权利的大小，也不能离开权利比较义务的多少。一方面，任何实践主体所履行的社会义务与其所行使的社会权利之间是对立的统一：权利离不开义务，义务也离不开权利；另一方面，角色的社会义务是其所有社会权利的逻辑前提和逻辑起点。角色的社会权利则是其社会义务的逻辑条件和逻辑保障。一方面，从逻辑上说，人们的社会权利必须与其社会义务相对应；另一方面，迄今为止人类还从来没有真正消除过社会权利和社会义务不对称、不对应的不平等现象。一方

① 角色迷失和角色异化这两个概念，后面将有专门论述。

面，在社会实际生活中，人们必然要追求社会权利与社会义务相互对应的理想状态；另一方面，人们对社会权利与社会义务的失衡状态都有一定限度的认可。如果人们的社会权利与社会义务的失衡状态超越了其能够认可、能够承受的限度，他就会拒绝继续扮演社会规定他扮演的角色，并要求重新安排其社会角色。历史上发生的奴隶起义、农民起义以及工人起义，都是由于其所行使的社会权利与其所履行的社会义务严重失衡而发生的。生活中经常发生的夫妻离婚现象，很多也是由于其中的一方或双方不满家庭中权利义务对应状况而发生的。

（三）社会角色的定义

与其他任何哲学概念或观点一样，社会角色概念也是一种具体的哲学立场在角色问题上的逻辑延伸。社会角色概念表达的是这样一种哲学立场：人总是以某种具体的社会角色的形式存在的。世界上不存在没有任何角色特征的抽象的、纯粹的人。角色不是职业的划分，不是知识结构和知识类型的划分，而是社会对每一个生活于其中的人的社会身份、社会地位即其存在方式的综合性、总体性规定。为社会角色下定义，就是要精准地表述出各种不同社会角色的这一共同的本质特征。因此，社会角色这个概念的定义应该是也只能是这样：社会角色是标志现实社会组织对每一个实践主体所规定的权利义务总和的哲学概念。

这个定义表明，社会角色不仅仅是指作为特定物质形态的、能动的社会实践主体的人，主要是指人们身上所承载的各种社会关系，是指人这个载体在参与社会实践时由于履行社会义务、行使社会权利、追求某种社会价值而呈现的总体面貌。它首先是一个物质的存在形态，是一个能够承载各种社会关系的物质载体。没有这个物质载体，没有这个物质载体所参加的社会实践活动，任何社会关系都是无源之水、无本之木。但社会角色又不仅仅是指这个物质载体本身，主要是指这个载体由于承载了相应的社会关系之后所呈现的存在形式、存在面貌。社会角色作为一个概念，标志的是每一个实践主体在参与社会实践时由于履行社会义务、行使社会权利而在社会实践中所呈现的总体面貌。

一方面，不能参与社会实践活动的生命体，不管是生命个体还是生命群体，不管它与其他同类生命实体之间发生什么样的联系，都不能称为社会角色。另一方面，社会角色这个概念涵盖了一切在现实生活中由社会所承认的实践主体，不管是自然人，还是法人，乃至既不是自然人也不是法人的那些由共同利益联系在一起的社会群体，只要能够以一个整体的面貌，在某一社会组织中履行义务、行使权利，并与其他行为主体发生互动行为，就属于社会角色的范畴。例如每一个企业、学校、政党、社团乃至阶级等，都属于扮演社会角色的实践主体。

这个定义告诉我们，人类在组成一个社会组织的时候，首先是由于社会实践活动产生了某些岗位设置的需要；其次是厘清每个岗位需要承担哪些社会义务和社会责任；再次是认定哪些行为主体可以在这些社会岗位上承担社会义务；最后是明确这些行为主体履行其义务需要行使哪些权利。这些问题依次解决之后，社会角色得以形成，人类社会得以组成，社会实践得以进行。由此可见，人与人之间的社会联系，与自然物之间的联系截然不同。自然物之间的联系是空间和时间上的联系，而人与人之间的联系是由于社会实践的需要而确定的社会分工。社会分工在本质上不是别的，就是由义务和权利所构成的实践主体之间的社会联系。所以，现实生活中，每个人身上所承载的各种社会关系，都可以归结为社会权利和社会义务，不是归结为社会义务，就是归结为社会权利。所谓权利、义务，实际上已经涵盖了人们身上所承载的各种社会关系，是各种人际关系的集中表现。深入研究社会角色这个概念，能够更加具体地说明人的本质、人的价值、人的实践等深奥的哲学问题。掌握了这些道理，哲学上所讲的人的社会性的理论，就不再显得抽象，就变得生动而具体，变得很容易理解。正是权利和义务这种社会关系，把人从一个个的自然生命个体变成了一个个具有不同角色面貌的社会实践主体。

这个定义表明，任何社会角色都不会孤立地存在，都必然要与其相对应的角色同时存在。任何社会角色的权利，都需要由其相对角色的义务表达；任何社会角色的义务都需要由其相对角色的权利表达。按照角色权利与义务之间的这种逻辑规则，不管什么社会角色，无论提出什么样的权利诉求，都应当以尊重其相对角色相应的权利为前提，并把其相对角色的这些权利当作自己必须履行的社会义务切实加以履行。无论考察什么类型的社会角色的权利或义务，都必须与其相对角色的权利或义务联系起来一并考察，才能获得接近事实的考察结论。

这个定义表明，无论在什么历史时代，只要人们在同一个社会组织里履行同样的社会义务，行使同样的社会权力，就是同一种社会角色。例如，在一个企业里，董事长、经理、工人等不同的社会角色，都是按照其所履行的义务和所行使的权利来区分的。而且，在相同的制度下，同一种社会角色所承载的权利义务对应状态、其伸张社会权利的强烈程度、其对社会组织现行制度的变革诉求，都是一致的。

这个定义表明，任何两个互相对应的角色的社会义务，都必然是由同一个社会组织赋予的，都是要满足社会需要、社会期待的。任何两个互相对应的社会角色的权利，都必然是由同一个社会组织授予的，都是为其履行社会义务所需要的。无论权利还是义务，都是由某个社会组织加在实践主体身上的外在性规定。任何一个社会组织都有根据其社会实践主题赋予每个角色某种义务、同时授予其相应权利的权力，都有使每个角色的权利与其所承担的义务相对应的义务。对于一个行为主体来说，不履行社会组织赋予的义务、不行使社会组织授予的权利，不符合社会主题实践活动所期待的社会价值，就不属于本来意义上的社会角色范畴，或者说，其行为就不属于本来意义上的社会角色扮演行为。任何两个互相对应的社会角色的权利，都必然由同一个社会组织授予，而不能由两个行为主体自主约定，不能由任何行为主体以个人名义私相授受。对于一个社会组织来说，评价其授予一个社会角色的权利、赋予一个社会角色的义务是否正当、公平，只有一个标准，那就是权利与义务是否相互对应，社会主题实践活动的期待是否能够得到充分满足。除此之外，没有别的判断标准，任何人都不能用别的标准妄加评论。

这个定义表明，社会角色的权利和义务及其相互关系的理论是社会角色论的核心理论。社会角色论认为，任何社会角色的权利和义务，都是既互相联系又互相冲突的两个基本方面。说它们互相联系，是说既不能离开权利讲义务，也不能离开义务讲权利。离开义务讲权利，就是把权利视为没有源泉的水流，或者没有根基的树木。离开权利讲义务，无异于强求无米之炊，或者说冲着柳树要枣吃。说它们互相冲突，是说它们界限分明，总是呈现出一种此消彼长、互不相容的关系态势。不管扮演什么社会角色的实践主体，对义务的体认无不自发地趋向于稀薄和笼统，而对权利的诉求却无不多多益善，无不没有止境。由于每一个角色的权利都要表达为其相对角色的义务，而其义务则要表达为其相对角色的权利，所以，人类社会的全部矛盾和斗争，无非是不同社会角色特别是相对角色之间关于权利和义务的矛盾和斗争。所谓阶级斗争，只不过是不同社会角色之间权利和义务冲突的一种特殊形式。

三、与社会角色定义相关的几个理论问题

定义了社会角色这个核心概念，我们就不但能够在阶级社会把握住人的社会性这一历史唯物主义的基本原理，而且能够在阶级斗争不再是主要矛盾的历史条件下坚持历史唯物主义的基本原理。但是，关于人的社会性这样一个十分抽象的哲学原理，绝不仅仅是一个概念的定义问题。把握人的社会性原理，除了准确定义社会角色这个概念之外，还需要弄清社会角色与社会阶级这样两个概念的关系、社会角色与类角色行为主体的关系，以及角色异化现象、角色迷失行为、权利和义务的潜在形态等问题。

（一）社会角色与社会阶级

我们知道，我们的祖先通过角色划分，结成了最原始的社会组织，不但使人类获得了从来没有过的社会生产能力，而且产生并不断增加了相互交流，推动了人类语言、人类智力的提升，使人类创造了越来越多的自然界所不能提供的生产工具。生产工具的制造和创造活动，使人类获得了一种比剩余生活资料更加重要、更加宝贵的社会财富，一种可以由个人储存并不断积累的财富。继而，人类社会组织内部的财富占有逐渐发生分化。财富占有的分化，以及这种社会组织内部的裂痕越来越扩大并固化，逐渐把社会组织内部的角色分工演变成阶级的划分，角色冲突演变成阶级斗争。人类结成社会组织，初衷是为了实现社会合作，结果却导致了社会的分裂。

从归根结底的意义上说，阶级斗争也是不同社会角色之间发生的冲突——一种极端形式、扭曲形式的角色冲突。但阶级矛盾与本来意义上的社会角色矛盾相比，有三个重大的不同：一是矛盾的起因不同。阶级斗争不再仅仅是由于在共同的生产活动中发生的社会分工，而是由于社会财富和社会资源占有的不公。二是

阵线划分的鲜明度不同。阶级划分不再像一般意义上的角色划分那样模糊，有可能随时按照社会实践的需要加以调整、互换。阶级划分一旦形成，就会被固定下来，人们很难在不同的阶级之间发生流动。三是矛盾的形式和性质不同。阶级矛盾一般地表现为暴力的形式，表现为不可调和的你死我活的对抗性质。一些阶级的胜利，总是伴随着另一些阶级的消亡。

人类最原始的社会角色的划分，是根据社会生产活动的需要对人们的权利和义务进行社会配置。即使在发生社会阶级分裂以后，不同阶级之间的阶级斗争，从归根结底的意义上说，也是关于权利义务配置方案的斗争。统治阶级，即社会生产资料和各种社会资源占有阶级总是处于最有利的地位，因而总是极力地维护既定的社会权利义务配置模式。即使在社会生产力已经提高到与既定权利义务配置模式剧烈冲突的情况下，也要极力地维护那种已经落后于生产力要求的权利义务配置模式。而被统治阶级，由于总是处于不利的地位，因而总是倾向于变革既定的社会权利义务配置模式，表达社会生产力发展的要求。这两个阶级为此而斗争的结果，总是代表生产力发展要求的被统治阶级战胜统治阶级，推动社会生产力的发展。

人类的社会生产发展到社会化大生产以后，代表这种新生产方式要求的工人阶级，明确地把这种要求表达为消灭私有制度、消灭剥削、消灭阶级。即按照人类结成社会组织的原始初衷配置人们的社会权利和义务，把人们之间的相互关系复原为不同社会角色的相互关系，按照人类物质生活的需要组织社会生产。工人阶级这种社会理想的实现，是一个漫长的社会革命过程。在这一过程的初级阶段，例如我们正在经历的实行社会主义市场经济体制的历史阶段，由于国内的因素和国际的影响，阶级斗争还在一定范围内长期存在，在某种条件下还有可能激化，但已不是主要矛盾。人们之间的社会关系，处于从阶级划分和阶级矛盾向原始的角色划分过渡的阶段。在这一特定的历史阶段上，既不能一般性地强调阶级观念、阶级分析和阶级斗争，也不能由于担忧阶级斗争扩大化而抹杀人的社会性原理。一般性地强化阶级观念、阶级分析和阶级斗争观念，必然要干扰和破坏社会主义市场经济秩序，扼杀社会经济发展活力。根本抹杀了人的社会性原理，必然导致人道主义唯心史观的复活，动摇科学社会主义的理论基础。新时代的生活实践，强烈地要求创新人的社会性原理的表达方式，呼唤社会角色理论。

（二）类角色行为主体

前述社会角色的定义，一方面强调，社会角色是人的主观能动性与社会规定性的有机统一；另一方面认为，人的主观能动性并不仅仅服从人类社会的客观规定性。也就是说，在实际的人类社会生活中，一方面，每一个具体的行为主体都必须在某一个或几个社会组织的主题性社会实践活动中扮演角色；另一方面，并不排除人们离开主题性社会实践活动自主定义其社会行为。在人类社会历史上，离开社会组织实践主题自主定义社会行为的人，是一个经常性的社会存在。自主定义社会行为的行为主体区分为两种情形：一种情形是，其自主定义的行为虽然离开了本来意义上的角色扮演活动，但并不与社会组织的价值目标相冲突，甚至与社会组织的价值目标相辅相成。这种行为主体叫作类角色行为主体。另一种情形是，其自主定义的行为既非履行社会实践主题规定的义务，也非行使社会实践主题授予的权利，并与社会实践主题设定的价值目标相冲突，甚至刻意与社会组织相对立。这种行为主体叫作社会敌对主体。社会敌对主体不属于本书的研究对象，所以这里只讨论类角色行为主体。

所谓类角色行为主体，是指能够自主定义权利义务内容和权利义务对应状态的行为主体。从概念的外延上看，在现实的社会实际生活中，类角色行为主体主要包括两种情形：一种是不属于同一个社会组织而发生互动的行为主体；另一种是同属于一个社会组织，但互动内容和权利义务对应关系已经超越或游离了社会实践主题的行为主体。

不属于同一个社会组织而发生互动的行为主体，例如国际事务中互动的行为主体，包括国家和能够行使自治权力的政治实体。不管是外交行为还是战争行为，兑现各种国际双边协议、条约乃至多边协议、条约的行为，以及各种国际间的人道主义救助行为，虽然必须履行相关义务、行使相关权利，但这种权利和义务并不是由一个双方共属的社会组织授予的，也不对一个双方共属的社会组织的实践主题负责，仅仅是双方的互动行为，仅仅涉及相关行为主体的利益，因而不符合社会角色定义规定的要件，属于类角色行为主体的范畴。我国历史上曾经出现的相互征伐的各路军阀，也属于类角色行为主体。

在社会实践主题之外发生的事件中发生互动，是人类社会生活中经常出现的社会行为。例如，纯粹以朋友的名义发生的交谊行为，往往仅仅涉及互动双方的利益。朋友之间的互动虽然也是一种权利和义务的互动，但却既不属于双方家庭规定的权利和义务，也不属于任何企业、学校、政党、国家等社会组织规定的权利和义务，因而既不是在任何一方家庭中扮演社会角色，也不是在任何企业、学校、政党、国家等社会组织中扮演社会角色，然而又与扮演社会角色的行为有某些相似之处。一方面，像普通社会角色一样履行社会义务、行使社会权利；另一方面，其履行社会义务、行使社会权利的实际内容，超越或者游离了社会公共主题实践活动之外，呈现出社会约束缺失的状态。这种行为主体也属于类角色行为主体。

此外，在公共场所发生的临机性交集事件中，人们所履行的社会义务、所行使的社会权利，有时也会超越或游离社会实践主题的规定，因而需要由互动双方自主设定权利义务，自主平衡权利义务的对应关系。这种临机性交集事件中互动行为不属于本来意义上的社会角色扮演行为。这种行为主体也属于类角色行为主体。

类角色行为主体的共同特征是，虽然必须履行相关义务、行使相关权利，而且遵循权利义务矛盾运动的基本规律，但互动双方不属于同一个社会组织，并不是对一个社会组织的实践主题负责，仅仅是双方的互动行为，仅仅涉及相关行为主体的利益，或者互动双方虽然同属一个社会组织，但互动的内容暂时游离或者超越了社会实践的主题，因而其权利义务的内容不是由社会组织设定，权利义务的对应关系不是由社会组织负责平衡，而是由互动双方自主负责。这种由互动双方自主设定的权利和义务是否能够得到切实的履行，这种社会权利是否能够得到切实的尊重和落实，仅仅依靠互动的行为主体自己是否诚实守信，而没有任何社会组织负责督促、监督执行。类角色行为主体的行为冲动，并非为了满足社会实践主题的需要，仅仅出于自身或相对方某种需要而发生的行为冲动，或者由于意识到相对方也是一个具体的“人”(包括单个的自然人和群体性的人）这个类的规定而发生的行为冲动。

从理论上说，类角色行为主体必须符合以下三个标准：第一，具有社会性的行为主体而不是自然界有行为能力的行为主体。第二，失去了同一个社会组织控制的行为主体。第三，互动行为暂时超越或者游离了既定社会组织实践主题的需要和期待，仅以某一方的单方面需要或者互动双方需要为目的而履行义务、行使权利的行为主体。也就是说，一方面，类角色行为主体也是一种社会行为的主体，能够扮演某种社会角色，其行为也具有社会性，也是以其他社会行为主体为对象的互动行为，因而在主观意识上也是从发挥某种社会作用、实现某种社会价值出发，具有行使社会权利、履行社会义务的特征；另一方面，由于其所履行的义务、所行使的权利超越或者游离了既定社会组织实践主题的需要和期待规定的范围，或者其所履行的义务、所行使的权利虽然符合其既定社会实践主题需要和期待，但并不属于同一社会组织的实践主题，所以不属于本来意义的社会角色扮演活动。类角色行为主体的相对方，可以是扮演某种社会角色的行为主体，也可以是类角色行为主体。

类角色行为主体的外延应当能够涵盖三种社会行为主体：一是以国家或能够行使自治权力的政治实体名义进行互动的行为主体。二是以纯粹意义上的朋友名义而且以社会组织所认可的形式和内容互动的行为主体。三是在临机状态下发生的社会互动事件中自主设定社会义务、自主行使社会权利，自主平衡权利义务对应关系的行为主体。

（三）角色迷失

所谓角色迷失，是指人们在扮演社会角色的过程中发生的这样一种情形：由于某种主观情感或情绪的干扰，混淆了角色权利、义务的来源和受体，模糊或者扭曲了既定的角色形象和价值追求，导致其所扮演的角色定位发生错乱。

角色迷失的表现形式一般有三种：

一是作为一个社会角色的扮演主体，违背了社会组织实践主题的期待，不能很好地履行社会组织赋予的义务，不能很好地行使社会组织授予的权利，却误将其自己或相对角色个人的价值和审美追求当成社会的价值追求。

二是当一个行为主体需要在两个以上的社会组织中扮演角色

的情况下，混淆了不同社会组织所期待的价值和审美追求，误将甲社会组织授予的权利带到乙社会组织中行使，或者误将甲社会组织赋予的义务带到乙社会组织中履行。例如，一个在国家组织中扮演行政管理角色的行为主体，运用国家授予的权力履行其家庭组织赋予的义务，就是一种典型的角色迷失行为。

三是一个社会角色的扮演主体，模糊或者扭曲了本来意义上的角色形象和价值追求，混淆了社会角色扮演主体与类角色扮演主体的界限，导致其所扮演的角色定位发生错乱。例如，放纵朋友这种个人情感因素向社会角色扮演行为渗透，干扰其本来社会角色义务的履行和社会角色权利的行使。

朋友是人们在社会生活中经常遇到并广泛使用的一个美好的词汇。很多人，特别是我们中国人，非常注重交朋友，常常把朋友之间的交际往来放在很重要的位置。所以中国被很多人称为人情社会。但是，朋友之间的交情，毕竟是以相互之间的感情为纽带，并不属于社会规范的角色扮演活动。感情只是一种凭借感觉感知的东西，可以是真实的，也可能是虚假的；可以是深厚的，也可以是肤浅的；可以是持久的，也可以是短暂的。所以，过分地看重朋友而忽略社会角色的权利和义务，就会陷入角色迷失。

朋友是一个很古老的概念，很多思想家都有关于朋友的论述。在古希腊，亚里士多德的伦理学中就包括关于朋友的论述。佛教创始人释迦牟尼专门论述过真假朋友的区别。在中国，儒家的重要典籍《礼记》一书中多次出现“朋友”二字。单独论述“朋”字和“友”字的典籍出现的时间则更早。新中国成立后出版的《辞海》和《现代汉语词典》都把朋友收为专门的词条。1980 年第一版《辞海》列举了古代对朋友一词的三重含义和用法：一是泛指相互交好的人，二是指君下群臣，三是指同科儒学生员。第七版《现代汉语词典》解释了现代人对朋友一词的两种用法：一般情况下，朋友是指“彼此有交情的人”；在特定情境下，朋友也可以指男女之间已经恋爱但尚未结婚的关系状态。无论在哪种情况下，朋友都是指人们相互交往的一种特定的私人关系模式，因而与履行社会规定义务、行使社会规定权利的社会角色扮演活动完全是两回事。

古希腊哲学家亚里士多德很明确地认为交朋友是一种个人行为，不属于社会规定性的范畴。他说：“与朋友相处是个人特有的权利，仅仅取决于我们自己，但是，与他人相处的权利则决定于法律，不取决于我们自己。”① 意思是说，交朋友不像扮演社会角色那样由社会所规定，而是由人们自行选择的。

中国古代的思想家则认为人们选择朋友也不是随意的，而是由共同的志趣决定的。这一点，汉朝经学家郑玄说得比较明确。他在为《周礼》所作的注释中说：“同师曰朋。同志曰友。”北宋欧阳修著有《朋党论》，也认为只有同道者才有真朋友。不过，即使如郑玄、欧阳修所说，作为志同道合的朋友，也只是人们社会活动中经常发生的交往对象，只是与角色扮演活动中的互动对象存在某种相似之处，却并非同一回事。

朋友并不是一个确定的社会角色，而是人们在扮演通常的社会角色之外，发生在单个人之间的私下交往对象。朋友可能是扮演社会角色过程中遇到的相对角色，也可能是与通常意义上的社会角色扮演活动并无直接关联，仅仅由于某种偶然的因素发生互动的对象。无论在哪种情况下结交的朋友，表达的都只是感情因素。评价一个朋友的品格，不能只看他对自己的实际态度，而且要看他对别人包括多数不相识的人甚至有过节的人如何行事，特

---

① 转引自何元国：《孔子与亚里士多德的朋友观之比较》，载《伦理学研究》2006 年第 1 期。

别要看他对应当履行的社会义务、应当遵守的社会规范采取什么态度。

朋友互动可能会对人们的社会角色扮演活动产生深刻的影响，却不属于社会角色扮演活动的本来含义。朋友关系不仅盛行于生产社会组织、政治社会组织，而且流布于血缘社会组织、信仰社会组织。朋友关系是一种不同于社会角色扮演活动的特殊人际关系模式。这种关系模式以特殊的思想情感和行为方式为主要内容。由于朋友互动游走在社会角色扮演、社会角色互动的边沿，所以，无论朋友之间的承诺多么庄重，都不会像社会角色的权利和义务那样，受某种社会组织互动规则的规范，不可能与通常意义上的社会角色权利和义务相提并论。

总而言之，由于朋友属于情感的范畴，而社会角色的权利义务意识则属于理性的范畴，所以，必须以后者规范前者，管住前者。朋友互动的行为底线是不能触碰社会角色的权利和义务。只要不触碰社会角色的权利和义务，朋友互动可能有助于社会角色扮演，否则就一定会陷入社会角色迷失，扭曲社会角色形象，甚至导致社会角色异化。尤其是行使社会公权的角色扮演者，虽然不可能不食人间烟火，不可能没有任何感情生活，但必须慎重交友，必须在个人感情与政治原则之间划清界限，不能把朋友关系与公共责任、社会义务混为一谈，惑乱自己的角色定位，丧失公共权力的原则立场。历史上，真正有作为的政治家，无不在交友问题上十分慎重。他们宁可形单影只，宁可被人指责为无情，也不会模糊社会角色的形象，不会在社会权利和社会义务上含糊不清。

除了用所谓朋友情感惑乱本来意义上的社会角色扮演活动之外，由过度趋利动机而导致的诸如导游购物、司机赶点、医生卖药等角色扭曲现象，以及在家庭中发生的婚外恋现象、父母偏爱某个孩子的现象，也属于角色迷失的范畴。

陷入角色迷失的人可能也会很认真地履行某种义务，行使某种权利，但却完全模糊甚至根本颠覆了自己正在扮演的社会角色的价值追求，模糊甚至颠倒了自己正在扮演的社会角色的形象和定位。角色迷失虽然并不一定是人们的主观愿望，但却经常在不知不觉中发生。陷入角色迷失以后，尽管我们并非从主观愿望上不想扮演好我们正在扮演的那个社会角色，但却总是自觉不自觉地背离那个社会角色应有的义务担当和规则要求。

（四）角色异化

所谓角色异化，是指由于权利膨胀、权利失控，或者权利严重缺失而引起的权利和义务严重失衡，社会角色的面貌严重扭曲、价值走向反面的现象。

异化是西方哲学史中的一个概念，早在中世纪的欧洲神学和经院哲学中就出现了，指的是人在默祷中使精神脱离肉体，与上帝合一的一种境界，或者是圣灵在肉体化时，由于顾及人性而使神性丧失，与上帝疏远，成为罪人那种情景。到了近代，一些启蒙思想家的著作中也使用了“异化”概念，反映的是一种损害个人权利的否定活动，即指权利的放弃或转让活动。在德国古典哲学中，异化概念具有了更加抽象的哲学内涵，被用以说明许多问题。在黑格尔哲学中，“异化”“外化”和“对象化”三个词的含义是相近的，表达的是观念的外化。费尔巴哈则用异化说明宗教的本质，他认为人们根据自己的需要创造了上帝，可是上帝却成了异己的对象，人们反而受上帝的主宰和统治。

马克思在完全摆脱德国古典哲学的影响之前，曾经认为商品化的劳动会异化成统治自己的资本。所以他又认为一旦改变了劳动的条件，使人类的劳动成为自由的劳动，劳动异化问题就不复存在。1848 年之后，马克思转而使用生产力、生产关系以及经济基础、上层建筑等概念来说明人类社会历史的发展，并用以分析解释劳动概念。此后，异化这一概念，在其著作中已经不再具有方法论的意义。马克思逝世之后，有些西方马克思主义者例如弗罗姆、哈耶克等人利用这一概念表述了与马克思完全不同的意思，他们认为人间一切不合理的现象都是人的本质的异化。

我们在这里所说的角色异化，并不是人的本质的异化，并不是指母体的产物反过来控制、支配母体本身的这样一种变化，而是指某些社会角色由于权利膨胀、权利失控，或者权利严重缺失而引起的权利和义务严重失衡，角色面貌严重扭曲、角色价值本末倒置那样一种现象。

从本来的意义上说，任何社会角色都是构成某一社会组织的细胞，都是某一社会组织中不可或缺的建设性能量。然而，如果放任某个或某些社会角色的权利过度膨胀，就会使其从社会的有机能量，异化成社会组织的赘瘤、溃疡，成为社会组织的破坏性力量。从历史上看，阶级的分化和斗争，就是原始的社会角色分工发生异化的结果。从现实生活看，社会家庭组织中的婚外情行为，国家、政党、社团组织和经济组织以及军队、警察中的叛变行为、腐败堕落行为以及其他违法犯罪行为，都是典型的角色异化现象。

我们已经知道，由于每一个社会组织都是一个利益主体，都有公共利益需要实现、需要维护，所以每个社会角色都有履行、实现和维护公共利益的社会义务，并把履行这种社会义务作为其社会行为的出发点。任何社会角色的权利都是为履行其社会义务而行使的。只有每一个社会角色都能自觉地以履行义务为出发点，切实树立起牢固的义务观念，才能把权利观念建立在牢固的基础之上。然而在现实生活中，作为一个相对独立的利益主体，每一个社会角色都很容易从自己的权利出发思考问题、判断是非。所以每一个社会角色都需要自觉地抑制自己的这种自发性倾向，否则，放纵地追求自己的权利而完全忘记自己的义务，就会异化成为社会组织的破坏性因素。社会角色的义务不但是其进入社会的逻辑起点，而且是其权利的平衡器。义务观念越是淡薄，权利观念就越是膨胀。无论什么社会角色，只要其权利观念过度地膨胀，必然要异化成社会的破坏性因素，这是社会角色扮演的一条铁的定律。

现实的社会生活中，我们经常会看到这样的例子：有些社会角色总是感到自己的权利行使得不够，从来不知道也不想知道自己应当承担的义务。他们对社会，对其他社会角色没有任何亲近感，有的只是抱怨和不满。例如，一个儿子，从小就很习惯地行使着自己被父母抚养的各种权利，却从来不知道应当履行孝敬父母的义务。他总是觉得父母给予自己的太少，总是不停地向父母索取，即使眼看着父母已经逐渐老迈衰弱，却不但不能给父母以必要的关爱和孝敬，反而因为父母的给予不再像年轻时那样丰富而心生不满和怨恨。这时候，他已经从儿子这样一个家庭组织中的正常角色异化为家庭的赘瘤、溃疡，成为家庭的破坏性能量。这种角色异化现象在掌握公共权力的角色中也会发生。如果一个党员领导干部总觉得自己获得的利益比别人少，却忘记了自己的义务是最大限度地满足老百姓的利益需求，结果必然是利用手中的公共权力谋取私利，异化为腐败分子。对于这样的人，只进行道德层面的谴责是不能解决问题的，必须通过必要的社会角色理论教育，帮助他们摆正角色位置，确立正确的权利和义务观念。

相对于人类社会发展的漫长历史来说，人类追求平等的历史还很短暂，距离权利和义务自我平衡的理想境界还有距离，某些权力发生失控的现象是不奇怪的。如果我们确认角色异化特别是某些行使公共权力的角色的异化并非必然规律，确认它的发生是有条件的，那么，角色异化就是可以避免的。只要我们找到角色发生异化的条件，致力于消除这种条件，就有可能避免角色异化。既然角色异化是由于其权利膨胀、失控引起的，那么，防止角色异化，就是要防止角色的权利膨胀、失控，而防止角色的权利膨胀、失控最直接最有效的力量不是别的，就是其义务。一个社会角色的义务，又可以表现为其相对方的权利。所以，防止角色权利膨胀、失控，从归根结底的意义上说，就是要启动其相对方的权利机制。例如，我们要防止行政权力（行政权力就是行政管理角色的权利表达形式）膨胀，最好的办法就是直接启动行政相对方权利的经常性运行机制，让行政相对方的权利能够随时随地发挥制约和监督作用，使行政权力无论在时间上还是在空间上都没有膨胀和扩张的机会。

(五) 权利和义务的潜在形态

从本来的逻辑上说，社会角色的权利，是其履行义务的条件和保障；社会角色的义务，是其行使权利的前提和逻辑起点。任何社会角色的权利和义务不但是不能分割的，而且应当是相互对应的，但这只是社会角色的权利和义务关系的一种逻辑状态。这种逻辑状态，是舍弃了人类在社会实际生活中许多具体的现象事实之后的一种理论表达。从理论上说，社会角色的权利和义务确实是对应的；而在社会实际生活中，某些社会角色的权利多于义务，另一些社会角色的义务多于权利的情况是经常发生的。因为人们权利和义务的对应状态，不但受到社会角色扮演主体自然条件的制约，而且受到人类对社会结构形式、结构规律乃至社会本质的认识水平的制约，所以在实现程度上是千差万别的。

但是，人们社会权利和社会义务的失衡状态不管多么普遍，都不能改变权利和义务矛盾运动的基本规律。各种权利和义务失衡的状态，只能围绕着它们趋于平衡、趋于对应这条基本规律上下波动，而不可能根本离开这条基本规律。也就是说，任何社会、任何历史条件下的权利和义务失衡状态，都只能在某种程度上失衡，不可能无限制地失衡。不管在什么地方，不管在什么时候，凡是权利多于义务的行为主体，都不是其权利应该多于义务，而只是其义务因某种原因而暂时以潜在的形态与其权利相对应。反之，凡是其义务多于权利的行为主体，都不是其义务应该多于权利，而只是其权利因某种原因而暂时以潜在的形态与其义务相对应。社会生活中，这种以潜在形态与其相对方相对应的权利或义务，大体上可以区分为两种形态：一种是存储的权利或义务形态；一种是被抑制的权利或义务。

所谓存储的权利或义务形态，是指由于社会角色扮演主体自身履行义务的能量不足，但又不能不行使其某些必要的社会权利，因而导致其权利多于义务的那种状态。凡是因此而导致权利多于义务的社会角色，必然同时导致其相对角色履行多于其权利的义务。一般来说，这种现象都是暂时的，是社会组织能够宽容的。例如，在家庭中经常存在的未成年人能够履行的家庭义务大量少于其所行使的家庭权利，他们的这些权利并非没有任何义务的逻辑依据，只是其义务暂时以潜在的存储形态与其未来赡养老人的义务相对应。同样，家庭中的失能老人，其所行使的家庭权利大大多于其所履行的家庭义务，他们的这些权利并非没有任何义务的逻辑依据，只是其早年以存储形态与其哺育子女的义务相对应的那些权利的具体实现。中国社会长期存在的养儿防老观念，就是对家庭中潜在的权利义务的一种朴素理解。这种朴素的权利义务观念常常会在道德实践中发挥作用。例如，一个儿子因为其患上老年痴呆症的父亲反复问询第二天的天气而烦躁，可当他有一天突然发现父亲的一个日记本，上面记载着自己孩童时代曾就同一个问题向父亲问询了多次，而且次数是父亲晚年询问天气预报的次数的两倍。这时，这个儿子内心会涌现出一种深深的愧疚感。

所谓被抑制的权利或义务形态，是指由于社会角色的扮演主体倚仗其社会资源的占有优势而人为地压缩其自身社会义务、放大其自身社会权利，同时迫使其相对角色放大社会义务、压缩社会权利。例如，在马克思所分析的资本主义工业企业中，企业主倚仗其资本的主导地位获得的超额利润和其相对方工人付出超常的劳动时间和超强的劳动强度，就是其释放生产资料的社会义务被压缩的表现形态，也是其相对方工人释放劳动技能的社会义务被人为放大的表现形态，既是企业主获取产品分配的权利被人为放大的表现形态，也是其相对方工人的生命权和休息权被人为压缩的表现形态。在古代社会的农业生产组织中，地主倚仗其占有土地资源的优势所获取的超额地租和农民超强劳动强度和超常劳动时间，既是地主释放生产资料的社会义务被压缩的表现形态，也是农民释放其劳动技能的社会义务被人为放大的表现形态，既是地主获取产品分配的权利被人为放大的表现形态，也是农民应当获取的劳动报酬的权利被人为压缩的表现形态。

无论是被抑制的权利或义务形态，还是被存储的权利或义务形态，都是社会现实生活中难以完全避免的现象，都有其存在的理由。然而，不管权利或义务以存储的形态存在，还是以被抑制的形态存在，都不是权利义务关系的逻辑状态，因而都会在一定条件下转变为其应当具有的逻辑状态。也就是说，从归根结底的意义上看，任何社会角色的权利和义务都是互相对应的，即使暂时不能对应，总有一天要互相对应起来。任何社会角色的扮演主体，由于某种原因行使了多于其社会义务所对应的社会权利，都意味着其对社会期待义务的亏欠。这些亏欠义务并不是他不必履行，而是暂时以社会期待的形式进入潜在形态。一旦不得不暂时储存权利或义务的条件发生改变，这些亏欠的社会期待就要以其他形式表现出来。同样，任何社会角色的扮演主体，其所履行的社会义务都是与其所行使的社会权利相对应的。由于其相对角色扮演主体自身能量不足而履行了多于其社会权利所对应的社会义务，就意味着其应当行使的社会权利被暂时储存起来了，一旦条件成熟，这些权利就要被释放出来。所以，无论是权利暂时多于义务的现象，还是义务暂时多于权利的现象，都不是权利与义务对应规则失灵的证据。恰恰相反，现实权利中的亏欠部分总是与现实义务中的多余部分相对应，现实义务中的亏欠部分总是与现实权利中的多余部分相对应，这恰恰是权利和义务必须互相对应的最好证明。

追求社会权利和社会义务相对应，是人类一个永恒的社会理想追求。社会权利和社会义务是否对应，以及这种对应实现程度的高低，是衡量一个社会组织结构的合理性、科学性和进步性的基本标准。社会权利和社会义务不断向着相互对应的状态接近，是人类以往社会历史一切社会进步的核心内容。一部人类几千年的社会发展史，可以简约地概括为不断趋向于社会权利和社会义务对应关系的历史。

由此说来，在实际的社会生活中，人们的社会权利和社会义务存在着两种不对应的形态：一种是某些社会角色应当履行的义务由于扮演主体自身能量不足而被社会组织允许暂时存储起来的形态；另一种是某些社会角色应当履行的社会义务由于其社会资源的占有优势而被人为抑制的形态。无论是社会义务被暂时存储还是被人为抑制，都必然会导致其社会权利的相应放大，导致社会权利和社会义务的失衡状态。不管哪种权利和义务的失衡状态，都会被当时的社会制度加以固定。不同的是，前一种状态属于社会组织对权利和义务对应状态的自我调整，后一种状态属于社会组织的病态表现，属于社会变革的对象。

第二节 社会角色的形态和分类

就像戏曲舞台角色区分为生、旦、净、末、丑五个行当，每个行当中又区分为若干不同的类别一样（例如，生角又区分为小生、须生和老生等），人们扮演社会角色，也有其通常意义上的扮演形态，每个形态中又区分为若干不同的种类。社会角色的扮演形态可以区分为主题形态和价值形态两个序列。前者由社会组织的实践活动内容所决定，与社会组织的外在形式相联系，区分为血缘社会角色、生产社会角色、信仰社会角色和政治社会角色四种类型。后者由社会组织关于实践活动的组织机制所决定，与社会组织的内在结构相联系，区分为主导角色和从动角色两种类型。

一、社会角色的主题形态

所谓社会角色的主题形态，是标志实践主体身上那些表达实践主题特征的权利和义务的概念。也就是说，社会角色的主题形态，是指人们由于社会实践活动的主题不同而呈现出来的角色面貌。通常意义上的血缘社会角色、生产社会角色、政治社会角色、信仰社会角色，都是社会角色的主题形态。社会角色的主题形态，是社会角色能够作为一种现实存在的基本形态。

我们知道，无论什么样的社会组织，其全体成员之所以需要结合成一个这样的社会组织，是由于只有由这些成员结合在一起，相互合作、共同劳动，才能最有效地面对实践对象，掌握和运用实践资源，创造社会财富，满足其中每一个成员在生存、生活、安全、传承和发展等方面的需要。所以，每一个社会组织之所以成为必要，都是由于人类社会实践活动的需要。

现实社会中每一个社会组织，不管是一个家庭还是一个企业、学校、政党或宗教组织乃至一个国家，归根结底，都是一个从事社会实践活动的社会组织，都会围绕着一个实践主题展开其社会实践活动。社会实践活动的主题，一方面构成这个社会组织的外观形象和历史形态，另一方面决定了其组织内部绝大多数实践活动主体的角色面貌特征亦即社会角色存在的形态特征。所以，从这一意义上区分的社会角色存在形态，就叫作社会角色的主题形态。社会角色的主题形态与社会的组织形式和实践功能相联系。有多少种社会组织形式和实践功能，就会有多少种社会角色的主题形态。

社会角色在本质上是社会实践主体所承担的社会义务、所行使的社会权利的总和。而任何一个社会角色到底履行什么样的社会义务、行使什么样的社会权利，首先是由其社会实践的主题决定的。所以，不管什么社会角色，都首先必须获得某种主题形态，必须首先以某种主题形态而存在。

人类各种社会组织形式都是由于社会实践活动的需要才产生的，不同的社会组织形式，在人类的社会实践中发挥着不同的功能和作用，谁也不能代替谁。正是由于不同的社会组织形式各自都发挥着不可替代的功能和作用，所以社会角色就形成了各种不同的主题形态。与此同时，社会角色的不同权利和义务也只有在其所从事的社会实践活动中才能显示出来。既然人们在家庭中和在国家、企业或者学校等不同的社会组织形式中从事着不同的实践活动，承担着不同的社会义务，行使着不同的社会权利，追求并实现着不同的社会价值，那么，我们可以按照这些社会组织的形态来区分社会角色的主题形态。

社会角色的主题形态具有兼容性。就是说，每一个社会角色的扮演主体，常常同时在多种不同的社会组织形式、多种不同的社会实践活动中扮演角色。这些不同主题形态的社会角色虽然要求其扮演主体履行不同的社会义务，行使不同的社会权利。有时候，两个不同的社会组织要求同一个行为主体履行的社会义务和行使的社会权利可能会发生时间或精力上的冲突，需要化解，这就需要他们摆正冲突双方的关系，避免角色迷失和角色异化。

(一) 血缘社会角色

血缘社会角色，是人们在以血缘为纽带而形成的社会组织中必须履行的社会义务、必须行使的社会权利的总和。或者说，是指人们由于履行血缘社会赋予的义务，行使血缘社会授予的权利，实现血缘社会期待的价值时所呈现的社会角色特征。从权利和义务的内容上看，血缘社会角色是人类的一种原始性社会角色形态。

家庭中的丈夫、妻子、父亲、母亲、儿子、女儿等，是血缘社会角色的典型性、标本性形态。家庭角色的外延没有一个十分严格的规定，特别是在中国古代，常常会有四世同堂的大家庭存在。这种四世同堂的大家庭，除了前述几种家庭角色之外，还包括祖父母、曾祖父母、叔祖父母、叔伯父母、孙子女、曾孙子女、兄弟、姐妹、堂兄弟姐妹，乃至堂叔伯兄弟姐妹，等等，都属于家庭角色的范畴。

血缘社会角色比任何家庭角色的外延都要大得多。除了前述四世同堂的家庭成员外，父系血缘起码还包括五服以内的家族成员，母系血缘则起码还包括母亲的父母、兄弟姐妹及其子女。由于中国文化传承的历史悠久，所以中国的父系血缘可以追溯到几十代以上。中国历史上曾经把血缘关系作为认定人们社会角色的重要依据。在隋唐以前，门阀世族势力并不会因为改朝换代而削弱。隋唐以后，门阀世族虽然不再作为一种制度延续，但其在社会历史发展中的影响仍然不可低估。

血缘社会角色有几个重要特征：一是其先天性和不可改变性。由于人们的血缘关系是由自然条件决定的，一个人从来到人世间的第一天起，就已经被固定在一定的血缘关系当中，再也不能改变。这与生产社会角色相比是一个十分明显的区别。二是其权利和义务的层次性。血缘社会角色的权利和义务，以作为其核心的家庭角色为最清晰最重要，随着血缘关系的逐渐淡化而依次递减。在现代社会中，四代以外的血缘社会角色，已经没有多少直接的义务需要履行，也没有多少权利能够行使。三是血缘社会角色的规范具有很强的通用性和继承性，而且多是以习惯的形式传播并发挥作用。

从权利和义务的内容上看，血缘社会角色是人类的一种原始性角色形态，标志着人类已经组织成社会的一种比较原始的社会角色分工形式。在血缘社会角色中，还有一个重要的概念不可忽略，就是类血缘社会角色，即由养父母和养子女、继父母和继子女所扮演的角色。类血缘社会角色之所以需要重视，是因为其权利和义务都受到国家法律的保护。

（二）生产社会角色

生产社会角色，是指以社会生产、科学实验等实践活动为主题，并只能在这种实践活动中才构成权利和义务关系的社会角色类型。或者说，生产社会角色是人们在其所从事的物质文化资料生产活动、科学实验活动中所表达的角色义务、角色权利、角色价值等角色特征。在企业、学校、医院、科研院所、农场或其他农业生产组织、文艺演出团体中扮演生产实践活动角色的行为主体，例如工人、农民、会计师、工程师、老师、学生、公交（火车、飞机）司机、公交（火车、飞机）调度员、公交（火车、飞机）乘务员、科学家、媒体记者、媒体编辑、职业经理、银行职员、律师、医生、患者、作家、歌手（演员）、导演、作曲家、乐手等，都属于生产社会角色。

生产社会角色是由社会生产实践活动决定的社会分工。生产实践活动是人类最早的实践活动。生产实践活动中的角色分工，是人类最早结成的社会组织分工。例如，在最早的血缘社会组织中，就有狩猎、采集等实践活动中的分工，但这种社会分工并不是作为一个专门从事生产活动的社会组织中的分工，因而还不能叫作生产社会角色，而是血缘社会组织众多实践活动中的一种角色扮演活动。

在古代社会，人们在狩猎活动、农牧生产活动、自发的产品交换活动以及村社交往中所体现的角色特征和角色价值、角色作用，也属于生产性社会角色的范畴，但这种社会角色实践活动在专门性生产社会组织产生之前，都是由血缘社会角色同时扮演的。也就是说，虽然人类的社会生产活动是一种最原始的角色扮演活动，是判断人类从自然界分离出来，作为一个单独的类存在状态的标志。但并不是所有的生产实践活动都属于生产社会角色的扮演活动，只有专门性生产社会组织出现之后的人类社会生产活动，才叫作生产社会角色扮演活动。

（三）信仰社会角色

信仰社会角色，是人们为了追求某种理想信念而履行的那些社会义务、行使的那些社会权利的总和。信仰社会角色的扮演活动，是指人们在因理想信念相同而结成的那种社会组织形式内的社会实践活动。研究信仰社会角色，首先需要澄清信仰这个概念。

信仰，《现代汉语词典》的释义为“对某人或某种主张、主义、宗教极度相信和尊敬，拿来作为自己行动的榜样或指南”。这是对信仰这个词汇的解释，而非对其作为一个哲学概念所下的定义。如果把信仰作为一个哲学概念来把握，则不能不关注其与迷信的区别。从认识论上说，信仰作为一种人类社会的精神生活现象，是指人们对真理性价值的高度崇信、敬仰和执着追求。至于对非真理性的主张、主义或偶像的无条件仰视和膜拜，则不属于信仰的范畴，而属于迷信的范畴。

现实生活中，信仰与迷信的界限常常被弄得很模糊，很多人常常把某些忠于信仰的思想和行为视之为迷信，也有人把某种迷信现象称之为信仰。然而，从认识论上说，二者的界限是不容混淆的。区别主要有两条：其一，对象不同。信仰的对象只能是真理而不能是谬误或偶像，而迷信的对象则恰恰相反，只能是谬误或偶像而非真理。其二，表现不同。由于信仰主体追求的是真理，因而并不怀疑信仰对象的相对性。无论信仰怎样笃实，都不会排斥质疑。而迷信主体追求的不是真理，而是绝对服从的表达模式，因而惧怕任何质疑。信仰主体一旦发现信仰对象与客观现实拉开了距离，就会产生质疑，并根据实践经验对其加以补充、修正和完善，从而进入更加笃实的信仰境界。而迷信的特征则是无条件地仰视和膜拜。从这个意义上说，迷信也可以被视为极端化非理性化的信仰。

宗教团体都有自己的社会生活，其成员都在这种社会生活中扮演着各种不同的角色，在宗教社会扮演的角色，与信仰社会扮演角色具有某些相似的特征，所以宗教活动也常常被称为信仰活动，宗教团体也常常被视为信仰社会的一种组织形式。

除了佛教、基督教、伊斯兰教这种典型意义上的宗教，在中国古代，对天的仰视和膜拜，虽然没有形成像三大宗教那样独立于世俗社会的组织形式，也没有像三大宗教那样高度仪式化的宗教生活，但由于其带有偶像崇拜的特征，所以这类行为主体的活动类似于在宗教社会扮演角色的活动。

信仰社会角色有几个明显的特点：一是角色的自我认知程度比较高，向心力和凝聚力比较强，履行义务、行使权利的行为高度自觉。一般来说，人们之所以要参与某种宗教、政党或社团组织的生活，是因为对该宗教、政党或社团组织的宗旨已经有足够的理解和认同，是一种理性的自愿选择，较少会有被迫性、盲目性和反复性。二是个体角色履行义务、行使权利、追求价值的行为与社会组织状况相互依赖，互为前提和条件。离开社会组织的稳定和强大，个体角色就无所作为。同样，离开个体角色履行义务、行使权利的高度自觉，其社会组织也就会形同虚设。三是角色的行为规范高度内向、高度凝聚。信仰的能量不但表现为行为主体的导向作用和支撑力量，而且表现为对相邻主体的征服力量，能够把某种理想和价值追求从一个行为主体身上扩展到另一个乃至无数个行为主体的身上。

（四）政治社会角色

政治社会角色，是指人们在政治国家组织中履行社会义务、行使社会权利、追求社会价值时所呈现的社会角色特征。例如公民、国家元首和各级行政长官、各级业务类公务人员、军官和士兵、警察（包括其他带有执法职能的人员）、法官、检察官、公众人物、英雄模范等，就是由国家法律规定的权利和义务构成的社会角色，是以政治色彩为突出标志的社会角色。

政治社会角色有三个突出的特征：一是其权利义务的表达对象高度复杂而交叉，成立体几何状态分布。任何一个公民，既要对国家履行义务、行使权利，又要对其他公民履行义务、行使权利。任何一个公务人员，都要既对国家履行义务、行使权利，又要对上下级履行义务、行使权利，还要对相应的公民履行义务、行使权利。二是其权利义务的渗透性特别强大。一个扮演政治社会角色的行为主体，不但对其本人所扮演的生产社会角色、血缘社会角色、信仰社会角色的权利义务产生重大影响，而且会对其家庭成员乃至身边人员的社会角色扮演活动产生重大影响。有的国家领导人为了更好履行其社会义务，会对其家庭成员的社会行为乃至其子女的婚姻提出苛刻要求。三是其权利义务都必须由法律明确规定，因而也必须依法行使权利、履行义务。

二、社会角色的价值形态

社会角色不但有不同的主题形态，而且有不同的价值形态。现实生活中，扮演同一主题的社会角色，其所履行的社会义务、所行使的社会权利，不可能没有功能上的差别，不可能发挥完全一样的社会作用，实现完全一样的社会价值。例如，在一个企业组织里，所有的行为主体都属于生产社会角色，但其所履行的社会义务、所行使的社会权利，由于有不同的社会功能，所以会区分出董事长、总经理与普通工人等不同价值形态的社会角色。在一个国家组织中，所有人都属于政治社会角色的范畴，但由于人们所履行的社会义务、所行使的社会权利，具有不同的社会功能，所以人们会在国家政治生活中发挥不同的社会作用，实现不同的社会价值，呈现出国家元首和普通公民这样不同的社会角色。

社会角色的价值形态是标志一个社会组织内部不同实践主体身上那些功能性权利和义务的概念。也就是说，社会角色的价值形态，是指某一特定行为主体由于在特定社会组织中履行不同功能的社会义务、行使不同功能的社会权利，因而发挥不同的社会作用，实现不同的社会价值，从而呈现出来不同于其他行为主体的角色面貌。

在一个社会组织内部扮演角色，其所履行的社会义务、所行使的社会权利、所追求和实现的社会价值多种多样。但不管其所追求和实现的社会价值有多少区别，就其对社会组织的价值类型上看，可以归结为两个大的类型：一个是主导角色，一个是从动角色。

（一）主导角色

所谓主导角色，是指在同一个社会组织的实践活动中，对角色互动秩序、节奏、过程和结果具有决定性影响的角色。这种决定性作用，一般是通过在社会组织内部诸如社会权利和义务的配置、角色互动规范的制定、社会财富的分配、社会角色评价和奖惩等重大事项中，以及在处理其与其他相关社会组织关系的行为中行使决断权，在社会组织的统一行动中行使组织指挥权来实现的。例如，在血缘社会组织中扮演族长、家长的角色，对家庭事务或家族、宗族事务具有决定性作用，因而是主导角色。在生产社会组织中，学校的校长，企业的老板和总经理，科学技术研究机关中的负责人，都是主导角色。在古代国家中，皇帝（国王）及以其为核心的贵族集团是主导角色。在现代国家中，执政党及其所代表的经济利益群体是主导角色。在信仰社会组织中，政党领袖、宗教领袖等是主导角色。无论在政治社会组织还是在信仰社会组织中，所谓主导角色，可以是指一个社会组织的最高领导人，也可以是指以这个最高领导人为核心的领导集团。

作为一个理论概念，主导角色不能叫作主动角色。主导和主动只有一字之差，却是两个完全不同的哲学概念。主动的含义，是指社会角色在角色扮演过程中出现的一种特定的行为状态，即掌握了主观能动性表达空间，掌握了主体自由的一种行为状态。主动行为所标示的是一种行为状态样式，而不是行为主体的社会价值形态。主导角色在角色扮演活动中既可以居于主动状态，也有可能陷入被动状态。

现代经济学把人类社会经济活动分为农业、工业、服务业。其中，服务业中的许多社会组织形式有一个明显的特点。一方面，作为一种社会组织形式，其内部必然有一个主导角色。另一方面，作为一种特殊的社会实践活动的组织形式，由于其劳动对象是人，所以，每一个直接面对劳动对象的主题实践活动都构成一种不同于直接物质资料生产活动的角色互动行为。这类社会组织的实践活动实际上区分为两种性质完全不同的社会实践活动：一种是其社会组织本身的管理实践活动；另一种则是主题社会实践活动。于是，这种社会组织中就出现了两种不同含义的主导角色：一种是在其自身管理实践活动中的主导角色；一种是在其主题性社会实践过程中的主导角色。例如，在市场交易或金融服务过程中，每一个面对客户的柜员都属于主导角色，他们主导着与客户的互动过程，决定着互动结果。在医疗服务过程中，每一个被称作白衣天使的医生、护士都是主导角色，他们主导着与患者的互动过程，决定着互动结果。在文学创作或文艺演出、文化传播活动中，每一个创作人员、演职人员都是主导角色，他们主导着与观众的互动过程，决定着互动结果。

任何一个社会组织都不能没有一个发挥主导作用的角色。主导角色对于一个社会组织来说，是其状态和前途的关键。没有一个称职的主导角色，社会组织就没有凝聚的核心。失去了凝聚的核心，无论什么样的社会组织，即使勉强地建立起来，也不可能形成和拥有人们希望它拥有的那种能量，不可能发挥人们希望它发挥的那种作用。这个社会组织即使建立起来，也不可能健康地发展，更不可能持久地巩固。毛泽东在其著名论著《论持久战》中曾经分析一个问题：他说，为什么日本这样一个小国，能够欺负和侵略中国这样一个大国呢？原因就在于中国虽然人口众多，但是没有凝聚起来，像是一片散沙。一旦中国人民能够凝聚起来，就会形成战胜侵略者的强大力量。而当时的中国为什么是一片散沙呢，就因为当时的中国缺乏一个合格的主导角色，没有形成一个凝聚的核心。

一般来说，不管扮演什么社会角色，其需要履行的社会义务，主要包括应当付出的能量、应当承担的责任、应当遵守的规则这样三个方面，其所需要行使的社会权利，主要包括人格尊严、物质利益和权重系数三个方面。主导角色在社会组织中所发挥的主导作用，一般通过三种形式来实现：一种是通过倡导能够表达全社会共同愿望的行为理念和价值目标，形成绝大多数社会成员的凝聚状态；一种是通过协商或者裁判的方式，协调、平衡各角色扮演主体之间的利益冲突，达成全社会的一致；还有一种是用权力强迫从动角色服从的方式维持社会的统一状态。

一方面，无论在什么社会组织形式中，主导角色往往要承受巨大的责任压力，很容易沦为费力不讨好的角色。另一方面，无论在什么社会组织中，主导角色都是最为耀眼的明星，不但享受着最为崇高的社会荣誉和心理优势，而且享受着最大限度的意志自由，常常成为社会嫉妒的焦点。无论什么样的社会组织中的主导角色，历来都被视为最受关注的对象，成为最受瞩目、拼死争夺的价值目标，但主导角色并不是随便一个什么主体都能够扮演的。不管什么样的社会组织，哪怕在一个只有两个人的家庭里，扮演主导角色也并非一件轻而易举、轻松愉快的事情。不但必须具备足够的认知能力、学习能力、判断能力、表达能力、行为能力、组织能力、创造能力（即方法设计能力）、纠错能力（即自我控制能力），而且必须具备超乎从动角色的坚强意志、人格魅力和行动魄力乃至必要的体能素质，以及天时、地利、人和等客观条件。缺乏必要的主客观条件，硬要扮演主导角色，不是犯罪，就是受罪。在人类最近几千年的文明历史发展中，关于社会主导角色，特别是国家这种社会组织形式中的主导角色的产生办法，已经成为人类文明发展的一个专门性课题。

不同的社会组织形式和不同的历史时代，有不同的主导角色生成规则。在血缘社会，主导角色基本上是由血亲关系决定的行为主体担任的，有时也会由智能、体能和人格状态占优的行为主体担任。传说中的远古时代的禅让制，就发生在以血缘为纽带的社会组织中。在生产社会组织中，主导角色是由社会实践活动本身决定的。在政治社会中，古代社会实行世袭制，近代以来实行选举制。这些制度之所以能够出现并被人们所接受，是因为在当时的社会条件下，只有这种制度而不是别的制度，才能产生能够被社会普遍认可的主导角色，保持人们所普遍需要的社会稳定。信仰社会组织主导角色，或者类角色社会行为中的主导主体，一般是由行为主体自身能力，包括主观能力和客观资源基础决定的。所谓主观能力，主要是指行为主体的智能和体能。所谓体能，主要是指行为能力。所谓智能，包括判断能力、决断能力、号召能力、组织能力和执行能力。所谓客观的资源基础，主要是指行为主体所掌握的政治资源、历史文化资源和现实的经济资源。

（二）从动角色

所谓从动角色，是指在同一个社会组织的实践活动中，权利义务配置状态正好与本体角色相反相成的角色。在各种社会组织中，主导角色之外的各种社会角色，都属于从动角色的范畴。从动角色与主动地提出互动规范并进入互动行为，运用互动规则掌握调控互动方向、互动秩序、互动节奏和互动结果的主导角色形成对应的关系。在汉语中，"从动"这个词一般作为形容词使用，用于修饰、限定机械中的某些零部件名称，如"从动轮"。这里，之所以需要使用这样一个词汇来修饰一种特定角色的特征，是因为这种特定角色的限定词需要表达如下几个含义：一是具有与主导角色相对的意义；二是能够表达而不致掩盖其主体能动性；三是能够表达而不致掩盖其与主导角色在互动过程中所体现的共性。不能表达这些含义的词汇，或者在这些含义之外还能被赋予其他含义的词汇，都不宜用来表达这种特定角色的特征。

正像主导角色不能被叫作主动角色一样，从动角色也不能称为被动角色。从动角色，作为一个哲学概念，其含义是指与主导角色相对的一种社会角色属性，一种社会角色的价值形态。无论是主导角色还是从动角色，都是社会实践活动需要的社会角色扮演样式。从动角色并不丧失其作为能动性行为主体的本质，与主导角色一样拥有发挥主观能动性的舞台。从动和被动只有一字之差，却是两个完全不同的哲学概念。与被动相对的概念不是主导，而是主动。作为另一个哲学概念，被动的含义与主动相反，是指社会角色在互动过程中出现的一种特定的行为状态，即丧失了主观能动性表达空间，丧失了主体自由的一种行为状态。被动状态就是只能被某种力量牵着鼻子走，每一个举动都是不得已而为之的一种被迫的窘态。被动行为所标示的是一种行为状态样式，而不是行为主体的社会价值形态。从动角色在角色扮演活动中完全可以掌握主动权，主导角色也有可能陷入被动状态。

与主导角色扮演活动中的行为特征正好相反，在一个社会组织中，从动角色虽然在角色互动中处于从动的地位，但由于其在社会组织中的人数占据绝大多数，而且一般属于该社会组织实践活动的主体，因而是保持社会稳定或促进社会发展的决定性力量。如果说一个社会组织中的主导角色是其现状和前途的关键，那么，从动角色则是这一社会组织现状和前途的决定力量。一个社会组织中的主导角色到底发挥了什么样的关键作用，就在于其能否与从动角色有机地融合在一起，能不能精确地反映和把握从动角色的利益诉求。从动角色对于一个社会组织来说，不管是社团、企业、学校还是国家，都占绝大多数。只要他们对主导角色不认同、不配合，主导角色的主导地位就会发生动摇，社会稳定就难以维持，社会组织应当发挥的那种作用就无从发挥。

从动角色与主导角色是相反相成的关系，他们互为条件和前提。没有主导角色，从动角色就没有凝聚的核心，就不能作为一个有价值的社会角色而存在。同样，没有从动角色，任何主导角色就没有发挥主导作用的舞台，就不能称其为主导的角色。在任何社会组织中，从动角色都占人口的大多数，都是社会实践中的本体角色。从最终的意义上说，任何社会主导角色，都是社会从动角色以这种或者那种方式选择的结果。所以，主导角色必须树立尊重从动角色，依靠从动角色的行为理念，必须满足从动角色正当的与其社会义务相对应的权利诉求，才能承担起社会主导的责任。否则，就会失去从动角色的信任和认可，丧失其社会主导地位。

第二章 社会角色的扮演和评价

我们已经知道，人类的感性行为之所以叫作实践活动，在于其有一个动物的感性行为所没有的特征：只能在社会这个舞台上才能成为事实，只有首先建立起相互之间的社会联系，搭建起一个社会舞台，然后才能开始作为人类特有的感性活动。所谓建立起相互之间的社会联系，搭建社会的舞台，无非就是把参与实践活动的每一个实践主体组织起来，进社会分工，确定每一个行为主体的社会义务和相应的社会权利，即确定每一个实践主体的社会角色。所以，人类的社会实践活动，实际上就是社会角色扮演活动。任何社会角色互动行为，都可以归结为社会角色扮演活动。

社会角色扮演，作为标志人类社会实践活动的特定概念，其内涵只能与其他许多概念联系起来才能把握。研究社会角色扮演问题，起码还涉及如下几个概念：社会角色意识、社会角色规范、社会角色修养、社会角色价值和社会角色评价，都是需要逐一讨论的理论问题。

本来，一般意义上的角色与哲学意义上社会角色是两个不同的概念，但为了叙述上的方便，我们在已经确定了社会角色这个哲学语境的前提下，也可以把社会角色扮演、社会角色意识、社会角色规范、社会角色修养、社会角色价值、社会角色评价等概念简称为角色扮演、角色意识、角色规范、角色修养、角色价值和角色评价。

第一节　社会角色扮演和主体修养

我们已经知道，不管什么社会角色，一旦形成，都不能不承担某种社会义务，也不可能不行使某种社会权利。从这个意义上说，人的实践活动，就是履行社会义务、行使社会权利的角色实践活动，也可以叫作扮演社会角色的活动。

一、社会角色扮演

角色扮演是社会学经常使用的一个概念。但我们这里所说的角色扮演的含义与社会学所赋予的含义有很大不同。我们这里所说的角色扮演，不是指社会角色行为的外在特征，而是指人们履行社会义务、行使社会权利、追求社会价值的每一个实际行为过程。

首先，在社会学中，角色扮演的过程是塑造角色社会形象的过程。而我们这里说的角色扮演，是标志社会实践主体履行某种特定社会义务、行使某种特定社会权利、追求某种特定社会价值的实践过程的概念。其次，我们这里所说的角色扮演的主体，既不是戏曲理论中的表演者或被塑造的舞台形象，也不是社会心理学和社会学理论中的自然人，而是现实生活中肩负一定社会义务、行使一定社会权利、追求一定社会价值的社会实践主体。再次，我们这里所说的角色扮演，虽然并不排除塑造形象的含义，但既不是戏曲理论中的舞台形象，也不是社会学理论中所谓社会期待的个人形象，而是一个社会期待与实践主体自身理想相统一的形象。最后，由于我们这里所说的角色扮演活动所追求的价值目标，既是一个社会目标，也是一个主体目标，既有主体价值的意义，也有客体价值的意义，是主体价值与客体价值的统一，所以，我们这里所说的价值追求，既不是戏曲理论中演员所追求的艺术价值，也不是社会学理论中强调的个人对社会期待的满足，而是实践主体权利和义务的有机统一。

从本来的意义上说，人们的每一句话、每一个行为，乃至每一次思维活动，都是在扮演自己的社会角色，塑造自己的社会形象。角色扮演起始于思维，继之于语言，落实于行为。所以，这里所说的角色扮演，是指社会角色按照自己的义务规定和权利要求进行语言和行为设计的思维活动，以及把这种思维活动的结果用语言表达出来，并付诸行动的整个过程。无论是思维、语言还是行为，都是作为角色扮演活动的某种实现形式出现的，都是为了一个共同的目标——实现角色价值。

（一）角色思维

思维是人类特有的能动性表现，是语言和行为的先导。思维并不仅仅具有与实践相对的意义，同时也是人体的一种能动性活动，是角色扮演过程的重要阶段。

既然每一个人都是以某种社会角色的身份生活在现实社会中，那么每一个人的思维就都是角色思维。但对角色思维的研究并不是对人类思维研究的全部内容。因为对角色思维的研究，只关注人类思维活动中的角色特征，而并不关注人类思维活动的一般规律。

角色思维必须符合社会角色的权利和义务互动规律：一是必须符合社会义务的要求，二是必然从社会权利诉求出发，三是必然以实现角色价值为归宿。

我们知道，从权利和义务的逻辑关系上说，是义务在先，权利在后。但这并不是说，每一个社会角色都能自觉地严格地按照这种顺序思维。有的可能过多地思考自己的权利而忽略自己的义务，有的可能忽略思维活动的价值归宿。

角色思维的目标是实现角色价值，而思维的关键则是方法。方法是实现目标的手段。无论什么社会角色，无论要实现什么样的价值目标，都必须首先解决方法问题。在角色思维的全部活动中，方法问题是必须首先解决的问题，是最需要发挥、最能够体现，因而也是最能够检验角色思维创造性的思维内容。

角色思维的一个重要特征，是发展趋势的定向性。有的人对音乐有着天生的敏感和理解力，非常适合从事音乐事业；有的人对数字以及数理逻辑十分敏感；有的人对舞台表演艺术特别敏感，具有异乎寻常的接受能力、理解能力和创造能力；有的人对战争规律特别敏感；有的人对交际语言和交际行为具有异乎寻常的理解力和创造能力；有的人对政治事务有着异乎寻常的理解力和执行能力。凡此种种，不一而足。理想的社会，具有不同思维特征的角色都有用武之地，都能比较轻松地扮演好其社会角色，避免角色命运的坎坷和乖舛。

角色思维有三种情况：一是应激思维，即由于受到环境的严重威胁或强烈刺激而仓促思维。应激思维可能会最终形成改造环境或者适应环境的行为方案，也可能会由于匆忙、激动而无法形成成熟的行为方案。二是被动思维，即思维主体由于受到环境刺激而产生思维激情，并最终形成改造环境或者适应环境的行为方案。三是主动思维，即思维主体根据自身的价值追求和环境条件自主设计思维课题，并有所发现，有所发明，有所创造。主动思维是成熟的角色思维的突出特征。

成熟的角色思维还有一个重要的特征，就是换位思考。中国语言中有“设身处地”一词，表达的就是换位思考的意思。换位思考表达的不仅是一种美德，而且是一种思维科学。所谓换位思考，就是站在相对角色的立场上思考互动方案和互动结果。成熟的角色思维活动，不管是与对方的合作还是冲突，都会不仅依据自己的权利和义务，而且要依据相对角色的权利和义务，不仅要涉及自己的行为和结果，而且要涉及相对角色的行为和结果。在现代 MBA 课程的安排中，经常要进行各种各样的案例讨论，几乎每一个案例，会被要求作出分析、判断并提出解决方案。这种分析、判断常常是站在公司总经理的角度来考虑问题，目的就是锻炼角色切换和换位思考的心理认知能力。

（二）角色语言

任何思维的成果都需要通过语言表达出来，进入本来意义上的角色扮演范畴。语言是思维的外化和表达，是一种特定的角色扮演方式。语言是不同社会角色之间传递信息、交流思想的物质手段。社会角色的扮演活动，无论是与其他社会角色合作还是冲突，首先都要通过语言表达进行交流，才能使社会角色的扮演主体对义务的理解、对权利的诉求成为一种感性的能够被对方了解的活动。

语言和思维是角色扮演过程中两个不同的阶段，但二者并非截然分开互不联系。很多时候，社会角色的思维会在语言的交流中得到深化和完善。人们常说思想有碰撞才能产生火花，说的就是这个道理。

“语言是一种社会现象。”“语言是伴随着人类社会的形成而产生的，而且跟随着社会生活的变化而发展。”① 语言具有明显的角色特征。工人的语言与农民的语言就有明显的区别。知识分子的语言与工人、农民的语言也不相同。大学教授与中小学老师都以

① 陈原著：《社会语言学》，学林出版社 1983 年版，第 9 页。

教授知识为职业，但在语言的使用上却有很大差别。国家机关工作人员与大学教授都有专业知识，语言习惯却大不相同。很多时候，只要根据其语言特点就能判断出人们的职业。语言必须符合角色规范。中国有句古训，叫作“幼不犯长，长不欺幼”，说的就是这个道理。

语言不仅作指口头语言，而且包括书面语言即文字。文字是人类语言能力的延长和深化。通过文字表达和记录的语言，往往比口头语言更加准确、更加生动、更加深刻。文字不但使人类语言中包含的思想内容得以记录和长时间保存，而且使人类语言的表达功能、传递功能、交流功能都得到极大的提升。人类自从有了文字，表达、传递以及交流需求的实现已经没有什么障碍。

语言的基本功能就是表达思想，特别是表达行为方案和价值目标。评价角色语言能力的基本标准是能不能生动准确地表达社会角色的思想。语言的其他功能，也必须以这项基本功能为基础、为前提。但语言与思想相比，思想总是比语言更加个性化、更加鲜活。而语言用以表达思想的概念则总是要经过一个约定俗成，并被普遍认可的过程才能确定下来，成为表达思想的工具。所以，语言不能准确地表达思想的事情是经常发生的。汉语中有个概念叫“词不达意”，概括的就是由于用词不当，不能准确表达思想的现象。其实，要求语言准确地表达思想，不是要求绝对的准确，只能是相对的准确。中国古代有种理论，叫“言不尽意论”①，认为语言永远无法准确地表达人们的思想。

语言完全是说给别人听的。因此，语言中有真话，有假话，

---

① 《易·系辞上》：“子曰，书不尽言，言不尽意。”魏晋时期的荀粲等据此提出言不尽意说，强调“像外之意，系表之言”。从而使这一命题成为一个哲学命题，有了普遍性的意义，以与言尽意论相对抗。见《三国志·魏志·荀彧传》裴松之注引晋孙盛《晋阳秋》。

也有半真半假的话。所以，我们不能仅关注语言表达的规律，而且必须关注对语言的视听规律，关注语言真假的辨别问题。一般来说，听别人说话，不能只听对方语言上或文字上的表达，必须结合其社会身份（即其权利、义务和价值追求的具体形态）、知识结构、说话的具体情境和背景，以及其此前曾经说过的话和曾经做过的事等具体情况，才能作出比较准确的判断。

（三）角色行为

行为是思维和语言的形象化，是角色实践的完成形态，是社会角色实现其价值的最终努力。无论什么社会角色，不管要实现什么样的价值追求，都不能停止在思维和语言的阶段上，必须依靠行为，才能最终实现。但行为与思维、语言并非截然断裂，而是如影随形的。任何社会角色的行为都离不开思维和语言的铺垫和准备。

角色行为在本质上是把思维活动中形成的目标和方法外化成最终的感性活动。但角色行为不能仅仅符合思维中的目的和方法设计，还必须符合角色互动的行为规范，不能为了价值目标而不择手段，不能率性而为。率性而为，不但可能会违背社会角色的互动规范，而且可能游离社会角色的价值目标。而不择手段，虽然可能达到行为主体的某些目的，但却不能实现本来意义上的角色价值。离开角色义务的个人目的，一定是侵害了其他角色权利，终究要受到社会的惩罚甚至最终被社会所抛弃。例如，在菜市场上的角色互动行为即买卖行为，无论买方还是卖方，就其角色价值来说，都不仅是获取单纯的个人利益，而是实现双方权利和义务的统一。其中卖方的义务是为买方提供所需要的蔬菜，其权利是按照国家法律和市场行情赚取利润；而买方的义务是按照国家法律和市场行情给付货币，其权利是获得需要的蔬菜。如果卖方违背国家法律或者以欺骗手段获取高额利润，虽然达到了赚钱的个人目的，却侵害了买方的权利，迟早要受到谴责甚至国家法律的制裁。

在角色互动行为规范中，诚信是一条底线。从理论上说，角色互动的初衷是合作，冲突是达成合作的手段。要合作就要相互了解、相互信任，才能协调顺畅、配合默契、互撑互助、各得其所。唯有诚心才能使互动双方相互了解、相互信任。汉语中有个词汇叫作“言必信，行必果”，是对诚信最高境界的概括。当然，诚信并不是要求毫无隐私，只是要求不说假话而已。假话连篇、互相猜忌、勾心斗角，就会失去互动对象的信任和了解，失去合作的基础。即使勉强合作，亦会徒增消耗，事倍功半。

在大多数情况下，角色扮演都不是一厢情愿的孤立的行为，而是在与其他角色的互动中完成的行为，所以角色行为常常表现为三种情形：一是感性行为，即主动发起但缺乏充分思维准备的行为。行为的结果是逐渐由主动变成被动。二是理性行为，即经过深思熟虑以后而发起的行为。行为的结果一般是达到预期目的，实现预期价值。三是应激行为，即不但没有思想准备，而且仅是回应对方、完全被对方诱导和控制的行为。结果只能陷于被动。

与思维和语言一样，角色行为也必须紧紧围绕价值目标，不能离开对价值目标的追求。然而，很多时候，例如在双方存在利益冲突的互动过程中，本来的价值目标很容易受到对方语言和行为的干扰，偏离本来的价值目标。特别是在双方存在利益冲突的互动过程中，经常会伴随伪装行为，角色的价值目标常常被故意地隐蔽起来。在交战双方的互动行为中，强者示弱、弱者示强是很经常的现象。因此，善于判断相对角色行为的真伪，避免角色扮演过程中的失误，是角色行为成熟与否的一个重要标志。

角色行为离不开思维活动的铺垫和准备。思维活动不但需要在语言交流中得到深化和完善，而且需要在行为中得到深化和最终的完善。因为角色的思维活动只有在行动中才能暴露出失误和疏漏，才能得到纠正和补充。而社会角色如果在行动中缺乏勤奋的思维和语言交流，就不能及时发现此前思维中的失误和疏漏，也就不能及时作出纠正和补充。

与角色思维和角色语言一样，角色扮演行为也体现着明显的社会特征。不同的社会角色有不同的行为特征。人们很容易从不同的气质和举止差别上判断出对方的角色类型。角色的行为特征是社会对角色权利和义务的客观规定性的外化形态。在不同类型的角色互动中，无论冲突还是合作，弄清相对角色的类型及其行为特征，同时明白自己的行为特征以及这种特征可能在对方身上引起的反应，是一种重要的角色扮演技巧。

二、社会角色扮演规则

正如扮演任何一个舞台角色，都必须按照剧本和导演的要求与其他角色展开互动一样，一个行为主体要在社会实践主题中扮演角色，也必须按照某种行为规范与其他社会角色展开互动。这种关于不同社会角色之间互动时必须遵守的行为规范，即角色互动过程中关于行为方式、程序、边界等某些特别重要的权利和义务规定，就是角色扮演规则或角色规则。作为一个概念，角色扮演规则标志的是人类社会互动的客观规律和必然性。任何一个社会角色，如果违背了其必须遵行的扮演规则，不但其角色面貌必然发生扭曲，而且势必影响其所参与的整个社会组织主题实践活动目标的实现程度。

（一）道德

道德是人类社会中一种很古老的社会角色扮演规则形式，普遍适用于家庭、社团、企业、学校乃至国家等各种社会组织。在西方，专门研究道德现象的伦理学，早在古希腊时期就出现了。亚里士多德曾著有《尼各马可伦理学》。在中国古代，虽然没有专门的伦理学著作，但这并不表明中国人的祖先不重视道德伦理问题。恰恰相反，中国古代更加注重道德伦理问题。早在亚里士多德之前一百多年，孔子就创立了儒学。儒家经典《论语》的核心思想，就是“仁”，并把这种道德理念视为治国安邦的唯一正确道路。此后几千年，儒家都把“修身、齐家、治国、平天下”作为读书知理的治学宗旨。

现代伦理学力图把道德现象作为一种概念之间的逻辑关系来研究、论证。有的认为道德是处理个人与个人、个人与社会之间关系的行为规范及完善个人的重要精神力量。有的认为道德以私权为支撑。还有的把道德归为善的范畴，认为道德的本质是人们之间的互利行为或利他行为。也有的认为，道德是群体对个体的规范约束，是社会关于人们行为应当如何的非权力规范。

逻辑的论证尽管在理论上可能更周延、更有说服力，然而在现实生活中，真正有约束力的道德规范，存在于信仰或者理想信念之中。道德作为社会角色扮演规则的一种特殊形式，不同于纪律、制度和法律的地方在于，它不是依靠社会的外在强制性约束在角色互动中发挥作用，而是依靠行为主体的自觉遵守在角色互动中发挥作用。从具体内容上说，道德不但在作为消极约束的底线方面比较模糊，因而为行为主体留有充分宽阔的守护空间，而且在作为积极倡导的上线方面也很模糊，因而为行为主体留出了很广阔的发挥空间。康德所论述的“任意”“自我规定”等概念，黑格尔理论体系中的“主观自由”等概念，都是对道德这种规范特征的理论概括。但这并不是说，道德不是对社会角色的一种外在的规定。事实上，只有当人们把道德作为一种外在的神圣偶像提出的要求，或者把道德视为一种崇高理想的组成部分时，才会成为角色互动中的自觉行为。信仰宗教的人，包括一些自然科学和社会科学工作者，明明知道一切宗教偶像都是人造的，但却心甘情愿地去崇拜这些偶像。因为他们觉得，失去了这些可供崇拜的偶像，生活中就没有了准则，没有了用以约束自己行为的规范力量。宗教在中国的势力相对较小，但中国的道德体系也从来不是依靠纯粹意义上的伦理学建立和维护的。在中国古代，它存在于“修齐治平”的政治理想之中。在近现代，它存在于实现中华民族伟大复兴的中国梦之中。中国近一百多年来无数可歌可泣的道德楷模，都是这个浩浩荡荡前赴后继追梦大军中出现的先进分子。

任何社会角色扮演规则都包括两个方面的内容：一个是应该怎么做、不能怎么做；另一个是违反了以后怎么处理。而作为社会角色扮演规则的道德，只是在与法律和制度相比较的意义上，我们才可能发现它的柔性特征。人们之所以认为道德只是靠内心自觉履行的东西，就是因为一般地触犯道德的行为，不会像违反法律和制度那样受到公权力的制裁。但不受公权力的制裁不等于不受制裁。对那些触犯道德底线的行为来说，社会舆论的压力所带来的惩罚可能更加强大、更具压迫感，而且持续更长的时间。

（二）制度和纪律

制度①和纪律是最原始因而也是最基本的社会角色扮演规则。制度和纪律互相联系，都是关于社会角色互动中必须遵守的行为内容、行为分寸和行为程序的规定。其区别在于，制度不仅是从正面告诉每个角色应该怎么做的规定，而且包括为实现某种主题实践目标而必须设置的角色价值种类及其相互关系。纪律则主要是从反面告诉人们不能怎么做，并告诉人们违反了这些规定就要受到怎样的处理。很显然，制度和纪律都带有明确的强制性，都

① 作为社会角色扮演规则的制度，不仅是指在文字上被称作制度的规范，而且包括被称作章程、规定、规章、条例、守则等规范性文书。竞技体育中的赛事规则和团队管理规定也属于这种社会角色扮演规则。

需要强制性的权力支撑，但二者对强制性权力的依赖程度又有不同。不管什么样的社会组织或社会组织的分支机构，只要能够独立组织角色互动，哪怕只是临时性的组织，只要有角色互动，都需要而且能够制定制度，却不一定能够制定并执行纪律。制定并执行纪律的社会组织，不但需要其主导角色能够行使强制性的权力，而且这种权力必须具有相当的权威性。因此，能够制定并执行纪律的社会组织，要比能够制定制度的社会组织少得多。

这里所谓权力的权威性，既不是任意的，也不是自封的，而是由其所承担的社会义务决定的。只有能够独立地对从动角色提供安全保护、权利伸张等责任的社会组织，才需要这样的权威。只有能够主导这种社会组织的行为主体，才能够形成制定和执行纪律所需要的足够权威。一般来说，凡是独立承担社会责任的法人实体，或者由独立法人实体授权的法人实体的内部机构，都有可能制定制度和纪律。在这里，我们又一次看到了权利与义务必须对应的原理。

作为社会角色扮演规则的表达形式，制度和纪律一般适用于政党、社团、企业、学校等社会组织形式。国家也有制度，但国家制度必须以法律的形式公布，所以国家制度已经包含在法律的范畴之中。与其他社会角色扮演规则相比，制度和纪律有两个显著的特征：一是维护社会组织整体性的功能特别直接、特别鲜明。无论什么样的制度和纪律，无不在其宗旨上公开申明，它是为保证社会组织的整体性和共同利益而制定的。二是它直接由社会的主导角色制定，因而主导角色的权利可以比其他社会角色扮演规则（例如法律和道德）更加容易地镶嵌其中，而从动角色的权利则比其他社会角色扮演规则（例如法律和道德）更多更直接地被淡化或边缘化。只有在主导角色高度自觉的情况下，才能忠实地把从动角色的权利体现到制度和纪律条文中。虽然制度和纪律在任何时候都不会失去共同意志的外观，但这里的所谓“共同”，往往包含着主导角色迫使从动角色不得不如此的认同。

（三）法律

法律是国家特有的一种社会角色扮演规则表达形式，只适用于国家这种特殊的社会组织形式。不同国家、不同历史时代的法律虽然有很多不同，但也有很多相似的内容。

作为一种社会角色扮演规则表达形式，法律的最大特点是其权威性。法律之所以具有权威性，首先，因为它是国家的象征，像国家一样威严。法律只能由国家这种特殊形式的最有权威的社会组织才能制定。其他社会组织，没有国家授权，不能制定法律。其次，因为法律以军队、警察、法院等国家机器为执行机关和执行手段，具有最高级别的强制性能量。最后，法律是调整社会角色互动行为的最后手段，因而法律不但包括社会角色应该怎样做的规定，而且包括惩戒性规定。

法律作为保障国家政治统一的重要社会角色扮演规则，必须得到其调整对象的一体认同、一体尊重、一体遵守。因此，一方面，从最一般的意义上说，法律应当与其他社会角色扮演规则一样，是不同社会角色在互动行为的程序、分寸、度量等问题上所达成的确认形式；另一方面，法律与其他社会角色扮演规则相比，带有其他社会角色扮演规则所不可比拟的暴力强制性。

从法律制定的过程看，由于法律必须由国家或者国家授权的国家机关才有权制定，因而与国家的政治状态密切相关，反映着国家特别是国家主导角色对法律的理解。只要国家主导角色具备足够的政治技巧，就能够设法把自己的政治意志镶嵌进法律文本之中，并使之得到社会各方角色的认可和尊重。所以，从法律制定的过程看，它本质上是国家主导角色的治国理念、治国方略和治国技巧相结合的产物。

从法律功能的外观上看，作为一种强制性的社会角色扮演规则，法律公开伸张的是国家内部每一个角色扮演主体行为方向的统一性。法律通过对各种社会角色行为的必要限制，规定角色互动的行为方式和行为分寸，维持国家政治秩序。然而，国家所谓的政治秩序，首要的就是主导角色的主导地位。而各种不同社会角色扮演活动的方向性和统一性，也是由国家主导角色表达的。因此，法律在发挥其实际功能的时候，即使是专门调整市场交易行为或者民间交往行为的法律（民商法），也总是要更多地体现国家主导角色的动机、能力和行为理念等主观意志。

正像许多事物的本质都不仅通过真相得到直接的反映，而且通过假象得到曲折的反映一样，法律的本质也不会总是直接地被正面现象反映出来。法律虽然深深地打着主导角色意志的烙印，其字面含义却总是表达出全社会共同意志的面貌。特别是现代国家的法律，它是一整套角色互动规则的体系。就其形态来说，包括宪法、刑法、民法、商法和国际法；就其功能来说，有规定国家社会基本利益格局的根本大法，有调整国家经济生活的经济法，有调整社会秩序的刑法，有调整民事行为的民商法，有调整交通秩序的交通法，也有调整主导角色本身行为的行政法等。一些重要法律，立法机关都要反复听取各方面的意见。但不管有多少社会角色能够表达意见，都不可能从根本上背离主导角色的出发点。

（四）公约与合同

公约包括某些并不具有国家行政职能的基层社会组织内部制定的行为规范，例如，某些农村制定的乡规民约，某些城市居民社区制定的爱国公约、文明公约、爱国卫生公约①，以及国家间多

---

① 我国有些地方倡导的以“文明礼貌，助人为乐，爱护公物，保护环境，遵纪守法”等为内容的社会公德，也属于公约的性质。

边公约、公法或双边条约等意向性行为规范，都是社会角色扮演规则的一种特殊形式。北京市倡导的北京精神，即“爱国、创新、包容、厚德”，也是一种公约性的社会角色扮演规则，每一个生活在北京市范围内的人，都应该用以规范自己的行为。

作为一种文本式社会角色扮演规则，公约一般仅仅在明确规定的人群中有约束力。公约一般不依靠公共权力推行，不具有强制力，不具有法律、制度和纪律那样的权威性，其对角色行为的约束力大体上与道德相当。

合同一般是指两个或多个互动的社会角色之间就某一具体事项签订的契约或口头协议，表达的是签约方对权利义务及其对应关系的认可，是对签约方权利和义务的公开性表达，受社会舆论和国家法律的保护。在中国古代，私人之间经常签订各种不动产转让文书、子嗣关系文书或婚姻文书，都具有合同的意义，不但受到签约人的自觉遵守，而且受到社会舆论和国家法律的保护。在市场经济社会，特别是在社会经济活动中，合同是调整社会互动行为特别是经济行为的普遍性规则形式。

作为一种特殊的社会角色行为规范，合同是各种规范中抽象程度最低的文本形式，一般仅仅对签约双方具有约束力，而且需要国家法律的支持和保护。不受国家法律支持和保护的合同不具有有效的约束性。

三、社会角色的扮演境界

社会角色扮演活动是行为主体对社会的适应性活动，是为满足社会主题实践活动需要而发挥主观能动性的活动，离不开社会主题实践活动的控制和牵引。但任何社会主题实践离开角色扮演主体的能动性发挥，就只能是一句空话。所以，任何社会角色扮演活动，都会因扮演主体能动性发挥状态而出现不同的角色扮演境界。

（一）主体意识决定角色扮演境界

人是能动的生命。人们的任何社会角色扮演活动都必然伴随着某种思想活动，都是在一定思想意识的参与和引领下完成的。人们的社会角色扮演活动离不开思想意识的伴随。而且，不同的角色扮演状态或扮演境界，首先是由扮演主体的主体意识决定的。

这里所说的角色主体意识不等于前述的角色思维。角色思维是个动词，而角色主体意识是个名词。所谓角色主体意识，包括角色扮演主体对自身的社会权利、社会义务和社会价值的体认，是标志角色扮演主体对自身或者既定社会制度中权利义务对应关系的理解、认知、态度和情感总和的概念。角色主体意识反映的是角色扮演主体对自身社会属性的自我觉醒、自我认知状态。角色主体意识对角色扮演活动发挥着引领的作用，并决定着角色扮演活动的样态和境界。所谓角色扮演境界，是标志角色扮演主体掌握和落实自身或者既定社会制度中权利义务对应状态的一个概念。角色扮演境界体现的是角色扮演主体对自身社会义务、社会权利和社会价值的自觉性程度。

角色的权利和义务一旦形成，就把实践主体固定在了一个相对稳定的社会位置上，固定在某种相对固定的实践内容、生活方式和情感状态上。在这个被固定的过程中，虽然存在实践主体自主选择的因素，但主要是社会规定的结果。因此，一个社会角色对自身所处的社会位置，对自己的劳动内容和生活方式，对自身权利和义务的社会意义以及自身权利和义务之间的对应关系状态等问题，并不是一开始就十分清晰、明确的。角色的自我认知是一个在社会生活实践中逐渐觉醒的过程。角色主体意识发展的过程即社会角色自我觉醒的程度，使角色的扮演状态呈现为自在角色、自为角色、自省角色和自由角色这样四种境界。社会角色自我觉醒的这四种样态，即扮演社会角色的四种境界，不但体现为每一个社会角色的成长过程，而且表现为人类社会文明发展的一般过程。在人类社会发展的蒙昧阶段，不可能出现非常清晰的角色主体意识。就一个具体的社会角色来说，其自我认知即角色主体意识的发育进度也不一样。有的觉醒快一些，有的觉醒慢一些，有的甚至至死都不能实现真正意义上的角色觉醒。然而，社会角色的这种自我觉醒，对于角色扮演和角色修养来说是十分重要的。它不但决定着角色扮演的自觉性，而且决定着角色扮演所能达到的境界。

人类的角色扮演活动，作为人类特有的社会实践活动的具体表现形式，作为人类特有的一种能动性表达方式，总是由某种具体理念主导的主体行为。因此，人类在社会角色扮演活动中的主体性不但表达为一种主体行为，而且首先表达为一种主体意识。否认了社会角色扮演行为中的主体意识及其基本功能，就无以解释人类特有的主观能动性何以能够发生，无法说明人类特有的主观能动性是从哪里来的，人类特有的主观能动性就成了无源之水、无本之木。主体意识对任何一个社会角色的扮演主体来说，都是其能动性的源泉。一个人如果丧失了基本的主体意识，就丧失了扮演任何社会角色的基本条件，就不再是一个能够扮演某种社会角色的行为主体。任何一个社会角色的扮演主体，不管是主导角色还是从动角色，都不可能没有丝毫的主体意识，正像任何一个行为主体都不可能没有其个性一样。所以，任何一个社会角色的扮演主体，不管是主导角色还是从动角色，都不可能没有丝毫的主体能动性。没有任何主体意识，没有任何主体能动性的行为主体，就丧失了人类行为的基本特征。

任何一个扮演社会角色的行为主体都不可能没有任何主体意识，然而，不同的角色扮演主体的主体意识强弱又是不一样的，其主体意识所能发动的主体能动性的量度也是不同的。就主体意识所能发动出的主体能动性的量度水平来说，我们可以把人们的主体意识区分为两个形态：一个叫作能动形态的主体意识，一个叫作存在形态的主体意识。所谓能动形态的主体意识，是指那种已经意识到主体社会性和主体能动性的社会意义的主体意识。所谓存在形态的主体意识，是指那种仅仅把主体意识体认为一种存在感的主体意识。前者是一种高度活跃的主体意识，后者则是相对沉寂的主体意识。前者由于高度活跃，所以其所发动的主体能动性量度巨大，而且这种能动性总是指向某种具体的社会价值目标。正是这种处于高度活跃形态的主体意识，正是由于这种高度活跃的主体意识能够发动出大量的主体能动性，所以往往表现为行为主体的主导性特征。而后者由于相对沉寂，所以其能够发动的主体能动性相对较小，往往满足于刷刷主体存在感。正是由于这种相对沉寂的主体意识能够发动的主体能动性量度不够大，所以往往表现为行为主体的从动性特征。

由于人们具有社会意义的主体能动性并非都是积极的，所以人们处于能动形态的主体意识也并非都具有积极的社会意义。存在形态的主体意识虽然不够活跃，然而并非已经消失。而且恰恰是由于这种主体意识已经相对沉寂，所以就显得特别重要。任何从动角色都必须首先意识到自我存在的价值和意义，才能发挥其应当发挥的社会作用。作为社会实践中的从动角色，必须明白：自己之所以不能发挥主导作用，只能处于从动的地位，不是因为自己的人格渺小，仅仅是因为自己的能动性要素配置相对不足，自身内涵的能量相对弱小。

（二）自在角色

所谓自在角色，就是已经在不自觉地履行社会义务、行使社会权利，但只是下意识地履行社会义务、行使社会权利那样一种角色扮演境界。自在角色的行为虽然已经属于人类社会实践的范畴，但这种实践行为仍然处于一种为了自身的生命存在和延续而自然而然地发生的行为。这种行为虽然已经属于人类特有的能动性范畴，但仍然带有很强烈的动物本能的痕迹。自在角色每天都在履行社会义务、行使社会权利，但头脑里并没有履行社会义务、行使社会权利这些概念。他们每天都与其他角色发生社会互动，但并不了解自己在这种社会互动中的行为哪些属于权利、哪些属于义务，更不了解自身的权利和义务之间是否对应、是否平衡，甚至完全没有追求权利和义务相对应的冲动。自在角色与其他角色发生的社会互动，都只是一种不得已的、被动的过程。作为自在角色的行为主体，虽然已经被固定在某种价值形态上，但这种价值形态并不是其自身主观愿望的实现，更不是其为了达到自身目的而实践的结果。例如，一个婴儿，从出生的那一天开始，他就已经与其父母家人发生互动。但在他的头脑里并没有任何的权利义务概念，只有最基本的生理功能反应。虽然他每天都要经历生活资料分配和享用的过程，但他不可能用权利和义务这些概念来理解这些经历。他要么把一切都理解为我的，要么把一切都理解为非我的。他每天要接受父母的哺育，却并不了解这是自己的权利。他每天要接受父母的监护，却并不了解这是自己的义务。即使到了十二三岁，他可能会向父母要求更多的自由，甚至模仿一些成年人使用、“家庭暴力”等概念向父母伸张权利，但并不一定理解这些权利是怎么来的，也并不了解这些权利在怎样的条件下才能主张并行使。总之，他还不能摆脱自在角色的状态。

人类社会早期的角色扮演活动也普遍地属于自在角色状态。那时，社会权利和社会义务都还没有形成一种可以称为意识形态的概念，还不能作为一种意识形态在人们履行社会义务、行使社会权利的行为中发挥作用，而是一种非自主的、不得已而为之的下意识行为，因而只能用神谕之类的外在必然性来支持、强化，并在社会中固定下来。在自在角色那里，无论履行社会义务，还是行使社会权利的社会互动行为，都还不具有完整意义上的人类能动性特征。也就是说，在自在角色那里，人类特有的能动性还只能表现为社会物质资料的生产活动之中，还不能以追求社会变革的行为表现出来。

自在角色的突出特点，是权利义务意识的蒙昧状态，下意识状态。这种下意识作用下的履行社会义务、行使社会权利的行为，有可能表现为一种自然而然的对应状态，也可能表现为极端的不对应状态。这样两种互不相融的极端状态，却都源于同一个原因：缺乏人类特有的一种能动性形式即社会意识在其中发挥作用。

在人类历史发展的早期阶段，虽然不乏创造历史的英雄人物，但他们创造历史的壮举都是在不自觉的状态下完成的，只是一种十足偶然的经历。即使像古罗马斯巴达克起义那样壮观的历史运动，其主导角色也并不了解运动的规律和结局。中国历史上发生过无数次农民起义，即使像刘邦、朱元璋那样公认的成功案例，最多也只能算是对以往历史的成功模仿。其在具体政策方面的某些创造，也只不过是力图修正此前历史中的某些环节而已，并没有跳出对历史进行模仿的范畴。至于他们的后代对历史的重复，就更加体现了角色自在状态的典型特征。

美国南北战争爆发的直接原因是关于奴隶制和奴隶的命运问题。由于当时的总统候选人林肯主张废除奴隶制，所以遭到南方各州那些使用奴隶从事农作物生产的种植园主的坚决反对。林肯当选总统后，由种植园主主导的南方各州退出联邦，宣布独立，从而导致南北战争的爆发。从本质上看，北方的废奴主张才符合奴隶们的切身利益，但南方各州的很多奴隶并不清楚这场战争将直接关系他们自身能否获得解放的命运，不是反对南方独立，而是为南方的奴隶制度在战场上流血牺牲。这就是自在角色的可悲之处。

（三）自为角色

所谓自为角色，是指已经形成初步的权利义务意识，但权利意识和义务意识发育状态不够平衡，权利意识相对活跃，而义务意识相对沉寂那样一种角色扮演境界。

自为角色已经初步意识到自己所扮演的社会角色的价值形态，并已经萌动了通过某种实际行动改变现实价值形态的主观冲动。但由于缺乏对应的、联动的权利义务观念机制，因而其履行社会义务、行使社会权利的行为中所体现的意识指导作用很不平衡。这种不平衡，从理性上说，是不合逻辑的。但无论从历史必然性上说还是从自然必然性上说，都是不可避免的。从历史必然性上说，自为角色是由自在角色发展而来的。这种从自在角色转变成自为角色的意识冲动，首先是在从动角色的扮演群体中发生的。处于自在状态的从动角色，最突出的特点是，社会义务越来越沉重而社会权利越来越稀薄。所以，处于自在状态的从动角色一旦从其履行社会义务、行使社会权利的社会互动实践中形成社会角色意识的时候，一旦从其履行社会义务、行使社会权利的社会互动实践中发现其角色价值的时候，就会很自然地从社会权利的萌动开始而不可能是从社会义务的萌动开始。这种权利义务意识的单方面萌动，虽然不能说是理性的，然而却是必然的，而且是人类社会发展特别是人类社会文明发展历史中巨大进步的一种标志性产物。从自然必然性上说，自为角色之所以会首先萌动其社会权利意识而不是其社会义务意识，是由于人类不但具有社会本性而且具有自然本性。而在这两种不可分割的本性中，人类的社会本性虽然具有人之为人的标志性意义，然而其自然本性却具有更加原始更加本源更加实在的意义。而作为社会角色的权利意识冲动，就是人的自然本性的表达形式。所以，不管什么社会角色，其社会权利意识的活跃都比其社会义务意识的活跃更加容易获得内在的必然性支持，更加具有内在必然性的逻辑依据。

自为角色的突出特征是权利意识活跃而义务意识沉寂，表现为过多的诉求社会权利而不能自觉地履行社会义务。例如，一个青春期的孩子，凡事都有自己的看法、有自己的主见，而且凡事都特别自信。总是认为只有自己的见解才是唯一正确的，每一件事都要求能够自己做主，不允许家长干预。在他的心目中，自己对家庭、对学校、对国家应尽的社会义务不会有多大分量，而他自己对家长、对学校、对国家的各种要求都是应当满足的，而且不能打一点折扣。对青春期的孩子，我们不能不说是一种成长过程中的进步，不能不说是其人格塑造过程中的一个必不可少的阶段。不承认这是一种进步，不允许他的青春期的存在，就不可能有其完美人格的成熟，不可能有其后来的各种社会责任担当和社会价值的实现。但同时也必须承认，青春期的孩子毕竟不是一个成熟的人格形象。

一个人的成长过程是这样，整个人类的发展过程也是这样。离开义务讲权利的自为角色，作为人类历史发展中的一个必不可少的发育阶段，既不能因其角色理念的幼稚，因其权利义务意识不够对称、不够平衡而予以简单否定，也不能把这种在历史上曾经发挥过的进步作用但尚不够成熟的社会角色意识视为终极的真理。就像一个人一定会在某一天摆脱青春期的困扰，变成一个成熟的人、一个能够自觉担当社会责任、履行社会义务，并正确行使自己的社会权利，实现自己的社会价值一样，人类不对称的权利义务意识，也一定会进一步成长为更加成熟的、对称的、能够自主联动的权利义务意识。也就是说，自为的社会角色一定会进步为更加高级的自省社会角色，这是不可抗拒的必然规律。自为角色的历史功绩，与其说是其与自在角色相比属于一种较为高级的角色扮演境界，不如说是它在人类逐步走向更加高级的社会角色扮演境界的过程中充当了承上启下的历史环节，它为更加高级的自省角色的孕育和诞生准备了必要的条件，为自省角色的孕育和诞生开辟了道路。

（四）自省角色

所谓自省角色，是指一种权利意识和义务意识都已经发育成熟，社会权利和社会义务能够自主对应、自主联动的社会角色。自省角色的突出特点是，权利意识和义务意识能够对应性活跃，从而能够自觉地履行社会义务，同时能够自觉地把其权利诉求控制在与其所履行的社会义务相对应的状态。

作为一种角色扮演境界的高级形态，自省角色并不是拒绝任何权利伸张和权利诉求，而是不超过自己的社会义务所对应的范围伸张权利。自省角色在反对超越义务伸张权利的同时，也反对离开权利只讲义务。例如，一个电气经销商送一台洗衣机到用户家之后，送货员很习惯地根据企业规定要求用户先付款，后开箱验货，这就在实际上侵犯了消费者的合法权益。如果消费者处于自在角色的扮演境界，他很可能对这种蔑视自己基本权利的行为无话可说，乖乖地服从。如果消费者处于自为角色的扮演境界，他很可能以供应商这种规定违反国家法律为由，反过来向供应商提出更加过分的权利诉求，把简单矛盾复杂化。而如果消费者已经进入自省角色的扮演境界，他就会依据国家相关法律否定并拒绝执行供应商的企业规定，促使买卖双方的权利和义务实现理性的对应与平衡。作为一种角色扮演境界的高级形态，自省角色实际上是已经接近行为自由的实践主体。

（五）自由角色

所谓自由角色，是指人类社会发展史上那些创立权利义务对应关系新样态以及为新社会制度的实现作出重大贡献，引领人类社会前进方向的英雄人物。

自由角色应当包括两种社会角色扮演主体：一是对既定的社会制度（或社会角色权利和义务及其对应状态）建立了清醒的认识和理解，因而指出了社会制度发展方向的先知先觉者，或者已经成功设计出人类社会制度新样态的历史性英雄人物；二是怀揣新的社会制度理想，并为这种新的社会制度理想作出重大贡献甚至英勇献身的英雄人物。历史性英雄人物不是简单地指出既定社会的权利义务对应规则中落后的、不合理的、不公平的东西，不是简单地对现实表示不满、愤怒或者反抗，而是根据人类实践活动的一般逻辑，设计更加先进、更加合理、更加符合人类实践要求的权利义务关系样式。他们设计出来的新社会制度，只要符合人类社会进步的前进方向，反映了人类社会发展的客观规律，即使算不上人类社会的最高理想，他们也是一种新的社会曙光的代表者，就应当属于自由角色。① 为新社会制度理想作出重大贡献甚至英勇献身的英雄人物，是一种已经把自己的社会义务、社会权利和社会价值融化在血液中、扎根在意念里、体现在行动上的高度自觉的社会角色扮演者。

自由角色所掌握的自由，不是指对既定权利义务关系制度的掌握，而是指对角色权利义务关系格局发展变化规律的掌握，是对新的先进的权利义务关系样式的预见。孔子曾经把自己追求理想的过程概括为六个阶段："吾十有五而志于学，三十而立，四十而不惑，五十而知天命，六十而耳顺，七十而从心所欲，不逾

① 卢梭等 18 世纪的启蒙学者，虽然还没有能够在理论上解决权利与义务的关系问题，但他们作为一种旧制度的批判者，胸怀新的社会理想，并能够勇敢地为这种新的社会理想而拼搏，实际上也就是用实际行动在履行其作为一个启蒙学者的与社会权利相对应的社会义务，因而应当属于自由角色的范畴。

矩。”从字面上看，孔子七十岁以后能够“从心所欲，不逾矩”，已经是一种高度自由的状态了。然而实际上，他终生所追求的，并非一种超越周礼的社会理想。因此，他虽然自以为已经能够“从心所欲，不逾矩”，然而却算不上是一个自由的社会角色。当他为一展胸中抱负而周游列国时，始终不曾得志。很显然，在当时的诸侯列国都在跃跃欲试地企图取代周国称霸天下之际，怎么可能接受他的建议，严格遵守周天子的礼仪制度呢！

在人类社会仍然处于自在角色、自为角色或者自省角色占人口绝大多数的历史阶段，自由角色并不是每一个人都能达到的修养水平。自由角色不仅能够对先进的权利义务关系样式加以理论说明，而且能够为实现其崇高理想而英勇奋斗，甚至不惜抛头颅、洒热血。在中华民族追求民族复兴伟大梦想的过程中，无数先烈都是这样的自由角色。谭嗣同因参与变法失败而面对死亡时说：“各国变法无不从流血而成，今日中国未闻有因变法而流血者，此国之所以不昌也。有之，请自嗣同始。”夏明翰在面对死亡时则说：“砍头不要紧，只要主义真，杀了夏明翰，还有后来人。”这些视死如归的豪言壮语，表明他们确实已经掌握了新的更加先进的权利义务关系样式，并具备了为这种美好理想而奋斗、牺牲的壮烈情怀。

作为一种角色扮演境界的最高形态，自由角色是从自为角色或者自省角色中脱胎出来的，是自为角色或者自省角色中的先进分子的一种自我革命、自我蜕变的结果。一般来说，自由角色只能首先从自为角色或者自省角色中的从动角色中脱颖而出，而且只能从自为角色或自省角色处于从动地位中的那些理性的先进分子中脱颖而出。因为只有处于从动地位的自为角色或者自省角色，才能最为切近地感受旧制度中对人类前进步伐的阻碍和窒息作用，才最容易产生变革旧社会制度的革命冲动。只有那些从动角色中的理性的先进分子，才能从旧社会制度的问题中发现新的更加符合人类需求的权利义务关系样式。

四、社会角色的主体修养

自在角色、自为角色、自省角色和自由角色，说的是人们角色意识修养和角色扮演行为的四种状态、四种境界。然而，除非处于角色权利义务关系样式重大转变的当口，历史并不要求每一个社会角色都能够进入自由角色的扮演境界。一般情况下，能够达到自省角色的状态，就属于自觉的角色扮演状态了，就是一种高尚的角色扮演境界。在现代社会生活中，从自在角色到自省角色，并不是两种截然断裂的角色扮演状态，而是每一个社会角色扮演主体都可能经历的主体修养过程。自省的角色扮演境界，是每一个角色扮演主体都可能通过自身努力而实现的高尚目标。但这个光荣的目标不是一种偶然的顿悟，而是一种长期的甚至是痛苦的磨练过程。没有这种长期的甚至是痛苦的自觉修养过程，不可能熟稔掌握权利和义务的相互关系，不可能实现“从心所欲，不逾矩”的高尚境界。角色修养一般包括三个方面：知识修养、能力修养和人格修养。

（一）知识修养

角色修养不是一个孤立的人生课题，不能离开角色扮演而单独存在。角色修养的目的，归根结底是实现角色自觉，成就角色扮演。所以，知识修养是角色修养的基础性课题。没有足够的科学知识，任何角色都不可能真正进入自觉状态。

按照现代通行的科学划分，知识包括自然科学知识、社会科学知识。此外，哲学虽然不是关于自然科学和社会科学的具体知识，却是掌握各种具体科学知识的方法论原则。加强哲学修养，对更好地驾驭各种科学知识十分重要。

认识自然、掌握自然、利用自然、改造自然，是人之所以为人而不是动物的根本依据，也是角色扮演的原始性、基础性和根本性课题。然而人类为了认识自然、掌握自然、利用自然、改造自然，必须结成各种社会组织。既然结成了各种不同的社会组织，就必然产生关于人类社会的各种专门知识。不掌握这些必要的足够的科学知识，各种角色互动，不管是交流、协作还是冲突，都会发生困难，甚至可能根本无法进入互动。

从逻辑上说，人的一切知识都是从实践经验中产生的。不论什么社会角色，在与自然对象的互动过程中，都会获得关于自然的知识，并在与其他社会角色的互动中，获得关于互动对象的思想行为特征、关于与互动对象的相互关系等方面的知识。不管是关于自然对象的知识还是关于互动对象的知识，都是首先通过自我感觉获得，表现为比较零散的互不联系的特征。但在这些零散的互不联系的知识积累到一定程度的时候，大脑就会对之进行综合分析，并通过这种综合分析对隐藏在其深处的本质、规律等进行判断、推理，从而掌握关于对象的整体性知识。人们通常把这个过程叫作总结经验。善于总结经验，善于通过总结自己的直接经验获得各种有用的知识，是人们进行知识修养的重要途径。

但是，不管什么社会角色，不可能事事依靠直接经验。而且，人类在结成各种社会组织之后，不管是与自然对象的互动实践，还是与其他社会角色的互动实践，都需要借鉴其他社会角色的经验，继承前辈角色的经验，才不致永远停留在一个水平上。语言和文字的发明，使我们不但能够与同时代的人们进行交流，而且能够了解前人的知识和经验，并把我们的经验留给未来的子孙。各种概念的不断丰富，使我们认识和掌握对象的效率越来越高。通过读书，我们就能把前人积累的知识变成自己的知识。而且，读书越多，掌握的概念越多，获取各种有效信息的敏感性就越高，对各种有效信息的分析、综合效率就越高，对对象的认识就越深刻，把握对象的能力就越强。读书学习，是人们知识修养的重要途径。但是归根结底，人类的各种知识都是从实践经验中产生的。读书所获得的知识，虽然也是知识，却未必能够变成解决实际问题的能力。所以，通过读书获得的知识，必须不断地运用于对实际问题的分析和判断之中，运用这些知识提出解决实际问题的具体方法并付诸实施。

人类发展到今天，知识积累已经无以计数。知识积累越多，发现新知识的能力就越强、速度就越快。最近几年在全世界迅速流行的知识爆炸说，就是对人类当前发现新知识的能力的形象表达。知识爆炸说提醒我们，知识修养不能盲目，必须符合实际需要，必须学以致用，才能事半功倍。

（二）能力修养

扮演角色，需要足够的知识修养。但这并不是说，只要有知识修养就能扮演好自己的角色。英国 16 世纪思想家培根曾经说过：知识就是力量。这句话被很多人误解为知识就是能力。确实，很多能力强的角色，都是由于知识丰富。知识是能力的基础，是构成能力的重要因素，但不是唯一因素。知识可以转化为能力，但知识并不等同于能力。历史上有很多因把知识误解为能力而吃大亏的例子。战国时的赵括，自以为继承了其父的兵法，极善纸上谈兵，赵孝成王七年，被秦将白起包围射死。三国时蜀将马谡也是一个徒有兵法知识而无用兵能力的人。受命防守街亭时，生搬硬套书本知识，导致蜀国第一次北伐战役的失败。

知识可以借助他人和前人而获得，能力却只有依靠自己长期的、耐心的乃至痛苦的磨练才能不断提高。经验是能力的重要组成部分。同样一件事，第一次做，很可能不成功，或者虽然成功了，却不尽如人意。以后继续做，就会越做越好，直到驾轻就熟。

角色能力是在角色扮演活动中表现出来的，也是在角色扮演活动中不断提高的。角色的扮演活动对角色的能力修养具有十分重要的制约作用。在现代社会生活中，不同领域的社会角色扮演活动，需要不同的知识和能力支撑，同时又通过对社会角色扮演活动范围的规定，制约着角色知识修养、能力修养的方向和深度。只具备书本政治知识而并无实际政治经验的人，对绝大多数的行政对象缺乏了解，因而缺乏甚至不能与其沟通交流。不管他们对国家政治生活多么热情，一旦真的由他们掌控国家政治生活，只能误国误民。

无数经验反复证明，能力与知识断然不同，有知识不等于有能力。知识只解决对象是什么的问题，能力则解决对象怎样变革的问题。能力是对知识的应用，是决定社会角色扮演最终效果的关键要素和最终原因。

角色能力除了需要知识的支撑之外，还需要意志、风格、情商、经验等精神方面的要素，以及体质、爆发力等物质方面的要素，乃至许多其他先天因素、后天因素、环境因素。角色能力是社会角色全部现实的物质条件、精神素质和对环境变化的适应性等要素共同作用的结果，是主体调动其全部主观能量，追求其价值目标的综合表现，是判断行为主体总体素质和主观能量的总体指标。

从功能形态上说，角色能力包括履行义务的能力和行使权利的能力。从构成要素上说，角色能力包括认知能力、学习能力、判断能力、表达能力、行为能力（包括行动魄力）、组织能力、创造能力（即方案和方法的设计能力）、纠错能力（即自我控制能力）等。

创造能力是角色能力修养中最值得重视的课题。无论是履行义务还是行使权利，都需要先设计一定的方案和方法。方案和方法设计能力，是角色能力的集中表现。无论什么社会角色，无论做什么事情，都不可能仅仅模仿别人的方法，或者重复自己以前曾经用过的方法，必须根据当前的实际情况有所发明、有所创造、有所前进。方法中的创造性成分越多、越重要，方法就越先进，社会角色扮演的效果就越好，社会角色价值的实现就越充分。大量的事实可以证明，创造能力即方案和方法设计能力，是可以通过后天修养得到提高的。社会角色的能力修养，包括学校的教育。学校教育应当把开发和提高方案和方法设计能力放在突出的位置。

能力修养还包括体能修养。体能包括身体是否健康（是否经常生病），是否有良好的反应能力、爆发能力、弹跳能力、持久能力、耐受能力（例如，对饥渴、劳累以及恶劣生活条件的耐受力），身体的柔韧性、应激敏感性和对生活环境变化的适应性（例如对寒冷、炎热、润燥等环境变化的适应性和调整能力）等体能指标。人们的体能虽然与先天因素关系密切，却并非不能通过后天的修养获得优化。无数的经验事实表明，一个先天身体素质并不理想的角色扮演主体，可以在后天的生活实践中，由于良好的生活习惯、长期的持之以恒的身体锻炼而变得更健康、更加强壮、更有爆发力和耐力。同样，一个先天身体素质基础很理想的角色扮演主体，也可以在后天的生活实践中，由于不良的生活习惯、长时间缺乏锻炼而丧失健康，变得体弱多病，难以承担社会所需要其承担的社会责任。

（三）人格修养

人格，现代汉语词典中有三个解释：一是指人的性格、气质、能力等特征的总和，二是指个人的道德品质，三是指人作为权利、义务主体的资格。而从哲学上说，人格是对人们角色特征的形象化表达，是行为主体由于将其应当履行的社会义务，应当行使的社会权利、应当追求的社会价值已经内化于心而形成的一种外在感染力。社会角色扮演主体的人格是其行事风格、思想品德以及主观能量等诸多内在素质的总和。因此，所谓人格修养，主要是指人们为将其应当履行的社会义务，应当行使的社会权利、应当追求的社会价值内化于心而付出努力的过程和总的结果，一般表现为人们的气节、气质、器局等整体性形象。

所谓气节，是汉语特别是古汉语中使用频率很高的一个概念。在古代汉语中，气节主要指人们的道德操守。在现代语言中，气节是指人们内在精神能量的表现，特别是指人们在困难或者危险的关头，精神是不是振作，气概是不是豪迈，意志是不是坚强，风格是不是高尚，风骨是不是硬朗等，实际上是指人们追求角色价值的自觉性程度。

所谓气质，按照现代汉语词典上的解释，是指人们相当稳定的个性特征，如活泼、直爽、沉静、浮躁等，实际上是指人们角色特征的外在形象。气质和气节有联系也有区别。如果说气节表达的是社会角色在关键时刻表现出来的内在品格，那么气质所表达的则是其内在品格在日常生活中的外在表现。其实，在现实生活中，人们在用到气质这个概念的时候，表达的并不局限于人们的个性，更多的是表达人们的气宇是否轩昂、气势是否宏伟、内质是否厚重等，总之是指社会角色扮演主体的内在品质、品格在言谈举止和行为方式上的综合表现。

所谓器局，是指人们角色意识的性格化表达，表现为人们思考问题时的出发点和思路之宽窄，处理问题时的手笔之大小。社会角色扮演主体的器局，表现的是其内在器量、器宇和气魄。如果说一个人器局宏阔，是说其思考问题总是比别人想得多、想得远，思路宏阔、心胸宽阔，志向高远；反之，则是说其心胸狭隘。同样是成功，器局狭隘者往往忘乎所以，从此止步不前，而器局宏阔者则是继续迎接新的挑战。同样是失败，器局狭隘者往往因为气馁而一蹶不振，而器局宏阔者则能够正面过往，重新融入新的生活。

不难看出，人格的各个侧面都与一个“气”字相联系。中国古人对此颇有体会，把养浩然之气作为人格修养的根本目标，认为这个浩然之气极端浩大，极端有力量，只要经常用仁义道德加以蓄养，就能充满天地之间，无所不能。古人所谓养浩然之气的理论，虽然其具体内容有很明显的历史局限性，但其中也包含着对人格修养重要性的合理猜测，至今仍有启发意义。

古人关于人格修养的理论，最重要的缺陷，是仅仅把人格修养理解为内心的功夫。事实上，任何社会角色扮演主体的人格修养都不可能离开其社会实践。即使是对过失的反省，也不能仅仅依靠闭门思过，甚至像和尚面壁那样静坐就解决问题，只有通过社会实践活动，才能进入新的境界。无论是气节、气质还是器局，都只能在互动的角色实践中才能表现出来，也只有在互动的角色实践中才能得到培植和检验。只要能够在每一个实际的社会角色互动过程中严格地遵守角色规范，角色的人格就一定会得到不断升华。

第二节　社会角色的评价

社会角色，无论是个体角色还是群体角色，都是社会实践的主体。不管什么社会实践活动，就其具体的实现形式来说，无非是履行某种社会义务，行使某种社会权利，创造和实现某种社会价值的能动性活动，因而又可以称为角色扮演活动。换句话说，一切角色扮演活动都是社会实践活动，都是有目的的价值追求活动，都是要产生社会价值的人类能动性活动。任何人的社会价值都是在社会实践中实现的。因此，人的价值，就其现实性来说，是角色价值，而且只能是角色价值。

但是，无论什么社会角色的扮演活动，其价值目标是否能够得到完美的实现，都是或然的而非必然的，因而是需要评价的。对角色扮演活动进行评价的活动，也是一种角色扮演活动——对角色价值实现程度的主观审理、判断、认定和欣赏的实践活动。从这个意义上说，角色评价活动也可以说是一种审美活动，遵从审美活动的客观规律。

角色价值是角色权利和义务的统一。所以，角色评价是角色权利义务的统一状态在人们头脑中的反映，是人类主观能动性的一种具体实现形式。不同社会组织形态的角色有不同的权利和义务形态，因而需要使用不同的概念进行评价。

角色价值与角色评价既不可分割又不容混淆。角色价值是角色评价的客观对象。角色评价是对角色价值实现程度的主观判断。但由于角色价值的实现程度，与角色扮演境界特别是角色价值理念形态具有直接的联系，所以，角色评价不可能不涉及而且常常直接表现为某种角色价值理念。

一、自我评价

角色自我评价，是角色扮演主体以自己的角色扮演活动为对象的反思活动。无论什么社会角色的扮演活动，都会自始至终伴随着对自身行为的反思。自我反思是角色扮演活动自觉性的必然表现，也是提高自身角色扮演能力和境界的必由之路。角色扮演的自觉性越高，自我反思活动就越及时、越精确、越客观。社会角色的自我评价活动一般分为两种：一种是完成时态的评价，一种是进行事态的评价。

（一）完成时态的评价

完成时态的角色评价，是指社会角色在某一扮演活动告一段落的时候，为总结经验，增长知识，提高角色扮演能力，以利后来的角色扮演活动而作的评价活动。

无论什么样的角色扮演活动，无论什么人从事什么工作，每当告一段落的时候，一般都要对这一过程进行总结。工作总结首先要对目的的实现程度进行评估，然后对方法是否可行进行评估，最后是根据这些评估，概括出必要的经验教训，为下一步的工作提供经验依据。工作总结就是自我反思、自我评价。

每一个社会角色，每一项扮演活动，无论预期目的是什么，都得通过某种方法去实现。方法和目的之间的关系，一般来说，呈正相关关系。方法正确，就能达到目的。反过来说，达到了预期目的，就说明方法正确。预期的目的没有实现，就说明方法有问题。这时候，就需要通过自我反思，找出已经用过的方法与既定结果之间的联系，并据此设计新的方法。一般来说，社会角色的自我评价，最基本的功能就是评估既定的方法是否正确，是否可以作为一种知识积累起来。一个婴儿感到饥饿的时候，并不知道怎样获得果腹的满足，只会啼哭。啼哭只是他表达饥饿的方式，不一定是索取母乳的表达方式。母亲听到婴儿的啼哭，知道他饿了，就进行哺乳。这时婴儿就通过对自己啼哭行为的反思，逐渐意识到啼哭可以获得哺乳的满足。经过多次反复，他原本表达饥饿的方法，就进一步变成了表达进食诉求的方法。再往后，他还会通过这种自我反思，学会用啼哭表达其他欲望，乃至表达各种不满。人类的很多知识和能力，都是通过这种自我反思逐渐积累起来的。

经验告诉我们，目的与方法之间具有必然的联系。但这种联系并不是直线性的简单联系。原因与结果之间的联系虽然是必然的、确定的，但却并不是绝对的。因为一个原因可能引起多个不同的结果，一个结果可能与多个不同的原因相联系。以大夫给病人治病为例，同一种疾病，发生在不同的病人身上，可能是由于不同的原因引起的。即使是同一种原因引起的，也可能会因为病人的体质不同，而需要不同的治疗方案。社会角色在进行自我评价时，如果不注意这种规律，就可能会产生误判，错把无效的方法当作有效的方法肯定下来，或者把有效的方法当作无效的方法加以抛弃。

（二）进行时态的评价

有时候，实践中的社会角色发现继续使用既定的方法不可能达到目的，也会停下来总结经验，寻找新的方法，以求达到目的。还有时候，角色扮演活动的目的是由若干子项集成的一个庞大系统，需要分阶段一个子项一个子项地实现。在这样两种情况下，都使社会角色不能等到整体性目的实现或已经能够确认失败以后才进行自我评价，而需要一边实践一边进行自我评价。进行时态的评价，可以起到优化方法、校正方向、减少弯路、提高效能、提振信心的作用。

进行时态的评价与完成时态的评价有所不同：一是所使用的认识范畴有所区别。完成时态的评价活动主要使用原因与结果这对范畴，而进行时态的评价活动更多使用可能与现实这对范畴。因为在角色扮演的进行时态中，社会角色所关注的更多是目的能不能实现，而不是目的是否已经实现。二是观察目的与方法之间的联系所使用的标准不同。社会角色进行完成时态的自我评价，一般都能根据自我感觉判断是否达到了预期目的。而社会角色进行时态的自我评价，由于只能判断子项目的实现状态，而子项目的实现状态与最终目的之间的关系并不是直接的，有时是相反的，于是就可能会带来判断上的失误。三是在评价的条件上有所区别。在完成时态的评价中，角色评价所需要的各种要素相对稳定、相对完备。而在进行时态的评价中，角色评价所需要的各种要素仍然处于动态之中，因而具有更多的不确定性。

（三）角色评价的互动性

社会角色的自我评价不是一种孤立的主体行为。任何社会角色的自我评价都是在与其他角色的互动中完成的。自觉的社会角色，总是善于从互动对象的评价中获得更加客观的自我评价、自我认识。中国历史上被很多人称为明君的唐太宗李世民有句名言："以铜为镜，可以正衣冠；以古为镜，可以知兴替；以人为镜，可以明得失。"他所说的以人为镜，就是从别人的评价中获得对自己更加客观的认识。

角色扮演和角色评价之所以需要以人为镜，是因为社会角色在自我评价中所使用的价值批判标准往往带有主观性。而社会评价，特别是互动对象的评价，则会使用另外一种标准。一个家政服务人员在雇主家里进行自我评价，一般不会把做饭用油多少、搞卫生用水多少、用洗涤灵多少作为评价尺度。而雇主进行评价时，则常常会特别关注这些尺度。国家行政人员在自我评价时，经常会抱怨自己的权力少了。所以，国家行政角色每年进行的年度考核，不应该仅仅是由他们自己进行自我评价，需要用适当的办法引进其相对方的评价。否则，很难发挥总结经验、增长知识、提高角色扮演能力和自觉性的作用。如果不注意通过相对角色的评价避免自我评价的片面性，得意于自我评价的高分数，很容易在自觉不自觉中失去公共角色的扮演资格。

社会角色进行自我评价，与互动对象的相互评价，因为标准不同，得出的结论常常会大相径庭，而且常常很难统一。所以，很多社会角色都容易自觉不自觉地拒绝互动对象的评价。但是，一个社会角色，特别是社会公共角色，如果任性地拒绝互动对象的评价，就很难得到互动对象的认可和接受，从而失去角色扮演的资格。善于从社会评价特别是互动角色的评价中避免自我评价的片面性，是角色扮演自觉性的重要表现。主动地自我评价是对角色扮演过程的自觉，而主动地引进社会评价特别是互动角色的评价，则是对角色扮演客观效果的自觉。

二、对象评价

角色扮演是一种社会活动，因此，不管什么社会角色的扮演活动，都不是孤立地进行的，而是在与其他社会角色的互动中完成的。角色互动，就包括相互评价。

角色扮演，无论其权利的行使还是义务的履行，都要作用于与其互动的社会角色，并在相对方的行为中得到实现（其权利要体现为相对角色的义务，其义务则体现为相对角色的权利），因而必然会引起相对角色的评价和反馈。与此同时，任何社会角色的评价活动，都必然深深地刺激和影响评价对象的后续实践活动及其活动的后续效应。

对象评价包括现实对象的评价和历史对象的评价。

（一）现实对象的评价

对象评价不仅直接影响着评价对象的自我评价，而且影响着评价对象既定角色扮演活动的价值指向，对评价对象的后续角色扮演活动产生重大影响。有些角色扮演活动的客观效果，只有通过相对角色的评价活动才能显现出来。例如，一篇演讲的完成、一篇文章的发表、一本书的出版，听众或读者的肯定性评价可以让作者自信或者振奋，否定性评价可以让作者泄气、沮丧。一篇文学评论、一篇画评、剧评、影评、歌评，可能会使评价对象身价百倍，也可能会使其分文不值；可能使其影响一代人、几代人，也可能使其永远尘封。鲁迅著作在中国半个多世纪以来的社会影响力，齐白石和梵高画作的市场价值，悉尼歌剧院的设计对现代建筑设计理念的影响等，都是在如潮的评价活动中扶摇直上的。

对象评价分为主动评价、被动评价和应激评价三种情况。所谓主动评价，是指评价主体接受互动对象的信息刺激后自行启动的评价活动，例如，一个文学评论家阅读一篇小说新作之后撰写的文学评论。所谓被动评价，是指评价主体由于受到互动对象的要求而启动的评价活动，例如，文学评论家应作者要求而撰写的文学评论。所谓应激评价，是指评价主体由于受到互动对象专门针对自己的行为刺激而启动的评价，例如受到互动对象的侮辱、谩骂、打击，或其他侵权行为的刺激而启动的评价。这三种不同的评价，在角色互动中发挥的作用有着明显区别。

对象评价的最高境界是客观公正、恰如其分。是不是客观公正，不是看能不能列举实例证据。有证据的评价结论不一定客观公正。社会生活的复杂性，几乎能够满足任何评价主体寻找证据的要求。满足客观公正、恰如其分的要求，首先要求评价主体站稳客观公正的评价立场。评价主体如果仅仅从其主观好恶、利益得失出发评价对象，不可能客观公正，更不可能恰如其分。只有从社会需要、公众利益出发，衡量评价对象履行社会义务、行使社会权利的行为后果，才能做到客观公正、恰如其分。

对现实对象的评价活动一般都是由于受到对象的某一个具体行为的刺激，引起某种心理感受和情感活动，从而诱发评价冲动。欣喜的情绪可能掩盖对象的缺点，因而评价过高。失落的情绪可能掩盖对象的优点，因而评价过低。无论过高还是过低，都不是客观公正。情感因素是对评价活动最直接而且很难克服的干扰因素。这种干扰因素往往镶嵌在评价主体与评价对象之间的客观关系之中。长幼、尊卑、上下、男女等社会角色之间的关系，都会对评价主体的思想感情产生重大影响，并作用于评价结论。对同样一个社会角色的扮演活动，可能会由于评价主体的思想感情不同而产生截然相反的结论。角色评价活动，必须善于克服思想感情的干扰。

角色评价的干扰因素，除了情感因素之外，还有利益关系。在政治社会，任何一个执政集团的政策，都不可能满足所有人的需要，不可能符合每一个人的利益诉求。政府推行一项政策，社会评价可能大相径庭，原因就在于这项政策对不同社会角色的利益产生了不同的影响。受益者会极力肯定，而受损者则极力否定。只有多数人受益的政策和政府，才能受到多数人的好评和拥护。只有善于平衡各方利益的政策和政府，才能长期维持政治和社会的稳定。

在评价主体与评价对象的全部关系中，属于利益关系的有三种情况：一种是利益剧烈冲突的敌对关系，一种是有利益冲突，但尚未形成剧烈冲突的关系，还有一种是没有直接利益冲突的相邻关系。对这三种不同的评价对象，评价主体的心态、标准都不一样，评价的客观性当然也就不同。中国有句古话“当局者迷，旁观者清”，说的就是评价一件事情，必须跳出利益纠葛和感情纠葛，排除感情干扰和利益干扰，才能看清事情的本来面貌。

为了实现客观公正的评价要求，人们常常把对同一个对象的几种不同评价加以比较、鉴别。但比较鉴别对同一个对象的不同评价，需要考虑评价主体的表达能力。在政治社会，一般来说，普通的工人、农民，虽然作为国家政策最大的受众群体，最有评价国家政策的发言权，但由于他们受到表达能力的制约，其发言权的实现往往很曲折，往往需要通过某些愿意代表他们利益的政治家和拥有话语权的知识精英来表达。

角色评价的干扰因素，除了感情和利益之外，还有舆论干扰。舆论干扰，如果引用法国政治学家托克维尔使用过的一个概念，也可以叫作“多数人暴力”。无论什么事情，一旦形成舆论，就会对评价主体的判断力和判断结果产生强大的影响。美国司法制度中的陪审团制度，实际上是对多数人暴力予以承认、予以迁就的制度。非常典型的是关于美国辛普森案和齐默尔曼案件的审理过程。经验表明，克服舆论干扰，要比克服情感干扰和利益干扰需要更高度的理论自觉。

（二）历史对象的评价

对历史对象的评价，就是对某些历史过程和历史事件发生过重大影响的那些历史角色的评价。说白了，是对死人的评价。有人以为死人不会为自己辩解，所以可以很随意、很放肆。其实这是大错而特错的想法。正因为古人不会为自己辩解，所以才更需要评价主体发挥高度自觉的责任意识和知识储备。

评价历史角色，由于受到时间和空间的限制，特别是对象自己已经失去了辩解的条件，所以要做到客观公正、恰如其分，比评价现实角色更加困难。评价历史角色，只有用历史的观点和历史的方法，才能尽可能地还原历史真实，尽可能地做到客观公正、恰如其分。

所谓历史的观点和方法，首先，必须要把历史角色放在其所处时代的社会条件中去分析，不能离开对历史条件、历史过程的全面认识和对历史规律的科学把握，不能忽略历史必然性和历史偶然性的关系。不能把历史顺境中的成功简单归功于个人，也不能把历史逆境中的挫折简单归咎于个人。不能用今天的时代条件、发展水平、认识水平去衡量和要求前人，不能苛求前人干出只有后人才能干出的业绩。要按照当时的环境要求和价值追求来评价，而不是评价主体自身所处时代的环境要求和价值追求来评价。客观公正、恰如其分地评价一个历史角色，必须首先看他对当时的历史发展到底是发挥了推动的作用还是阻碍的作用。非历史的观点和方法则相反，他们从自己的主观成见出发，抓住评价对象的某些性格、错误和缺点纠缠不休，甚至用现代人的道德标准去评价千百年前的历史对象。

不同的历史时代，只能赋予社会角色符合当时需要的社会义务和历史使命。只要他履行了符合当时需要的社会义务和历史使命，就应当得到肯定或基本肯定。即使他们存在着缺点、错误乃至人格缺陷，都不应过分地纠缠，不能因为其某些缺点、错误乃至人格缺陷而否定其应有的历史地位。例如，秦始皇，虽然确有专制暴戾的一面，但从其对中华民族政治统一、文化发展的促进来看，是千古一人。类似的案例还有对刘彻、朱元璋、洪秀全等历史角色的评价，之所以会争论不断，都是能不能把这些历史角色放到当时的历史环境中去评价，能不能看到当时的历史环境对他们提出的历史要求的问题。金无足赤，人无完人。现实中的角色是如此，历史上的角色更是如此。不能用历史人物的某些缺点、错误否定其整体的历史形象，更不能就其某些性格特征纠缠不休。

其次，历史的观点和方法，就是要尊重历史的客观真实性。对已经发生的历史事实，不能用假设的方法加以否定。历史不能假设，不能杜撰。不能用“如果”这样的句式来推断另外的历史可能性。任何对历史的假设和杜撰都是非历史的观点和方法。非历史的观点对已经发生的历史事实采取不尊重的态度，用虚化、掩盖的方法对待已经发生的历史事实，另外假设或者虚拟一种并不存在也不可能重现的历史面貌，为已经被历史钉在耻辱柱上的历史角色翻案，或者对已经被历史载入光荣榜的英雄形象任意丑化。

最后，历史的观点和方法，就是要尊重逻辑事实，而不能被零散的历史材料遮住眼睛，更不能故意地从某种意图出发玩弄历史，把历史当成一个随意打扮的“女孩子”。所谓逻辑事实，就是符合历史发展本来逻辑的事实，即与历史发展的实际进程一致的事实。人类的社会生活是多面的，而不是纯粹的。社会生活中经常会发生与历史发展逻辑相反的现象。虽然这些现象也是事实，但并不反映历史发展的真实面貌，并不符合历史发展的本来逻辑，只能叫作现象事实或假象事实。纠缠现象事实，只关注某些个别的历史碎片，就看不到逻辑事实。有人仅仅根据李鸿章上奏慈禧的一份条陈，就要为其翻案。有人只凭汪精卫曾经否决过“拟请将中条山被俘渝军成立俘虏营案”，就说他当汉奸是为了曲线救国。这都是纠缠现象事实和历史碎片，看不到逻辑事实的典型表现。

（三）对评价的评价

既然角色评价是一种对角色价值实现程度进行主观审理、判断、认定和欣赏的实践活动，那就也是一种特殊形式的角色扮演活动。也就是说，角色评价活动本质上也是在履行社会义务，行使社会权利，因而也要遵循权利和义务相对应、相统一的客观规律。所以，对任何角色扮演主体及其价值实现程度的评价，不可能不在评价对象身上引起应激性反应，不可能不反过来引起评价对象对评价主体及其评价活动的评价。即使是对历史对象的评价，虽然评价对象自己已经不能对评价主体及其评价活动表达其反应，也很难避免与其他评价主体的评价发生冲突。不同的评价主体对同一个评价对象的评价发生冲突，本质上也是关于角色评价问题发生的角色互动。角色评价，无论是自我评价还是对象评价，都是在社会互动中完成的，都需要面对相互评价的理论自觉。

对任何人的评价活动进行评价，都首先要看评价的结论是否客观真实、恰如其分。所谓客观真实，不是指符合现象真实，而是指符合逻辑真实。所谓现象真实，是指评价结论能够找到一个或几个例证的支持，但这种现象真实不一定符合逻辑真实。所谓逻辑真实，是符合事物发展内在逻辑、内在规律的真实。很多表面现象只能从反面反映事物的本质。所以，任何评价活动，找出一个甚至几个评价结论所需要的例证支持并不困难，但有例证支持的评价结论并不一定符合评价对象的逻辑真实。

要观察评价主体在评价过程中排除主客观干扰的状态要进行具体分析：

一是要分析评价主体所处的社会环境和舆论环境，判断这种环境可能对其评价活动产生的影响。历史上经常发生通过制造强大的舆论场能控制人们思想的事情，那就不可能排除这种舆论场能也会在角色评价中发挥作用。因此，不管什么样的评价主体，也不管其是对现实对象的评价还是对历史对象的评价，都必须善于剔除其所处的舆论环境对其可能产生的影响。特别是对那些一边倒的舆论，更加值得注意其对评价活动的影响。

二是要分析评价主体是否超脱了情感和利益的掣肘，是否能够从客观公正的立场出发。我们党需要而且历来欢迎人民群众的监督，但不可能寄希望于敌对势力的监督。敌对势力对共产党人及其社会行为的评价，都是从尖锐对立的社会立场出发实施破坏的敌对行为，所以无论是毁谤还是夸赞，都暗藏着杀机，不可能客观真实。毛泽东同志指出："凡是敌人反对的，我们就要拥护，凡是敌人拥护的，我们就要反对。"① 这就是对敌人的评价进行的反评价。

我们知道，角色评价活动，无论是自我评价还是对象评价，无论是对现实对象的评价还是对历史对象的评价，从本质上说，都是对角色价值实现程度的主观批判活动，都是一种主观能动性活动。因此，角色评价活动中最大的风险是昧于片面的权利伸张而失之于对象价值的真实。对任何对象的角色扮演活动进行评价，不管是评价一个人还是评价一个社会组织，极其容易犯的错误是

---

① 《毛泽东选集》(第2卷)，人民出版社1991年版，第590页。

只顾于自己个人的利益得失。只要评价主体陷入自己个人的利益得失而不能自拔，势必会放弃评价对象的角色价值实现程度这个目标本身，反而理直气壮地纠缠于某些过程细节，因而不可能客观公正、恰如其分地反映其真实价值。角色评价是这样，对评价的评价也是这样。

三、角色评价的目的和方法

角色评价，不管是自我评价还是对象评价，说到底，都是对角色价值实现状态的审理、判断、认定和欣赏，是由评价主体分析判断评价对象所履行的社会义务是否符合社会组织的赋予，其所行使的权利是否符合社会组织的授予，其所追求的价值是否符合社会组织的期待。一个社会角色的价值实现状态，作为一个被评价的对象，是一个客观事实，是不以评价主体如何评价而独立存在的客观事实。而对一个社会角色价值实现状态的评价是否符合评价对象的客观事实，是否客观公正，取决于评价主体对评价活动目的和方法的把握。

（一）角色评价的目的

任何角色评价活动的目的，从归根结底的意义上说，都是为了满足社会主题实践活动的需要，而不是满足评价主体的某种主观需要。角色评价活动，如果不是从满足社会主题实践需要出发，而是从满足个人某种需要出发，就不管是自我评价还是对象评价，都不可能做到客观公正、恰如其分。

首先，角色评价活动的目的决定角色评价的活动方向。我们知道，任何角色评价活动，不管是自我评价还是对象评价，都是社会主题实践活动的一部分，都不能离开社会主题实践的总体方向。不同的社会组织，有不同的社会主题实践。但不管在什么样的社会组织内部，每一个社会角色的价值追求都不能离开社会主题实践的规定。所以，不管在哪个社会组织，不管对哪个社会角色进行评价，都不能离开其是否能够满足社会主题实践的需要这个基本方向。只有始终牢牢把握住这个根本方向，才能把角色评价活动真正融入社会主题实践之中，成为整个社会组织主题实践活动的一部分。偏离了评价对象对社会期待的满足状态这个根本问题，角色评价活动就偏离甚至从根本上背离了社会组织整体性社会主题实践活动的基本方向，只能对整个社会组织的主题实践活动形成干扰甚至破坏。

其次，角色评价的目的决定角色评价主体的价值取向。我们知道，角色评价活动也是其主体追求某种价值目标的出发点，不可能离开某种具体价值理念的指导和控制。在不同的社会组织中，由于有不同的社会实践主题，所以，表达角色评价活动价值取向的概念有所不同。但不管在哪个社会组织内部，也不管对哪个社会角色进行评价，不管是自我评价还是对象评价，只有始终牢牢把握住满足社会主题实践的需要这个根本目的，角色评价活动的主体才能把角色评价活动视为履行社会赋予的社会义务、行使社会实践活动授予的社会权利，参与社会价值创造的具体行动，始终把角色评价活动的着眼点和关注点放在评价对象对社会组织和社会主题实践活动的作用这个根本问题上，而不是把自己与评价对象的利益关系置于其与整个社会组织和社会主题实践活动的客观需要之上。评价活动的主体只有自觉地摆脱其与评价对象之间利益格局的控制，从而不致把角色评价活动视为评价主体寻求某种主观的情感满足的机会或工具，才能在评价活动中始终保持一种客观公正、实事求是的态度和价值取向。

最后，角色评价的目的决定角色评价主体的价值尺度。我们知道，任何角色评价活动，不管是自我评价还是对象评价，无非是使用某种价值尺度与评价对象的状态进行比较。始终牢牢把握住满足社会主题实践的需要这个根本目的，坚持以评价对象在社会组织主题实践活动中发挥了什么作用这个价值尺度，才能够对评价对象履行社会义务、行使社会权利的全部行为视为一个整体，把某些看似互相冲突的现象统一起来，实事求是、客观公正、恰如其分审理、判断、认定和欣赏评价对象满足社会期待的现实状态，而不会过分地纠缠评价对象在履行社会义务、行使社会权利、满足社会期待过程中某些枝节性行为。

角色评价的价值尺度并不等同于角色评价的具体标准。在同一个社会组织中，评价社会角色的价值尺度，一般表达为社会主题实践所规定的各种权利义务相统一的价值概念。而评价一个社会角色的具体标准，则是与其所履行的具体义务、所行使的具体权利相对应的指标体系。在同一个社会组织中，由于不同的社会角色都服从于同一个社会主题实践，所以表达角色价值尺度名称的概念是一样的。但由于扮演不同的社会角色，需要履行不同的社会义务、行使不同的社会权利，负有不同的社会价值期待，所以评价一个社会角色的具体标准不可能没有区别。例如，在政治社会，不管是主导角色还是从动角色，其实践活动都属于同一个主题，因此角色评价所使用的价值尺度名称都是公、平、正、明、和等概念。但在这同一个社会主题实践中，主导角色的社会义务是保障公共秩序，实现社会和谐，维护社会公平正义，提供公共服务，尊重民意，发扬民主等；而从动角色的社会义务，则是承认并尊重权力，遵守社会行为规则，维护社会秩序，顾全社会大局，贡献自己的能力、智慧等。主导角色的主要权利是主持制定行为规范，表达社会共同意志，行使国家主权，督促从动角色履行义务等；而从动角色的主要权利则是维护个人生命存续，保持人格独立的权利，参与公共事务的权利等。政治社会既然对主导角色和从动角色赋予了不同的义务，授予了不同的权利，期待着不同的价值目标，那么，在判断其是否符合社会期待的评价活动中，当然就不能对主导角色和从动角色使用同一个判断标准。

（二）角色评价的方法

角色评价活动质量的差别，不但取决于其目的是否符合社会主题实践的需要，而且取决于评价方法是否科学，是否符合评价对象自身活动的客观规律。

在哲学的语境中，任何人类活动的目的和方法都是不可分割的。角色评价活动也一样。目的决定方法，方法实现目的。

角色评价活动目的必须符合社会主题实践的需要，这是由人的社会属性决定的。但人不但有社会属性，而且有自然属性，是社会属性与自然属性的对立统一体。人类本性中这种内在的对立统一规律，是任何关于人的思维活动都不能不遵循的方法论原则。在角色评价活动中，这种方法论原则表现为以下几个二重性思维原理：

第一，正面与反面相反相成的原理。世间一切事物都是复杂的，多面的，而不是纯粹的。所谓复杂，不仅是说每个事物都是由许多的成分共同组成的，而且是说每个事物都是由相反的成分构成的。对此，人类文明发展的早期阶段就已经有所认识。被称作辩证法奠基人的古希腊哲人赫拉克利特曾经说：“相反的东西结合在一起，不同的音调造成最美的和谐，一切都通过斗争而产生。”到了近代，堪称辩证法大师的德国哲学家黑格尔，更是把这种对立统一的普遍规律论述得淋漓尽致。

在我国，相反相成的理念不但发育得很早，而且一直持续了几千年，形成了一种优秀的思维传统，留下了非常丰富的思想资料。最为可贵的是我国这种优秀的思维传统，深深地渗入了民族的语言习惯，深深地影响了民间的社会意识。诸如“河有两岸，事有两面”“甘瓜苦蒂，物无全美”“笼鸡有食汤锅近，野鸡无粮天地宽”“有一利必有一弊”“尺有所短，寸有所长”等。这些百姓经常挂在嘴边的谚语、俚语无不表明，相反相成的道理，不但是《道德经》等哲人经典中的瑰宝，而且已经深深地渗入了普通百姓的社会意识。

既然世间一切事物都在遵循着相反相成的规律，那么人们扮演社会角色的实践活动，当然也不能不遵循这种普遍规律。在对角色扮演活动进行评价的时候，就不但要看到其正面，而且要看到其反面。一件坏事可能引出好的结果，一件好事也可能引出坏的结果。一个好的结果中，可能包含着不好的因素，一个不好的结果中，可能包含着好的因素。角色评价的目的，不仅是对其作出一个好的或者坏的结论，更重要的是善于把坏事变成好事，防止把好事变成坏事。例如，20 世纪 60 年代初，苏联单方面撕毁援华合同，撤退援华专家这件事，本来是一件坏事，但却极大地激发了中国人民奋发图强的热情，坏事就变成了好事。

很多人由于不能掌握这种评价方法，对一些犯了错误的人，只看其错误而拒绝给予其改正错误重新做人的机会和条件。对一些功勋卓著的角色，也可能因只看其功绩而将其神化。一旦出了问题，或者他们死了，又只看到其问题，甚至把一切问题都推到其一个人身上。有的人在取得某些成绩之后，因缺乏两分法而忘乎所以、自我膨胀，走向反面。所有这些正面的经验和反面的教训，都足以告诉我们，评价任何一个社会角色，都不能只看其正面，一定要看到其反面。

第二，透过现象看本质的原理。现象和本质，是人的认识活动中经常遇到的一对范畴。一般来说，现象是指角色扮演活动的行为过程、行为方式，例如，一个社会角色所使用的语言，所使用的工具，所采用的行为方案、技术手段、程序设计等，属于其角色扮演的外部表现。本质，则是指其语言特征、行为方式等现象之间的内在联系，其角色扮演活动的最终目的、价值追求。角色扮演活动属于人的社会实践范畴，具有鲜明的社会性特征。

角色扮演活动具有高度的主观能动性，是人的能动性特征最集中最典型的表现。因此，角色扮演活动的外部表现和内在本质之间，往往被许多环节隔离开来。很多时候，角色扮演活动会特意把目的掩盖起来，从而人为地扭曲其具体行为与其价值追求之间的逻辑联系。例如，一个人把自己写的文章，送给另一个人看，目的可能是希望得到对方的肯定、赞赏，并推荐给更多的人阅读，但他不会直接把这个目的用语言表述出来。相反，他只是非常谦虚地请求对方批评指正。如果对方仅仅根据其语言的字面含义，真的对文章挑剔起来，甚至毫不客气地动手修改，则很可能会对双方关系产生某些不好的影响。

在角色评价活动中，一方面，判断任何社会角色扮演活动的本质，必须从观察和研究其角色扮演活动的外部表现开始，而不可能绕开其外部表现。另一方面，本质总是隐藏在现象的背后、深处，不可能直接暴露在行为的表面。角色扮演活动的外部现象常常并不直接反映本质，有时候甚至会从反面反映本质。透过现象看本质，不但必须善于把足够多的现象集中起来加以综合、分析、比较、提炼，而且必须善于分辨现象世界中的真相和假相。

第三，整体与部分、主流与支流辩证关系的原理。整体是由部分构成的。任何一个对象的整体都不可能离开部分而单独存在。因此，任何一个角色评价活动的主体都只能一部分一部分地认识、了解对象，直到最后形成关于对象的整体性认识和评价，而不可能绕开对象的任何一个部分直接得到其整体。在角色评价中，最容易发生的问题是误将部分当成整体。中国语言里有很多关于把部分当整体的词汇，诸如“以偏概全”“管窥之见”“断章取义”“瞎子摸象”“坐井观天”“只见树木，不见森林”“一叶障目，不见泰山”等，一方面说明把部分当整体的事情是经常发生的，另一方面也说明古人对这种错误是十分不屑、高度警惕的。

将部分当成整体，有的是出于主观故意，但更多的是出于失误。对象的整体不是对象各个部分的简单相加，而是对象本质的形象表达。因此，从整体上把握对象，不但必须对其各个部分有足够充分的把握（其中包括正面的部分和反面的部分），而且必须善于把现象抽象为本质。而要完成这种抽象，就需要善于辨别现象的真伪。

人的实践活动不可能离开人们所处的社会组织，而人们所处的社会组织总是多维的、立体的、分层次的。因此，在社会实际生活中观察社会角色的实践活动，就像透过一个多棱镜观察对象，同时会发现多个不同的面孔。这些不同的面孔虽然都是在表达同一个社会角色的扮演主体，却常常会发生互相矛盾的表达。古人常说“忠孝不能两全”就是这个道理。

评价一个国家工作人员，其履行国家义务的情况是主流，而其他表现则是支流。评价一个演员、科学家，其在事业上的成就是主流，其他都是支流。生活道德是一个相当普遍适用的角色评价标准。但如果一个人在生活道德中的表现只涉及个别人、少数人的权利，而其在社会主题实践中的角色扮演活动涉及更多人的权利，那么，其生活道德表现则只能被当作支流。既不能因其生活道德表现良好而掩盖其不能履行基本社会义务的问题，也不能因其生活道德中的瑕疵而否定其在社会主题实践中创造的功绩。当然，凡是违犯了党纪国法规定的生活行为，即使仅仅侵犯了一个人的利益，也不仅是一个生活道德问题了。

在同一个社会角色的扮演活动中，也有主流和支流之分。一个有成就、有贡献的科学家，可能在某一次实验中出现过某些过失并造成了损失，那就要比较其所作的贡献和所造成的损失大小。

哪头大哪头就是主流。当然，这种比较，只有在对其与同时代的同类社会角色进行比较时才有意义。例如，历史上那些被称为伟大人物的角色，都是就其历史活动的主流而言，并不是说他们没有出现过任何过失，没有造成过任何损失，只是说他们的历史贡献与别人相比较时更伟大，所以，他们曾经造成的损失都只是支流。

第三章 血缘社会角色的扮演和评价

血缘社会是人类历史上第一个被称作社会的组织形式，也是迄今为止任何人都不能不在其中扮演角色的社会组织形式。一个角色社会的组织形式，就是一个特定的角色扮演舞台。由于每一个社会舞台上的角色扮演都有其特定的实践主题，因而都有其特定的角色扮演程式，包括角色权利、角色义务、角色价值以及由此产生的角色评价等基本理论。弄清血缘社会角色的权利、义务、价值追求以及角色评价特征，对于提高角色自觉，其意义是不言而喻的。这里的分析，无论是血缘角色的义务、权利，都是一种逻辑分析和逻辑论证，是血缘社会实践主题对其内部每一个实践主体提出的逻辑要求，是人们在血缘社会扮演角色的理想状态或本色状态。这里提出的血缘社会角色的评价概念，是评价血缘社会角色经常使用的基本价值概念。

第一节 血缘社会主导角色的扮演问题

现代血缘社会的基本单元是家庭。家庭的核心是夫妻二人，只要有了夫妻这两个角色，就是一个社会组织。夫妻二人都有其需要实现的社会期待即社会价值，因而既要履行义务，也要行使权利，并接受社会的评价。

一、主导角色履行的义务

在一个家庭中扮演主导角色，总是自然而然地体现在其家庭分工当中。在涉及整体利益的重大时刻，主导角色总是以勇于担当的形式表现为自觉履行义务的实际行为。血缘角色履行社会义务的一个突出特点，是高度依赖其基于传统文化积淀形成的观念。主导角色在家庭中除履行生育和监护未成年子女、赡养老人的义务之外，还需要履行以下两项义务：

（一）提供家庭生活主要经济来源的义务

血缘社会主导角色的一项重要社会义务是在家庭生活经济来源方面承担主要责任。与其他任何社会组织形式一样，家庭作为一个具体的社会结构形式，作为一个具体的社会生活组织形式，总是必须首先解决吃穿住行这个最基础性的问题，首先必须有饭吃、有衣穿、有房住，然后才能谈其他各种问题。夫妻组成一个家庭，也需要有最基本的物质生活条件作为基础。作为一个家庭的主导角色，不管是丈夫还是妻子，之所以能够扮演主导角色，或者说，扮演主导角色的首要内容，需要解决的首要问题，就是全家的衣食住行问题，就是提供全家人衣食住行的主要经济来源。不能解决这个问题，或者无力解决这个问题，不能在这个问题的解决过程中发挥主要作用、承担主要责任，就没有资格扮演主导角色。相反，能够承担这个责任的主体，能够在这个问题的解决过程中发挥主要作用的主体，就在许多家庭事务中获得了举足轻重的发言权。

经济条件是家庭存续必要的物质基础，因而任何一个家庭的主导角色都必须在提供经济生活基础方面承担较多的责任，履行较多的义务。但人们在衣食住行方面的需求度量、需求标准都是相对的、有弹性的，而不是绝对的、一成不变的，因而任何一个家庭中主导角色所承担的经济责任也不是绝对的。不是说只有能够提供何种程度的经济条件才能够扮演主导角色，否则就不能扮演主导角色。中国人在1949年前后的物质生活状况，以及在改革开放前后的物质生活标准，可谓天壤之别。即使现在，一线城市与边远山区的家庭相比，其主导角色需要提供的经济条件也有巨大的反差。

一个家庭中主导角色的确定，有两种基本的途径。一种是由于丈夫（或者妻子）在结婚之前，就已经成功创业，拥有了雄厚的资产，或者拥有了较多的可供继承的先辈财产，或者虽然没有既定的产业和可供继承的先辈财产，但已经获得了比较优越的职业工资收入，所以在决定结婚组建家庭之前，就已经确定了其在家庭中的主导角色地位，然后在共同的家庭生活中由于互爱、互敬、相互信任、相互扶持，在生活实践中建立并逐渐加深情感基础。这种先结婚后恋爱的婚姻模式之所以会有很广泛的市场，就在于婚姻并不仅仅是爱情两个字能够概括的。物质的生活基础是婚姻爱情中的重要因素。

另一种途径与此相反。由于丈夫与妻子在结婚组建家庭之前，并不明确双方的经济条件，或者虽然知道对方的经济条件并不具备优越性，只是由于双方在形象、人格、能力、能量等方面相互吸引、相互爱慕而产生爱情，建立了深厚的感情基础，然后走到一起，组建家庭。在组建家庭之后，其中的丈夫（或者妻子），由于意识到自己在家庭经济生活中应当担负较多的责任而积极上进，努力工作或创业，自觉地扮演了主导角色。

（二）对家庭兴衰承担主体责任的义务

血缘社会是人类最早的社会组织形式。早期的血缘社会不但是人类实现自我繁衍的组织形式，而且是人类物质生活资料生产的组织形式。任何一个家庭，不管其组织规模多小、组织结构多简单，只要其作为一种社会组织而存在，就与其他任何一个社会组织一样，有一个兴衰存亡的问题。

家庭的兴衰存亡，是指其组织结构是否紧密、牢固，其角色分工和角色互动是否和谐，家庭气氛是否健康、融洽，其功能发挥是否正常。在一些家庭中，每一个角色都能自觉地履行其义务，每一个角色的权利也能得到充分保障。父慈子孝，婆贤媳慧，幼享慈爱，老得善终，不但能够增强家庭自身的组织凝聚力，而且能够使其成员在扮演其他社会组织的角色时拥有更充足的体力、精力和理想的心态。而在另一些家庭中，父不慈、子不孝、婆不贤、媳不慧，每一个角色的义务都不能得到充分履行，每一个角色的权利也无法得到充分的保障，以致父子不睦，婆媳不和，兄弟争财，姑嫂为敌，夫妻反目，老者可悲，幼者可怜，既没有凝聚每一个角色的向心力，使家庭组织得以巩固，也不能发挥家庭在种族繁衍和种族优化方面的组织功能，不能为其他社会组织形式的角色扮演主体提供更好的能量储备。

同样是以血缘为纽带的家庭，为什么会有如此大的反差呢?原因可能是多种多样的。不过，每一个和谐美满、蒸蒸日上的家庭，不管有多少不同的原因，一定有一个原因是一样的，就是一定有一个合格的、称职的、有权威的主导角色，成为所有成员向一起凝聚的核心。没有一个合格的、称职的、有权威的主导角色，没有这样一个凝聚的核心，不可能形成整个家庭的和谐美满，更不可能蒸蒸日上。同样，导致家庭四分五裂、勾心斗角的原因可能也不一样，但一定有一个共同的原因，就是其中的主导角色一定不公道、没主见、没权威，不能服众，不能成为凝聚的核心。任何一个家庭，只要主导角色处事公道，遇事有主见、有定力、有权威、能服众，就不可能沦落到没有核心、四分五裂、勾心斗角的地步。

在一个家庭中扮演主导角色，一定要有主见、有定力，要能够成为全家老少的精神支柱，成为全家老少的主心骨。有主见，就是要敢于担当，敢于决断。不管是家庭内部事务还是家庭与外部其他社会组织之间所发生的交往关系，主导角色没有主见，其他从动角色就会失去主心骨，就不知道怎么办，或者众说纷纭，各行其是，形不成一个统一的行为主体。

在一个家庭中扮演主导角色，必须要有权威，要能够让大家服气。但权威并不意味着独裁专断。真正的权威是靠正确和公正的决断建立起来的，而不是依靠独裁、武断和专制手段得到的，不是依靠蛮横、不讲理得到的。不管是家庭事务还是对外交往，正确和公正的决断，不是仅仅依靠个人聪明就能做到的。必须发扬民主，要善于造成一种人人积极参与的气氛，善于在众说纷纭中判断真假是非，善于集中正确意见，才能不犯或少犯错误。越是在众说纷纭中提出或作出正确决断，越是能够让众人服气，越有利于在众人中显示出类拔萃的色彩，越容易建立威信、树立权威。要创造条件，鼓励和支持而不是限制从动角色在家庭主题实践活动中充分自主自由地发挥其主观能动性。

在一个家庭中扮演主导角色，必须善于主持制定家规，继承和传带健康的积极向上的家庭风气，防止不健康的习气形成习惯。作为主导角色，制定家规，继承和传带健康的积极向上的家庭风气，就要身体力行，严于律己，发挥模范带头作用。要求别人做到的，自己首先要做到；要求别人不做的，自己首先不能去做。现代家庭不但在组织规模上趋向于小型化，而且在家庭成员之间相互影响的力度上趋于弱化。由于人类生产规模的急剧扩张，特别是现代科学技术显示出来的地球村效应，互联网、手机、电脑、微信等生活设施使人们相互之间的联系面越来越大，联系速度越来越快，没有几个人还像18世纪的人那样满足于来自家庭的信息供应，满足于与家庭成员的角色互动。人们在家庭之外所发生的角色互动，所接受的信息影响，越来越超过家庭成为更加主要的社会生活内容。然而这并不表明，以家风、家规为主要表现形式的家庭传统对人们无足轻重。事实上，家庭成员之间的角色互动，与家庭之外的角色互动，各有其不同的社会意义和社会功能，永远不可能互相代替，不能够厚此薄彼。只有按照实际情况和现实需要，把两种角色互动有机地协调起来，使两种角色互动的社会意义和社会效应相互补充，才能使我们的实际生活少走弯路，更加顺畅。所以，不管家庭规模多小，不管家庭生活的内容占到多大比例，来自家风、家规等家庭传统的影响都是必不可少的。

在一个家庭中扮演主导角色，必须树立牢固的自律意识。家庭主导角色不能依靠别人来监督自己、纠正自己。这是因为，别人违反了规矩，可以由主导角色来纠正。而主导角色自己违反了规矩，没有人能够出来加以纠正，只能依靠主导角色严格的自律意识。孔子说过：“政者，正也。子帅以正，孰敢不正？”这类古训来自人类的实践经验，不但适用于政缘社会，而且适用于血缘社会。

二、主导角色行使的权利

血缘社会主导角色的权重系数，不但是由其血缘序列等自然因素构成的，而且是由其文化修养素质构成的。清醒地辨别两种权重要素成分，对于保持理性的主导心态和主导行为至关重要。家庭暴力，就是一种常见的过分倚仗其自然因素行使主导权利的行为。主导角色在家庭中除行使生育和监护未成年子女、赡养老人的权利之外，还可以行使以下两项权利：

（一）决策家庭对外交往事项的权利

人类进入工业化时代以后，家庭这种社会组织形式已经不再负有组织社会生产的功能，只承担种族繁衍和种族优化，为社会物质资料生产实践和其他社会实践提供能量储备的功能。而种族繁衍和种族优化的功能，是在相关家庭社会共同进行物质文化资料消费行为中实现的。所以，家庭社会又被普遍认为是一个相关角色共同进行物质文化消费的社会组织。作为一个共同进行物质文化消费的社会组织，家庭与其他社会组织形式相比较，有两个明显的特点：一是更多表现为人格尊严和人身安全的利益色彩；二是作为一个统一的行为主体的特征相对淡化。在现代国家政治生活中，仅仅明确规定了自然人和企业、学校、政党、社团等法人的法律地位，而没有明确家庭的法人地位。但国家并不因此而完全否认家庭作为一个社会生活单元的客观现实及其重要意义。

家庭毕竟是一种已经存在几千年的社会组织形式，毕竟是一个人类社会生活的基本单元，一种把若干相关角色结合在一起的社会组织形式，必然会发生共同利益。既然是一个利益共同体，就不可避免地要以一个整体的形象与其他行为主体发生社会互动。不管是与其他家庭发生社会互动，还是与国家、企业、学校、社团等其他社会组织发生互动，都必然需要以全家的名义就一些重要事项形成决定。没有这种以全家人的名义作出的每个人都认可的共同决定，不同的角色各行其是，任何家庭都不会再被认可为一个统一的家庭。而只要是以全家的名义对某一事项形成决定，就一定需要有一个角色发挥主导作用，才能集中每个角色的正确意见，形成每一个角色都认同的共同意志。而且，这种以全家的名义作出的决定，只有通过主导角色的表达，才能最终形成决定，才能终止不同意见的干扰和逆动。按照现在多数国家通行的法律体系，一个家庭组织并不被明确地认定为一个法人实体。因此，一个家庭有时候能够以一个行为主体的资格出现，有时候不能以一个行为主体的资格出现。一般来说，在国家政治生活中，一个家庭的主导角色所表达的意见和意志，并不能完全代表其家庭成员中其他角色的意见和意志。特别是关于国家政治生活问题的原则问题，并不会因为一个家庭的主导角色发表了意见，表达了意志以后，就不再允许同一家庭中的其他成员发表相反的意见，表达相反的意志。然而，在社会经济生活领域，一个家庭一般是能够以一个行为主体的资格出现的。例如，在市场交易行为中，如果一个自然人的继承权、债权、专利权发生障碍，可以由其家庭成员代为行使。此外，一个家庭中发生的子女读书、老人赡养、旧房拆迁等问题，都可能成为其家庭的整体利益问题，都需要由主导角色代表整个家庭的利益表达一个统一的意见。特别是某些家庭中存在的未成年子女、失能老人等行为主体，由于不能履行完整的社会义务、行使完整的社会权利，只能由家庭中的主导角色代表他们参与各种社会互动行为。

这种权利包含十分丰富的人文内涵，因而不是随便什么人都可以获得并行使的。第一，它在家庭内部是一种权威的标志，一种号召力的标志。在家庭对外事务的交往中，决策权又表现为一种代表权。第二，它以各种认识能力和行为能力为基础，不是哪一个人都能行使的。没有足够的判断力、决策力、组织协调能力、执行能力、管理能力的支撑，随意行使一个家庭的这种权利，很难避免家庭的损失甚至悲剧。

（二）处分家庭财产的权利

一般来说，一个家庭的主要经济来源是由主导角色提供的。所以，相应地，家庭财产的处分权利一般是由主导角色掌握的。但主导角色处分家庭财产的权利，随着人类文明的不断发展，出现了逐渐由绝对到相对的变化趋势。在古代，主导角色对家庭财产的处分权是绝对的，可以不与任何人商量。而在现代，法律规定家庭财产归夫妻共有，所以，不管夫妻之间由谁来扮演主导角色，在家庭财产处分问题上，一般都需要夫妻二人共同商量。虽然国家法律规定需要夫妻共同商量，但在实际生活中，扮演主导角色的行为主体的处分意见一般都会占有更多的权重系数。

所谓家庭财产处分，一般不是指日常的生活支出，而是指如下几种情形：

一是家庭生活重大支出。例如买入房产，买入贵重电器和家具等耐用生活器具或贵重饰品、收藏品。这类支出，一方面，由于不像柴米油盐酱醋茶之类的日常支出那样频繁，一旦买入，就要使用和保有很长时间。无论是谁，每天一看到它，就会在心里提出并回答几个诸如买的是否必要、是否合用、性价比是否恰当等几个问题。所以，经过商量以后再购买，就会减少在这些问题上的分歧和矛盾。另一方面，对一般收入水平的家庭来说，这类支出都属于比较重大的项目，常常需要动用积蓄。所以，一般都需要商量一下，取得一致意见后再行购买。当然，在某些并不把这类支出视为大额消费的高收入家庭，主导角色也许并不直接掌管这类事情，但这种情况不是一种普遍现象。

二是投资。包括家族企业投资和一般的家庭理财投资。家族企业投资，当然只能由管理企业的主导角色负责决策。一般的家庭理财投资，例如买入或卖出股票、买入或卖出投资性质的基金或其他金融理财产品行为，如果额度比较大，需要动用较多家庭积蓄，不管是由谁来操作，一般都会由操作者提出计划，最后由主导角色下决心、作决定。一方面，家庭积蓄一般都是由主导角色掌握的。即使主导角色不直接管理这些家庭积蓄的具体操作，不了解积蓄的具体数目，也需要掌握积蓄的大体规模，掌握积蓄的最佳使用方向。另一方面，股票、金融产品类投资都有很大的风险，需要比较强的市场分析能力和判断能力，因而需要由主导角色最后决策。

三是慈善类支出。主要指对公共社会的灾难救助类支出。慈善行为是人类固有的社会本性的一种特殊表达方式。对公共社会慈善性捐助，从直接的社会意义上看，是行为主体出于对同类的恻隐、怜悯而实施救助，而从更加深刻的社会意义上看，是出于对社会稳定的需要而分担本来应该由国家承担的政治责任。在古代，这种慈善行为一般发生于大面积的水旱灾害导致大规模难民潮流出现的时候。难民潮流不但对国家来说是一种巨大的不稳定因素，而且对那些实力特别雄厚的财主来说也构成一种巨大的威胁。于是，那些比较明智的财主就会拿出部分粮食设置粥棚①。工业化时代以后，特别是20世纪30年代，西方一些发达国家实行罗斯福新政以后，有些富有社会责任感的财富持有人，纷纷拿出巨额资金设立慈善性基金会，对弱势群体实施无偿救助，或对某些社会公共事业（例如科学技术研究或社会科学研究事业）实施资助。在我国，辛亥革命以后，社会上经常出现为救助灾民或专门为支持某种爱国行为的临时性募捐机构和募捐行为。无论发起者还是赞助者，都是一种慈善行为或爱国行为。这种慈善性或爱国性捐助支出，都是无偿的，需要量力而行的。除特意以个人姓名命名的常设公共基金（例如美国的卡内基基金）支出需由专门管理机构决策外，凡是以家庭为单位的临时性慈善或公益捐助行为，都是由家庭的主导角色最后决定的。

四是拆借。主要指对亲戚朋友因遇到困难而需要资金支持的时候，主动或被动发生的有偿借贷行为。这种借贷，一方面带有

---

① 一种无偿向饥饿的流民提供简单食品的慈善设施。一般提供稀粥，所以叫粥棚。

慈善的性质，是出于对亲戚朋友的同情而表示资助；另一方面虽然是有偿的拆借行为，但由于对方正处于困难境地，所以一般都只计低息或不计利息，而且不一定规定偿还期限，所以存在一定程度的损失风险。当对方需要资助的情况发生或对方已经明确提出借贷诉求时，借与不借，借多借少，一般都需要由家庭的主导角色最后决定。

五是分割。主要指父母以现有全部财产或其中的一部分按一定比例赠予子女或其他亲属的行为。被分割的财产如果属于夫妻共有财产，一般由夫妻二人商量后，由主导角色宣布决定。如果是家庭主导角色个人所有的财产，则由其本人直接决定并宣布。

第二节　血缘社会从动角色的扮演问题

在血缘社会扮演从动角色，与主导角色一样，传统的文化积淀因素色彩很浓。

一、从动角色履行的义务

在一个家庭中扮演从动角色，其家庭地位观念比较淡化，心态比较低调。一个从动角色在家庭价值追求中所发挥的作用，不管多么重要，如果不用心分辨，有可能终生都不会被发现出来。从动角色在家庭中除履行生育和监护未成年子女、赡养老人的义务之外，还需要履行以下两项义务：

（一）持家的义务

一个家庭生活的主要经济来源，一般是由其主导角色提供的。但这并不是说，家庭的从动角色不用履行任何义务。在一个人口较多的家庭，从动角色很多，其中有的从动角色可能不需要提供任何经济来源，但多数从动角色都需要与主导角色一起提供经济来源，只是不像主导角色提供的那么多而已。

所谓家务事，包括家务劳动、家庭生活的事项安排和财务支出等。每个家庭的消费支出并没有一个固定不变的标准，只能与其家庭经济收入的水平相匹配。家务管理水平的高低，就在于能够根据家庭经济收入的实际水平，确定合理的支出标准，既不致超额消费，又能够满足家庭成员的客观需要，使每个家庭成员都能得到其希望在家庭中得到的东西。所以，持家理财，是每一个家庭必不可少的一项角色义务，是并不比主导角色稍显逊色的一种角色扮演能力。

持家理财，作为每一个家庭都须臾不可以离开的一种家庭责任和角色义务，不但对家庭生活来说意义重大，而且对于政治社会以及相关的生产社会、信仰社会的意义不可忽视。每一个家庭的和睦、安定、祥和，一方面与整个国家的经济状态和政治状态紧密相连，另一方面也构成整个国家社会稳定的基础。家庭和睦、安定、祥和，表明其后勤稳固，于是就能保障其在政治社会、生产社会和信仰社会中履行角色义务、行使角色权利的精力充沛、全神贯注，从而成为整个国家和相关企业、学校、政党或社团组织建设事业的正面能量。反之，家庭这个后勤平台不稳固，很容易导致其在国家或者相关的企业、学校、政党或社团组织中履行角色义务、行使角色权利的时候心神不宁，成为整个国家乃至相关企业、学校、政党或社团组织中角色互动的负面因素。

所以，一个健全的政治社会、生产社会或信仰社会，虽然不能也不应当直接干预作为血缘社会组织的家庭的具体事务，但应当通过文化宣传、理论普及等方式，提倡积极向上的家庭理念，倡导积极向上、健康健全的家庭生活方式。有条件的时候，对在家庭中操持家务的所谓从动角色进行必要的培训，为每一个社会角色巩固家庭平台，加强后勤保障，充实、壮大其在家庭之外的社会平台上扮演角色的正能量。

（二）维持家庭和谐的义务

一个家庭的和谐与兴旺，当然首先需要主导角色的担当，但决不是只要有了主导角色的担当就能实现家庭的和谐与兴旺。除了主导角色的担当，还需要从动角色的支持和参与。如果一个家庭只有一个主导角色奋发向上，其他行为主体全都安富尊荣、坐吃山空，这样是不行的。因此，以家庭主人翁的姿态，自觉奉献自己拥有的能量，尽心操持家务，一方面为家庭的经济基础增砖添瓦，另一方面维持家庭和谐，是从动角色义不容辞的家庭义务。

一个家庭的兴衰与和谐，固然首先取决于有没有一个有能力、有担当、能服众的主导角色，但并不是说只要有了这样一个主导角色，或者说，只要有了这样一个能够扮演主导角色的行为主体，这个家庭就一定能够兴旺。家庭与其他社会组织中一样，不同角色扮演主体之间的利益冲突都是不可避免的，特别是围绕主导权力的冲突，是最容易发生而且最难以调和的冲突。避免或减少这种冲突，不但需要主导角色具有足够的能力和水平，而且需要从动角色具有实事求是的态度，不轻易挑战家庭主导地位。

首先，承认并尊重主导角色的权威和各种主导行为，就是承认并尊重整个家庭的共同利益。整个家庭的共同利益，是家庭能够作为一个社会实体而存在的必要条件和标志。当然，维护主导角色的权威，支持其主导行为，并不是不管主导角色的行为是否正确、公平、合理的盲从，并不是不能表达自己的意志、利益和意见。

其次，承认并尊重主导角色的主导权威和各种主导行为，就是承认和尊重客观事实。任何一个家庭的主导角色的形成，不可能是没有理由的，不可能是没有逻辑的，不可能是任何一个行为主体都能够自封的。主导角色之所以能够成主导角色，总有其客观的原因，不是由于其能力更胜一筹，就是其贡献超群。没有这些能够服众的客观事实，任何一个行为主体都不可能自封为主导角色。所以，承认并尊重主导角色的主导权威和各种主导行为，就是承认并尊重客观事实。不承认并尊重主导角色的主导权威和各种主导行为，就是不承认客观事实和客观逻辑，只能陷自己于被动。

最后，承认并尊重主导角色的主导权威和各种主导行为，就是承认并尊重自己的切身利益。人们从血缘社会得到的直接利益包括物质需求的满足和精神需求的满足这样两个方面。利益冲突，特别是主导角色与从动角色的利益冲突，归根结底，也是围绕着这样两种利益的冲突。冲突就是争夺，但争夺的结果往往是双方的烦恼和郁闷。从利益的角度来看，即使不从家庭的整体利益出发，仅仅从自身利益出发，从动角色也应该放弃对主导地位的争夺，避免冲突。只要主导角色能够称职，避免冲突也就避免了烦恼和郁闷，从动角色也就在实际上获得了最大的利益，特别是精神需求上的满足。从这个意义上说，维持家庭和谐，既是从动角色的社会义务，也是其自身的切身利益。

二、从动角色行使的权利

在血缘从动角色的权利中，由于血缘位势差异明显而刚性，所以从动角色的人格尊严很容易被主导角色忽略。然而越是被忽略的东西，其自身就越是特别看重。这种特别看重人格尊严的角色心态，一般表现为两种反差很强烈但又互相联系的情形：一是自卑心态，把其与主导角色的位势差异理解成人格差异；二是躁动心态，急于而且盲目地希望扮演主导角色。从动角色在家庭中除行使生育和监护未成年子女、赡养老人的权利之外，还享有以下两项权利：

（一）享有独立人格尊严的权利

人格尊严，现在是一个很平常的词汇。然而在古代，长时间实行夫权社会，社会角色被区分成三六九等，根本就没有人格尊严这样一个词汇。中国古代所谓的三纲五常，就是把人格区分为三六九等的制度表达。在一个家庭中，夫为妻纲，意思就是说，妻子的能力再强，也不可能扮演主导的角色，因为她天生就不能享有与男人一样的人格尊严，天生就比丈夫矮了一截，天生就是男人的工具、男人的附属品。所以，中国民主革命的任务之一就是解放妇女，解除捆在中国妇女身上的夫权绳索，使其能够在家庭内部的主题实践活动中充分自主自由地发挥其主观能动性。

《中华人民共和国婚姻法》明确规定了“实行婚姻自由、一夫一妻、男女平等的婚姻制度”；规定“结婚必须男女双方完全自愿，不允许任何一方对他方加以强迫或任何第三者加以干涉”；规定“夫妻应当互相忠实，互相尊重”，“夫妻在家庭中地位平等”；规定“夫妻双方都有使用自己姓名的权利”，“夫妻双方都有参加生产、工作、学习和社会活动的自由”，“夫妻对共同所有的财产，有平等的处理权”，“子女可以随父姓，可以随母姓”。此外，法律还规定了许多保护妇女、儿童和老人的合法权益的其他专门条款，都是为了确保从动角色的人格尊严能得到平等的实现。

国家法律之所以要特别作出这些关于保护妇女人格尊严的规定，是因为在家庭这种血缘社会组织形式中，存在很多容易造成对妇女人格不尊重的客观条件。例如，当一对男女组成一个家庭的时候，其在为家庭生活所能够提供的经济条件方面可能存在很大的差距。在夫权社会条件下，只有男子享有家庭财产继承权和参加社会生产劳动的权利，妇女则只能承担并不产生任何物质附加值的家务劳动，所以形成了对丈夫的人身依附关系。在现代，在男女平等享有参加社会生产劳动权利的情况下，男女双方的经济收入可能有所不同，但在家庭内部，不能因此而降低收入较少一方的人格尊严。

在相当长的历史时期，妇女只能扮演从动角色，表明妇女人格低于男子的人格。从动角色只能由人格较低的行为主体来扮演，又固化了扮演从动角色的行为主体人格低下的人际格局。于是，主导角色与从动角色的人格差异就被强化为一种家庭制度模式。在这种家庭制度模式下，由于夫妻之间没有充分的平等人格，所以等级森严。丈夫无论多么不思进取，也能安富尊荣；无论多么内里空虚、外强中干，也可占据扮演主导角色的地位；无论其行为多么荒唐无稽，却总是色厉内荏。而妻子无论能力多么强、多么积极上进，却得不到发挥的平台和机会。不打破这种制度模式，整个家庭的活力必然逐渐降低，无法发挥家庭应有的社会功能。

人格平等，是任何一个家庭追求理想价值目标的重要制度条件。不管扮演主导角色还是扮演从动角色，只有在人格尊严得到充分尊重的情况下，实践主体的主观能动性才能发挥到极致。家庭的各种社会实践活动，只有在人格尊严完全平等的前提下，角色互动才不会产生任何障碍，才能形成畅快淋漓的互动局面，才能产生理想的甚至意想不到的互动效果。只有让每一个家庭角色都享有平等的人格尊严，才能为从动角色开辟出向主导角色流动的渠道，保持最旺盛的家庭活力和强大的家庭凝聚力。

在现代家庭制度中，由于妇女已经获得扮演主导角色的权利，所以，享有平等的人格尊严，已经不再是特指妇女的权利，而是泛指一切在家庭中扮演社会角色的行为实体。不管是丈夫还是妻子，只要扮演主导角色，就必须尊重从动角色的人格尊严，履行尊重从动角色人格尊严的义务，必须接受从动角色对其各种主导行为的民主监督。不管是男是女，只要扮演从动角色，就不但应当享有人格尊严不受侵犯的权利，而且应当享有对家庭各种事务表达意见的权利，其中包括对主导角色实施监督的权利，享有在家庭需要时扮演主导角色的权利。如果人格尊严得不到必要的尊重，无论丈夫还是妻子，都可以向国家法定机关申请法律保护。

（二）参与并监督家庭财产处分的权利

作为一个家庭中的从动角色，参与并监督家庭财产处分的权利，是针对着同一家庭中的主导角色所享有的家庭财产处分权而言的。参与和监督权，一方面并不等同于处分权本身，另一方面也不是与处分权毫无关系，而是在主导角色行使最终决定权之前，应当由从动角色行使的一种财产处分权利状态。一方面，主导角色在财产处分过程中行使最终决定权之前，需要尊重从动角色的权利，听取其处分意见。因为一个家庭的财产，除法律特别规定的之外，一般都是由夫妻共同创造的，是夫妻共有的。虽然发挥主要作用的可能是主导角色，但主导角色的作用无论多么重要、多么直接，也不可能完全离开从动角色的配合与支持。所以，主导角色在财产处分过程中行使最终决定权之前，不能完全无视从动角色的存在，不能无视从动角色在这些财产创造过程中所发挥的作用。另一方面，主导角色在财产处分过程中行使最终决定权之前，以适当方式征求从动角色的处分意见，并不妨碍其行使最终的决定权。

一个家庭发生的重大生活支出，例如，买入房产和贵重电器、贵重家具等耐用生活器具等支出，一方面属于比较重大的支出项目，有时候还要动用积蓄，甚至需要与其他重大支出统筹安排，所以需要由主导角色最终决定。但这类支出之所以成为必要的支出，一般都是为了满足从动角色履行持家义务的需要。在有些收入很高的家庭，这类支出算不上什么大额消费，可以直接由从动角色自主掌握。

一个家庭中的投资性支出，包括家族企业投资和一般的家庭积蓄理财投资。家族企业投资性经营活动，当然只能由管理企业的主导角色负责决策。但是按照现代企业制度，家族成员一般都掌握一定份额的股份，所以在主导角色作出投资性经营活动决策之前，一般都要依照企业章程召开董事会议予以讨论和投票。在没有经营企业的家庭，一般的家庭积蓄理财投资，例如买入股票、买入投资性质的基金或其他金融理财产品行为，如果额度比较大，需要动用较多家庭积蓄，不管由谁操作，一般都会由操作者提出计划，最后由主导角色下决心、作决定。从动角色发挥的是参与和监督的作用。

一个家庭由于亲戚朋友因遇到困难需要资金支持而主动发生或被动发生的有偿借贷行为，一般都是由家庭的主导角色最后决定的，但这些需要救助的亲戚朋友，不一定属于主导角色血缘系统内的亲戚或朋友，也包括从动角色血缘系统内的亲戚或朋友。如果是后一种情况，一般是由从动角色提出申请，由主导角色作出决定。即使是前一种情况，主导角色一般也会征求从动角色的意见，甚至干脆交由从动角色直接处理。

发生在家庭中的财产分割行为，即父母以现有全部财产或其中的一部分按一定比例赠予子女或其他亲属的行为，凡属夫妻共有财产，一般由夫妻二人商量后，由主导角色宣布决定。如果是主导角色个人所有的财产，则需要分配从动角色一定的份额，因而也不完全是主导角色纯粹个人的行为。无论主导角色怎样决策，都需要体现从动角色的处分权利。

第三节 血缘社会角色的评价问题

作为对角色价值实现程度进行主观审理、判断、认定和欣赏的实践活动，首先表现为思维活动，不能不使用概念。这些概念所标志的，是社会角色最美好的价值追求和思想境界，因而既是评价一个社会角色美丑的价值标准，也是评判一个社会组织美丑的价值尺度。不同社会组织对其社会角色的价值期待不同，所以不同社会组织角色评价所使用的概念也不一样。

血缘社会的角色评价活动所使用的概念，区分为本色概念、延展概念和升华概念三个层次。

一、评价血缘社会角色的本色概念

血缘社会角色履行义务、行使权利的全部实践活动，无不从一个共同的价值基点出发。表达这一价值基点的概念，就是血缘社会角色评价的本色概念。

（一）评价血缘角色的本色概念是爱

爱，在人类精神生活中享有崇高的地位和悠久的历史。在西方哲学中，爱来源于上帝。因此爱是普遍之爱，或者对一切人的爱。其逻辑依据是，既然上帝爱着每一个人，那么作为上帝产物的每一个人也都应该互相爱。在中国古代，爱的来源是道，是自然法则。因此，爱不仅仅是个人与个人之间的关系原则，而且是个人与社会（包括家和国）、人类与自然的关系原则。在个人与个人之间，倡导“老吾老以及人之老，幼吾幼以及人之幼”①，“己所不欲，勿施于人”②，“己欲立而立人，己欲达而达人”③。在个人与社会以及人类与自然之间，提倡“大道之行也，天下为公，选贤与能，讲信修睦。故人不独亲其亲，不独子其子，使老有所终，壮有所用，幼有所长，矜寡孤独废疾者，皆有所养。男有分，

---

① 《孟子·梁惠王上》。

② 《论语·颜渊》。

③ 《论语·雍也》。

女有归。货恶其弃于地也，不必藏于己；力恶其不处于身也，不必为己。是故谋闭而不兴，盗窃乱贼而不作，故外户而不闭，是谓大同”。[①] 于是，爱与仁就连在了一起。爱不但是一个道德的准则，而且成了一个政治准则，叫作仁政。

对于一个血缘社会组织来说，相互爱慕、相互满足，既是其社会实践活动的价值追求，也是其纽带强固的根据。对于一个血缘社会角色来说，爱和被爱，是评价其角色扮演境界的基本尺度。所以，爱，不但是夫妻之间角色评价活动中最原始、最重要、使用频率最高的概念，而且是全部血缘社会角色评价活动中最原始、最重要、使用频率最高的概念。

爱与喜欢断然不同。喜欢，表达的是人们的一种情感：从对象中得到了愉悦。而爱表达的是一种态度：由于喜欢对象而珍惜对象，自觉地为满足对象需要而奉献自己甚至牺牲自己的那种冲动。这种冲动既是主体的一种美好精神享受，也是其与对象分享美好享受的行动：一种珍惜对象的行为。这种美好的享受和行为也属于履行社会义务、行使社会权利的角色互动。这种互动的本质内容，是主体自觉自愿地为对象履行义务，具体表现为：当主体拥有一种可供享受的条件和过程时，马上会产生与对象分享的冲动，并以这种分享能够实现为满足；当主体遇到某种危险或苦难时，马上会产生避免波及对象的思虑和愿望，并以这种愿望能够实现为满足；当主体发现对象拥有某种幸福和愉悦时，会同时感到幸福和愉悦；当主体发现对象处于危难时，会比自己遇到危难还要焦急和忧虑；当主体意识到对象产生了某种需要时，就会像自己产生了某种需要一样，倾其所有，尽其所能，包括奉献自己的生命。因此，作为爱的主体，爱常常表现为一种牺牲精神，

---

① 《礼记·礼运》。

一种自觉自愿作出牺牲的实际行动，并以自己所担当的责任或者为对象作出的牺牲为享受。作为被爱的客体，接受爱不仅是一种享受，而且是一种同样的爱的回应。所以，主体与对象之间相互亲和、珍惜的情感和行为，作为一种社会行为，必然表现为相互履行义务和相互行使权利。既然爱是血缘社会最原始、最基本的价值追求，因而爱也就成为血缘社会角色评价和血缘社会组织评价活动的基础性、原始性价值尺度。

作为一个动词，爱，标志的是人们在社会生活中经常出现的一种理性指引下的情感冲动。无论爱的主体还是爱的受体，都不仅仅是一种抽象的、模糊的、随意的、偶然的、单方面的情感宣泄，它本质上是关于人类幸福的一种创造性劳动，是积极的理性主导的能动性社会实践活动。

离开理性的指引和管控，爱作为一种情感色彩浓厚的精神生活，不但会模糊了爱的对象、爱的起因、爱的表达方式、爱的意义等作为精神生活必不可少的具体内容，只能停留在情感的状态而不能继续升华到更高的境界，而且很容易走向反面。不管什么人，只有在理性的指引之下，才会爱得深、爱得切、爱得具体、爱得持久，爱的方式才会更加丰富、准确，更加畅快淋漓，才不致走向反面。理性把人们相互示爱的行为理解为一种扮演社会角色的具体方式，是血缘社会角色履行社会义务、行使社会权利的统一，而不仅仅是一种单向的权利行使或单向的义务履行。

作为对人们一种特定社会行为的表达，爱不能没有具体对象。对象不同，爱的具体内容和表达形式也不相同。夫妻之爱不同于父母对子女之爱或子女对父母之爱，世界上不可能存在没有任何区别的泛泛之爱。爱也不能是没有缘由的。没有具体的社会交往，没有具体的角色义务和角色权利之间的社会互动，就不可能产生爱的情感和爱的行动。

（二）爱与恨的逻辑

爱与恨是两个互相对立的情感和心理体验概念。前者反映的是欣赏、高兴、开心、快活、喜悦、幸福等情感和心理体验，而后者反映的则是厌恶、沮丧、愤怒、烦躁、腻歪、痛苦等情感和心理体验。前者是一种享受，而后者则是一种折磨。前者是对评价对象的肯定，而后者则是对评价对象的否定。作为一种评价活动，无论肯定还是否定，都是冲动。但前者是一种珍惜性、趋向性和追求性冲动，后者则是一种摆脱性、报复性甚至毁灭性冲动。

无论爱还是恨，都是主体由于在角色互动中受到互动对象的行为或语言刺激而发生的情感状态，一种应激性反应。也就是说，无论爱还是恨，作为一种情感和心理体验状态，都是有原因、有对象、有具体指向的。一般来说，不管什么角色，如果发现互动对象十分真诚地在爱着自己，能够以最少的权利条件履行最多的义务，就会感到对方可爱，就会产生最强烈的回应性的爱的冲动。相反，如果发现对方不爱自己或者不是真心地爱自己，特别是如果发现对方辜负了自己的浓浓爱意，就会产生恨的冲动。任何表达爱的行为的背后都是一种价值期待。因此，一旦发现作为施爱对象的角色行使被爱的权利之后，与施爱主体的价值期待背道而驰，则施爱主体的爱就会转变为恨。所谓爱之深则恨之切，爱极生恨，都是血缘社会角色评价中经常发生的事实。

不过，无论爱还是恨，作为主体的一种情感和心理体验状态，一方面，从归根结底的意义上说，是对客体语言或行为的反应；另一方面，从反应的具体状态上来说，不能不受到主体主观世界中其他因素的制约。对同一个客体的某一具体的语言或行为，不同的主体，或者同一个主体在不同的知识结构或不同的心理状态下，反应是不一样的。作为人类精神生活中的一种情感状态，爱与恨之间，并没有一条绝对的不可逾越的鸿沟。爱与恨经常相伴而生，如影随形。它们在一定条件下界限分明，在另一条件下又可以互相转化。

二、评价血缘社会角色的延展概念

血缘社会角色评价的延展概念，是指血缘社会中除夫妻之外其他角色之间相互表达爱的形式。在一个家庭中，除了夫妻这对本源角色之外，常见的角色互动还有父母与子女之间的角色互动，以及兄弟姐妹之间的互动。在这些角色之间表达爱的情感的概念有三个，即孝、慈、悌。如果说发生在夫妻之间的两性相互倾慕而导致相互接近的情感形式，是爱的第一境界，那么，发生在其他血缘角色之间的孝、慈、悌等形式的爱是亲爱，是爱的第二境界。孝、慈、悌，作为评价人类血缘角色互动的概念，属于人类感情世界中由爱出发之后而生发出来的延展概念。

（一）孝

孝，是特指血缘社会中晚辈角色对长辈角色的爱，是伦理之爱的一种具体表达形式。孝是中国传统伦理文化中特有的概念，是中国传统文化的特点之一，也是中国传统文化的优点之一。

中国传统文化之所以强调孝，是因为中国传统文化把人的道德修养与社会治理统一了起来，把修身、齐家、治国、平天下视为一个道理。到了近代，随着人类文化融合的趋势逐步彰显，特别是随着人类社会生产方式发展趋势对人类文化的影响，新的文化元素对中国传统文化中的伦理元素形成十分明显的挤压态势，家庭规模越来越小，家庭关系趋于简单。特别是由于社会生产方式的进步，老人对子女赡养的需求越来越淡化。但这并不说明，孝道理念已经不再适合社会需要。恰恰相反，孝道的社会价值越来越彰显。这是因为，人作为社会动物，生来就有一种基本的精神需求：伦理关注。当这种精神需求得不到满足时，人们就会产生孤独感。孤独感是人的精神生活中一种可怕的困境和巨大痛苦，常常被人们用作惩罚某些过失的手段。排解孤独，已经逐渐成为老人的一种迫切需求。“常回家看看”，则成为孝道的重要内容。

中国传统伦理文化中，不但提倡孝道，而且倡导“老吾老以及人之老”，即把孝道理念升华为国家乃至整个人类社会的普遍原则。

（二）慈

慈，是特指长辈角色对晚辈角色表达爱的概念。所谓长辈，主要是指父母，也包括祖父母、曾祖父母乃至更高的辈分。所谓晚辈，主要是指子女，也包括孙子女、曾孙子女。慈的含义不但特指长辈对晚辈的爱，而且包含长辈要为晚辈做出爱的榜样的含义。所以，中国古代长期流行“父不慈，子不孝”的理念。在中国传统文化中，在子女独立门户之后，尽管父母不一定把子女的家视为自己的家，却绝不会不把自己的家视为子女的家。

（三）悌

悌，是特指血缘社会作为兄长的角色对兄弟表达爱的概念。中国传统伦理文化之所以特别强调作为兄长的角色要悌，不但表达了兄长或姐姐具有帮助父母爱护弟弟、妹妹的义务，而且包含着兄长或姐姐要在弟弟、妹妹面前成为同辈之爱的榜样的含义。因此，虽然悌的字面含义是特指对兄长或姐姐的道德规范，实际上是对所有兄弟姐妹等同辈角色之间互相爱护、互相帮助、互相宽容的道德规范。

三、评价血缘社会角色的升华概念

爱、慈、孝、悌等概念，通过不断的角色评价实践，并在实践中进一步升华出一个新的血缘社会角色评价概念——恭。

（一）评价血缘社会角色的升华概念是恭

恭，语出儒家经典《论语·学而》：“夫子温、良、恭、俭、让以得之。”原文是作者对为人处世五种美德的概括，并不特指家庭之中的伦理美德。但儒家每一种思想都离不开“修齐治平”的理论指向，所以，作为一个社会角色评价尺度，恭也首先适用于血缘社会。恭，包括信任、敬重、为人处世谨慎小心、公而无私等含义。对互动角色表示敬重，就是把互动角色置于了比自己更高或者更重要的位置上。从字面上看，在血缘社会中，恭敬只适用于晚辈对长辈的行为。然而实际上，作为一个概念，在血缘社会，恭所表达的是评价主体对评价对象社会价值实现状态，即其履行社会义务、行使社会权利状态的评价。所以，无论是晚辈还是长辈的评价活动，都绕不开这个恭字。恭，实际上是任何血缘社会角色相互评价和自我评价都绕不开的一个重要概念。①

恭之所以成为血缘社会角色评价活动的升华概念，第一，因为恭是爱的一种新的境界。恭，作为爱的一种升华境界，是在三个维度上实现的。第一个维度是指概念内涵上的升华。恭是爱的第三个境界。这种新的境界表明，一个血缘社会角色对其互动对象的爱已经不再仅仅是一种情感，而且是一个更稳定、更高尚的爱的理论，一种基于对互动双方关系深刻理解，因而更加具有理性特征的爱。这种爱的基础，既包括对双方相互关系的理解，也包括对双方互动舞台（即其所处社会组织）的理解。正是由于有了这种深刻理解的基础，所以爱的境界就不再仅仅表现为依恋、

---

① 在汉语书信中有一种习惯，即写信人为表示对收信人的尊重和敬意，不管其社会职位如何，也不管其年龄是否比自己大，即使收信人是写信人的学生，也常常在书信的抬头处称其为“××兄”。这是血缘社会之外的社交活动借助血缘社会角色名称表达敬意的一个例证。这一例证可以反过来帮助我们理解恭这一血缘社会角色评价概念的内在含义。

热爱的情感，而且表现为主体自身的谦恭和对客体的敬重，使本来只是作为一种美好情感的爱，升华到了一种更为高级的精神生活。这种精神生活表现为主体的人文素质、风格特征、处事态度。

第二，恭所表达的爱的升华境界，是在空间维度上实现的。爱一旦升华到恭的境界，就不再局限于血缘社会的舞台，已经扩展到生产社会、信仰社会、政治社会等各种角色互动舞台，表明爱的主体所爱的对象已经不再局限于血缘的社会范畴，而且延伸到了血缘社会之外的角色互动舞台，不再仅仅局限于由自然人扮演的社会角色，而且扩展到了由抽象行为主体扮演的互动对象，例如企业、学校、社团、政党、国家等各种行为主体①，以及在企业、学校、社团、政党、国家中由于作出突出贡献而成为精神楷模、精神领袖的偶像性对象。所以，作为一个角色评价活动所使用的概念，其适用也就扩展到了血缘社会之外以各种自然人和抽象行为主体为对象的广大范围。

第三，恭所表达的爱的升华境界，是在时间维度上实现的。从爱到恭的升华，在时间维度上的表现是，爱的主体所爱的对象，已经不再局限于当前的现实生活中的互动对象，而且延伸到了已经离开现实生活的历史对象。

对集体、国家、英雄的恭敬，不但是角色价值创造和角色评价行为从血缘社会的对象延伸到集体、国家、英雄等对象而形成的升华概念，而且是提升血缘社会价值创造和角色评价境界的一种爱的形态。任何人都不可能只在血缘社会扮演角色。所以，一个人如果能够在超越家庭的社会范围中爱集体、爱国家、爱英雄，

---

① 家庭也是一种社会组织形式，一种抽象行为主体，但由于这里讨论的是血缘社会角色评价的升华概念，是爱这一评价概念升华到血缘范畴之外的更高境界之后的表达形式，所以，这里的讨论，不再特意把家庭作为评价主体的评价对象。

就会增强其在家庭中爱、慈、孝、悌对象的光荣感，使其得到比单纯的爱、慈、孝、悌更大的精神享受。也就是说，爱集体、爱国家、爱英雄，实际上是更高境界的价值创造和角色评价实践。所以，爱集体、爱国家、爱英雄，虽然超越了血缘社会的范畴，但却仍然可以作为血缘社会角色的评价概念来探讨。

爱集体，是指评价主体对生活于其中的企业、学校、机关、政党、工会等各种有形社会组织由于命运相关而发生的关注、热爱等思想感情。集体，不管是企业、学校、机关、政党、工会等有形社会组织，对于其内部的每一个角色来说，都是其生存的社会条件，与其命运息息相关。所以，爱集体，本来也应该是各种社会角色的一种必然的思想情感。但由于社会组织结构中不可避免的内在矛盾，这种思想情感总是难以避免人们自然属性的干扰。而且，这种情感已经超越了血缘纽带的范围，不会受到血缘纽带那样的自然提示，只能依靠理性奠定的基础才能在评价主体头脑中树立起来。

爱国家，在现实生活中，是比爱集体更加活跃更受推崇的美学概念。因为国家自从出现以后，就是一种凌驾于各种社会组织形式之上的最高层次的社会组织，其功能之强大，是任何其他社会组织都无法比拟的。也就是说，国家与人们之间发生的社会互动，是其他任何社会组织都无法比拟的。爱国家的思想情怀，比爱其他任何社会组织的情怀都更加具有崇高的意义。爱国主义不但在国际交往中具有十分重要的精神价值，而且在日常生活中也有十分重要的精神价值。

爱英雄，本质上属于爱国家、爱集体的范畴，是爱国家、爱集体的一种特殊表现形式。所谓英雄，就是已经被国家或政党、社团组织或企业、学校等集体认定的对国家、对集体作出过重大贡献的人物。爱英雄，是爱国家、爱集体的思想情感的必然表现。

爱国家、爱集体，就必然爱英雄。英雄人物，特别是那些为国献身的英雄人物，不管是历史上的英雄人物还是现实生活中的英雄人物，都是爱国主义的楷模。英雄不但在本国受到敬重，即使在异国他乡，也是令人敬重的。

英雄，无论是现实生活中的英雄模范人物，还是已经离开现实生活的历史人物，都是已经被定格了的人物形象，是一种具有超越现实意义的对象符号。这种带有符号意义的价值形象，也像任何现实的评价对象一样，不可能是完美无缺的。英雄也肯定会有某些弱点、缺点存在。然而只要他们已经被定格为一种符号，这些不完美的东西就应当是被忽略的。对英雄的恭敬，不管是对现实生活中的英雄模范人物的恭敬，还是对已经离开现实生活的历史人物的恭敬，都不仅是表达一种情感，而且是对其所代表的那种人生价值的信仰和追求。作为一种人生价值的标志性符号，这些英雄人物的社会价值，不仅具有道德标杆的意义，而且具有社会纽带的意义。无论是在血缘社会、生产社会，还是在信仰社会、政治社会，都有这样受到恭敬的对象。他们之所以长时间受到尊敬，不仅因为他们已经被定格在道德的高地上，而且因为他们能够带来社会凝聚的能量。现实生活中，我们不难发现，每一个高度凝聚的企业、学校、医院等生产社会组织，都有一个或几个受到高度尊敬的社会角色或历史形象作为凝聚的动力源泉。每个政党、宗教等信仰社会组织，每个国家，都有一个或几个受到高度尊敬的社会角色和历史形象作为社会凝聚的动力源泉。就是一个家庭，也需要这样一个受到高度尊敬的社会角色作为凝聚的动力源泉。正因如此，要瓦解一个家族、一个民族、一个国家、一个政党，乃至一个企业、学校等社会组织，也一定会首先千方百计地否定、污损其历史的和现实的英雄人物，动摇其凝聚的力量源泉，同时为其所批判、否定过的负面形象翻案。所以，每个家族、企业、学校、医院、政党、宗教、国家，都不会允许有人对他们现实的或历史上的英雄表示不敬，更不能容许有人往现实的或历史上的英雄身上泼脏水。这并不是因为他们不承认所尊敬的现实的或历史上的英雄身上没有任何缺点或错误，而是他们知道，他们所尊敬的英雄人物身上承载着其作为一个社会组织的精神财富，一种主流价值理念的符号。离开这些精神财富和价值符号，他们保持社会凝聚、保持社会强大力量的动力源泉就有发生枯竭的危险。

（二）谦恭与傲慢的逻辑

谦恭与傲慢是人们精神生活中经常发生的一对矛盾，如果说谦恭是一个人在扮演社会角色过程中对自己需要履行的社会义务的看重，那么傲慢就是对其需要行使的社会权利的过分表达。如果说谦恭是对相对角色和社会组织的依恋、热爱和敬重，那么傲慢则是对相对角色和社会组织的蔑视。所以，谦恭与傲慢是互相对立的。然而，正像一切互相对立的东西都互相联系并在一定条件下互相转化一样，谦恭与傲慢，也不是绝对对立的，而是互相联系、互相渗透，并在一定条件下互相转化的。

恭，作为一个角色评价概念，具有表达血缘社会角色履行义务、行使权利状态的含义。当一个血缘社会角色由于对自己的社会义务尽心尽力，作出突出贡献，实现了最大价值，受到其他社会角色高度认可和尊敬的时候，如果缺乏必要的相关人格修养，就有可能因此而走向反面，变得懈怠、傲慢。相反，如果一个血缘社会角色本来具有懈怠、傲慢的形象，一旦其由于体验到懈怠和傲慢的后果，就有可能因此而发生根本性转变，变得对家人和家庭高度负责、高度谦恭。所谓“浪子回头金不换”，就是指这种经常出现的现象。在一个家庭中，一般来说，长辈应当得到晚辈的信任、敬重，晚辈应当表现得比较谦恭。但是，长辈如果不懂得珍重自己的角色资源，为老不尊，过度放纵自己的行为，不能认真履行自己应当承担的家庭义务，不能正当行使自己的家庭权利，不能扮演一个合格的家庭角色，那么，晚辈对他的谦恭就会逐渐转变为不信任、不敬重，甚至表现出不应有的傲慢。相反，一般来说，一个家庭中的晚辈不会向长辈那样自然而然地得到高度的信任和敬重，但如果一个晚辈由于各种特殊的原因长时间承担起本不该由他承担的责任，长期履行本不该由他履行的家庭义务，他就会自然而然地行使某些本来不应该由他行使的家庭权利，即使他不会像通常意义上的长辈对晚辈那样漫不经心，也会得到普通晚辈不能得到的信任和敬重，使别人在他面前表现得比较谦恭。

第四章 生产社会角色的扮演和评价

无论是企业还是学校，之所以能够成为一种社会组织，之所以能够与其他社会组织形式有所区别，是因为它有自己特殊的社会主题实践，因而其组织内部的角色扮演活动，即角色所履行的社会义务、所行使的社会权利、所实现的社会价值形态，都有其特定的内容，并进而决定了角色评价也有其特殊性。对生产社会角色的评价，即对生产社会角色价值实现程度的主观审理、判断、认定和欣赏活动，也有其特殊性。

这里概括的角色义务、权利，是生产社会组织的主题实践活动对其内部实践主体提出的逻辑要求，是人们扮演生产社会角色的理想状态。这种理想状态不可能自然而然地呈现为任何历史时代生产社会角色的扮演状态。这里对生产社会角色评价活动的分析，不能代替阶级社会的阶级分析。

第一节 生产社会主导角色的扮演问题

生产社会组织是精英主导特征最为明显、精英主导意识最为强烈的社会组织，无论是工矿企业、商贸公司，还是学校、银行、医院、文化演艺团体、新闻媒体，其主导角色相对于从动角色的优势地位都很明显。这种优势主要由三个方面的要素来构成：一是物质资源占有优势；二是主观的行为能力优势；三是价值位势优势。生产社会扮演角色的突出特点是心态反差很大。主导角色的心态表现为积极进取，从动角色的心态则相对被动。

一、主导角色履行的义务

生产社会的组织形式是多种多样的，每一种生产社会组织形式都有不同的社会角色划分，每一种社会角色都有其特殊的社会义务，但只要属于生产社会角色的范畴，其社会义务就有共同的内涵。

任何一个生产社会组织的功能，都是给成员以施展创造才能的舞台、公平交易的舞台，以及相互交流、相互合作的舞台。生产社会主导角色在其与从动角色的互动中，表达为三种相互联系的社会义务。

（一）按照社会生产的需要释放资源的义务

凡是组织社会物质文化资料生产活动的社会组织形式，不管是工业企业、交通运输企业、农业企业、金融企业、文化企业，还是学校、医院、科学技术或者学术研究机构、文化或者文学艺术团体、竞赛体育机构，从其组织社会实践过程的实质上来说，无非是组织其成员利用和改造各种自然资源或社会资源，进行社会生产的活动。所以，任何生产活动能不能开展起来，首要的问题，是掌控了这些资源所有权或使用权的行为主体能不能把它们释放出来。这些资源的所有权或使用权一般都是由各种生产社会组织的主导角色掌控的。所以，释放这些资源，是各种生产社会组织主导角色第一位的社会义务。

被人类用以开展生产活动的资源的品种多到无法胜数，如果概括起来，无非是土地、工具（包括有形的机器设备和无形的生产技术）、资本这样三种类型。资源释放与资源占有是两个相对的概念。在原始社会，社会生产活动所需要的资源并不属于任何一个具体的行为主体，而是为全体社会成员共同所有、共同使用，所以不存在释放与否的问题。然而，人类社会进入私有制社会以后，由于社会生产所需要的资源被某些特定的行为主体所占有，这些资源能不能充分地被应用于社会生产活动，就成为一个十分现实的问题。

从逻辑上说，无论在哪一个社会历史时代，主导角色释放这些资源，使其变成直接的社会生产资料并产生出社会财富供其占有和享用，应当是一个很自然的事情。然而，社会生活的辩证法却并不总是服从这种一般的形式逻辑。在现实生活中，一个生产社会组织的主导角色，并不一定及时地按照社会生产的需要释放这种资源。他们每一次释放资源的出发点，并不是社会生产的客观需要，而是其手中资源能够为其带来多大的资源增量。

人类进入市场经济时代以后，货币资本成为各种资源的总体标志。因此，拥有货币资本，就意味着拥有一切。离开货币资本，无论是土地、能源、淡水、矿产还是人力、技术装备，都不能进入社会生产领域。然而，主导着社会经济生活节奏的金融资本，其所有者并不一定把每一分钱都向社会生产领域释放。相反，金融资本在很多时候都更喜欢直接通过封闭交易赚取更多货币。这种被封闭在金融领域内的纯粹金融流通物，并不与社会物质资料的生产活动发生任何关联。例如，20 世纪末曾经在全世界盛行的金融衍生品交易，确实让很多金融资本家大发横财，但他们的资金并没有投向任何社会物质资料的生产领域，既没有支持各种实体企业生产物质财富，也没有支持科学技术事业的进步，没有发挥货币作为物质资料生产资源的社会作用。技术发明是促进社会生产的一种重要社会资源。然而，有些掌控了垄断市场能力的资本所有者，为了维持其市场垄断地位，最大限度地获取垄断收益，宁可花费大量资金把某些本可以促进社会经济发展的技术发明专利封锁起来，使其不能投放到社会生产当中去。近代以来，这种拒绝释放社会生产资源的典型方式屡见不鲜。

中国经济生活中一个突出的矛盾是人多地少，因而土地资源是中国经济社会发展中具有战略意义的资源品种。一方面人人都为确保18亿亩耕地红线而焦虑，另一方面农村中却经常出现耕地撂荒的现象。不但很多农民因为从事农业生产的效益比不上到城里打工挣钱多而撂荒耕地，还有很多原来的国有农场、林场，为了追求经济效益，也大量弃耕土地资源。此外，20世纪八九十年代涌现的大量乡镇企业包括小型矿山、小砖瓦窑场征用过很多耕地。这些乡镇企业倒闭以后，其所占用的耕地很多都没有及时复耕用于农业生产。在城市化进程加快以后，房地产业获得了突飞猛进的发展，地价一天一个台阶地往上蹿升。一些开发商看准了倒卖建设用地比盖房来钱更快，于是把大量已经到手的建设用地囤积起来，待价而沽，造成大量土地资源闲置浪费，不能发挥作用。

（二）尊重从动角色的权利，对从动角色负责的义务

在各种生产社会组织中，不管是企业、学校、农场还是科研机构，主导角色一般都由精英成分来扮演。他们不是由于掌握了各种资源的所有权或使用权，就是由于具备了掌握角色互动节奏和互动秩序的能力。但任何生产社会组织中的主导角色都不可能在人数上成为大多数。不管什么样的生产社会组织，在人数上成为大多数的只能是从动角色。因此，从动角色才是各种生产社会组织的主体角色，从动角色的实践活动才是各种生产社会实践的主体活动。主导角色的存在，从归根结底的意义上说，是为了满

足从动角色主题性社会生产活动的需要。因此，主导角色最根本的社会义务，是创造条件，鼓励和支持而不是限制从动角色在社会主题实践活动中充分自主自由地发挥其主观能动性。但是，由于主导角色从制定章程的时候开始，就可以把自己的利益最大化取向镶嵌到每一项权利义务的表述当中，而从动角色即使能够自主地行使选择权，也很难从主导角色制定的互动规则中发现与其义务相对应的权利规定。在实际的角色互动过程中，只要主导角色愿意，就可以使规则中关于其自身权利的规定得到最大化的实现，同时使规则中关于从动角色的权利最小化。而从动角色则相反，即使能够依照合约中的相关规定表达自己的权利诉求，也很难真正使这些权利得到不折不扣的兑现。

从事物质资料的生产活动，不可能完全回避危险作业，特别是像矿山、水产等企业，不可能完全避免发生各种危及工人生命安全的意外事故发生。所以，作为主导角色，尊重从动角色的权利，对从动角色负责，首先要履行保障其生命安全的义务，切实地尽最大努力防止人身安全事故发生，改善劳动环境，杜绝有害作业，预防各种职业病的发生。

仅仅把角色互动理解为权利和义务的冲突，忽略角色互动的初衷是权利和义务的统一，就不可能真正形成主导角色对从动角色负责的互动机制。在企业中，如果董事长、总经理仅仅从赚取最大利润的目标出发，只是千方百计地降低成本而不顾及工人的生活质量，表面上看也是在履行互动合约规定的义务，行使互动合约规定的权利，实际上却背离了权利和义务相对应的原则。

现代生产社会，主导角色与从动角色的互动，常常由双方签订合同，以彰显签约双方权利和义务的对应和公正。其实，主导角色与从动角色权利和义务相互对应的理想状态，并不是仅仅依靠一纸合同（或者口头承诺）就能实现的。只要主导角色不能从主观上树立为从动角色负责的旨归，而是仅仅把利益最大化作为履行义务、行使权利的出发点，就可以轻易剥夺从动角色实现其合约权利的主动权。例如，在制定劳动合同的时候，主导角色可以轻而易举地隐瞒对从动角色不利的信息，放大对自己有利的信息，而从动角色却向来对此无能为力。企业里之所以要普遍建立工会组织，学校里之所以要普遍建立学生会组织，居民区之所以要建立业主委员会，就是因为这样就有可能在一定程度上改变从动角色在实现合同权利方面的弱势地位。在市场上，国家之所以要设立消费者权益保护法，就是为了适当限制市场主导角色对从动角色的优势地位。医患冲突、旅游公司与游客的冲突之所以经常发生，就是因为在这些特殊的生产社会里，主导角色与从动角色履行义务、行使权利的主观条件反差太大，而且国家所能提供的法律保障略显不足。

主导角色尊重从动角色的权利，还应当包括尊重从动角色实行民主监督的权利。生产社会中的民主监督应当包括三个方面的内容：一是监督其所承诺的义务兑现程度；二是监督其遵守内部规章制度的状态；三是监督其遵守国家法律制度的状态。对从动角色在这些方面的监督行为，不管是声讨、批评还是举报，主导角色都不得压制、不得阻拦、不得报复。尊重从动角色的权利，对从动角色负责的义务，不仅仅是把从动角色视为一个具有独立人格的行为主体的意思，不仅仅是把从动角色固定在一纸冷冰冰的聘用合同上的意思，还应该包括尊重从动角色表达各种诉求的权利，例如尊重从动角色关于拒绝执行或修改不合理的规章制度的诉求，提高工资待遇的诉求，改善劳动环境、劳动条件和降低劳动强度的诉求等。从动角色表达这些诉求的方式，有时是理性的，有时可能不太理性。对其不够理性的诉求表达方式，主导角色应当尽量宽容。

（三）对角色互动成败负责的义务

不管什么样的生产社会组织，无论是在工矿企业、商贸公司，还是在学校、银行、医院、文化演艺团体、新闻媒体，其进行物质或文化产品生产的过程，作为一种社会实践，它是一种主体发挥能动性的感性行为。作为一个劳动过程，也是一个社会角色互动的过程。生产社会组织的主导角色，其提供实践主体充分发挥其主观能动性所需要的社会条件，包括以下几个方面：

第一，作为创造性劳动所要达到的目的或目标必须恰当。所谓恰当，包括两个方面的含义：一方面，这个目标应当能够满足或符合所有社会实践主体的共同需要，必须符合每一个社会角色的共同要求，或能够反映不同社会角色各种不同要求的契合点；另一方面，这个目标必须符合客观世界所能提供的物质条件和实践主体的现实的主观能力，既不能过高，也不能过低。这种提出恰当的实践目的或目标的责任，只能由社会的主导角色来承担。

不管什么样的生产社会组织，无论是在工矿企业、商贸公司，还是在学校、银行、医院、文化演艺团体、新闻媒体，其进行物质或文化产品生产的过程，总是从提出目的或目标开始，但又不能局限于提出目的或目标，而且要进一步提出实现目的或目标的方法、步骤、技术措施等实施计划、实施方案，包括人力资源和物力资源的调配，生产过程的步骤、顺序、劳动力的技术识别、培训等，即提出实现目的或目标的道路规划、方法设计。道路设计得好，规划设计得好，目的或目标就能实现得比较顺利。否则，就会经历更多的挫折、黑暗，甚至遭受失败。目的或目标能不能顺利实现，整个社会组织的社会实践成功还是失败，取决于主导角色所设计和规划的道路是否符合目的或目标的要求。实现目的或目标的方法设计、道路规划是否符合目的或目标的要求，只能是主导角色的责任，不可能指望从动角色来做这些事情。

第二，不管什么样的生产社会组织，无论是在工矿企业、商贸公司，还是在学校、银行、医院、文化演艺团体、新闻媒体，其中的主导角色，不但要善于提出恰当的实践目的或目标，设计正确的实践目的或目标道路，而且要善于建立并善于维持良好的角色互动秩序。角色互动的秩序，是实现实践目的或目标的必要条件。

角色互动秩序不仅仅是一个社会和谐的问题，而且是一个角色互动的效率问题。只有良好的互动秩序，才能实现不同社会角色之间的合作默契，减少角色磨擦和角色冲突，减少能量内耗，提升互动效率，提升角色互动的成功率。不管什么样的生产社会组织，无论是在工矿企业、商贸公司，还是在学校、银行、医院、文化演艺团体、新闻媒体，建立良好的角色互动秩序的责任，只能由主导角色来承担，不可能指望从动角色承担这种责任。建立良好的角色互动秩序，必须要制定互动规则，规则必须符合社会实践的特点和社会角色配置状况。主导角色不但要主持制定规则，而且要模范地遵守规则，并善于处理违背规则的各种行为现象。

第三，为了顺利地实现目的或目标，主导角色有义务努力实现各种不同社会角色的权利和义务的对应关系和平衡状态，公平分配社会产品和社会财富，通过制度创新和组织结构的优化，使每一个从动角色都能把角色互动的过程理解为自己的切身需要，自觉地对物质资料或文化产品的生产过程负起责任，形成一种融洽的、和谐的社会氛围，形成一种不同社会角色都能奋发向上的精神状态，形成一种不管社会角色的使命如何不同，都能够轻松愉快地履行义务、行使权利，主观能动性高度活跃，创造性能够充分发挥出来的社会环境。

二、主导角色行使的权利

生产社会的主导角色有三个突出特点：一是其权利行使的色彩表现为权重系数和人格尊严的外观很突出。但无论是权重系数还是人格尊严，归根结底都要高度物质化、利益化。物质利益才是其最看重的东西。二是拒绝任何潜在的权利形式，总是力图把一切权利现实化。三是权利表达的欲望特别强烈，表达渠道比较畅通，表达形式直截了当，极其容易以权利掩盖义务。

（一）决定社会生产资料使用方式的权利

生产社会主导角色拥有不同的社会生产资料和资源。向社会释放这些资源，是其不可推卸的社会义务。但社会不可能具体规定他们何时向社会释放以及用什么方式释放其资源，释放到什么地方、每次释放多少。因为这是资源所有者自己的权利。如果没有这种权利，其对社会生产资料和资源的所有权或使用权就成了没有任何意义的东西。

作为各种社会生产资源所有者，生产社会主导角色之所以能够主导人类社会的物质文化资料生产活动，就在于其掌控着是否把生产资源投入社会生产活动，以及何时投放、以怎样的方式投放、投放到什么地方、每次投放多少的权利。不管是工矿企业、交通运输企业、农业企业、金融企业、文化企业，还是学校、医院、科学技术或者学术研究机构、文化或者文学艺术团体、竞赛体育团体，只有其主导角色肯于把其掌控的资源释放出来，投入社会生产活动，才能使其与从动角色释放主观能量相结合，才能使这些社会资源成为真正意义上的生产资料。这些资源被释放到社会公共领域，社会公共领域就会更加适合人们的需要；这些资源被释放到文化、教育、文娱领域，社会文化、教育、文娱活动就会获得更快的发展速度；这些资源被释放到吃、穿、住、行等私人生活用品领域，吃、穿、住、行等私人生活用品领域就会得到快速发展；这些资源被释放到科学技术进步事业，人类的科学技术进步就会更快一些；这些资源被释放到人类健康领域，人类的健康水平就会节节攀升；这些资源被释放到战争机器领域，人类相互厮杀的战争就难以避免。

生产社会主导角色扮演主体的社会意识越是活跃，履行社会义务的自觉程度就越高。其履行社会义务的自觉程度越高，就越是能够按照社会需要释放资源，把其所掌控的资源投放到人类社会进步最迫切的地方去。反之，就不可避免地会与人类社会的进步事业发生直接或间接的冲突。是不是、能不能把其所掌控的资源释放到人类最需要的地方去，本质上是对自己在人类社会中到底发挥什么作用的理解问题。

正如任何人的行为中都不可避免地会发生其自然本性与社会本性的冲突一样，生产社会主导角色也有其自然本性与社会本性的剧烈冲突。从其自然本性出发，必然追求资源的资本最大化，以及资本的利润最大化。从其社会本性出发，必然追求资源的最大社会化。生产社会主导角色扮演角色的社会意识活跃，履行社会义务的自觉程度高，就会按照社会需要释放资源，把其所掌控的资源投放到人类社会进步最迫切的地方去。反之，就不可避免地会与人类社会的进步事业发生直接或间接的冲突。经济学家，特别是崇拜自由市场模式的经济学家，不遗余力地支持生产社会主导角色追求资本和利润最大化，而哲学家则不遗余力地鼓励所有者把资源最大限度地社会化。这可能是人类社会发展到今天所遇到的最为纠结的问题。纠结的原因在于，经济学家的主张虽然不符合人类的社会本性，却能够实实在在地刺激人们参与社会生产的积极性，实实在在地激发社会经济发展的活力。而哲学家不断提示人们避免丛林法则的回归，以及人类退化为动物的危险，则不能直接刺激人们参与社会生产的积极性，实实在在地激发社会经济发展的活力。

人类发展中所遇到的这一矛盾，虽然至今无法摆脱，但却并非永远找不到答案。事实上，化解这一矛盾，摆脱这种纠结的答案早已储存在人类自身发展的固有逻辑之中。从逻辑上说，既然人类本来就是其自然本性与社会本性的有机统一体，那么，人类自身的自然本性与社会本性既然无法避免冲突，也就一定能够实现统一。如果不能实现统一，人类就不可能拥有几千年的历史发展，早就自我灭亡了。事实上，早在人类初步感觉到自然本性的过分张扬会导致丛林法则回归以及人类退化为动物的危险的时候，就产生了关于避免这种危险的各种设计方案。几千年来，这些设计方案作为人类社会的崇高理想，不但越来越完善、越来越科学、越来越趋向于可操作性，而且一直作为一种抑制人类自然本性过度张扬的精神力量在发挥作用。作为一种远大的、美好的、崇高的活跃在人类社会生活中的社会理想，就像火把一样照亮人们的精神世界，使人类不致在各种困惑中踟蹰不前。

（二）维护社会秩序，对社会实施管理的权利

生产社会组织的主导角色，其主导作用，一方面体现为生产资源配置的决策权，另一方面体现为生产秩序管理权，对生产过程中的角色互动秩序承担责任。

维持社会秩序，实现不同角色之间的有序互动，实现生产预期目标，既是一种社会义务，也是一种社会权利。说它是义务，是说主导角色必须承担这种社会责任。无论在哪个生产社会组织里，不管是工业企业、交通运输企业、农业企业、金融企业、文化企业，还是学校、医院、科学技术或者学术研究机构、文化或者文学艺术团体、竞赛体育团体，一旦角色互动无法实现，或互动失去必要的秩序，责任只能由主导角色来承担。说它是权利，

是说主导角色所承担的这种社会责任，必须通过某种具体的强制性行为才能承担。这些强制性行为包括主持制定行为规则的权力、解释社会规则的权力，以及对违反行为规则的行为主体实施惩罚的权力等。

维持社会秩序的权利，首先表现为制定社会行为规范，例如，一个人或者组织要注册一家企业，首先要制定企业章程和各种企业制度。这些行为规则不但要向企业登记机关备案，而且要向每一个被招聘的员工出示，取得其认可并表示愿意遵守这些规则，才能达成招聘协议。招聘后，如果员工违反了这些规则，就按照相关规定予以处分，这都是主导角色的权力。

生产主导角色在其社会组织内部的管理权，虽然不像国家主权那样表现为鲜明的强制性，但也带有一定程度的强制性，也是一种权力。凡是行使权力的角色，都很容易产生居高临下的优越感，都很容易离开义务的约束而把权力绝对化。所以，不要以为只有政治社会才会出现把权力绝对化的倾向。事实上，一个生产社会组织的主导角色，包括企业管理者、技术权威，学术机关的学术权威，其权力绝对化的倾向常常会比政治社会有过之而无不及。

某些生产社会组织中的某种特定的社会角色，在其组织内部的结构序列中属于从动角色，而在其社会实践活动中则属于主导角色。例如，学校的老师在与校长的互动中属于从动角色，而在与学生互动时则属于主导角色；医院的大夫，在与院长的互动中属于从动角色，而在和病人互动时则属于主导角色；文化体育团体中的教练员或师傅，在与团体行政负责人互动时属于从动角色，而在与学员或徒弟互动时则属于主导角色。凡是这种能够扮演主导角色的行为主体，都很容易把主导权绝对化。

生产社会主导权的一个重要内容是制定、解释、执行角色互动规则的权利。因而很容易产生一种误解，以为规则都是为对方制定的。其实，任何规则都不仅仅是对某一方面的单方面约束，而是对互动双方的约束。行使管理权，首先要有模范地遵守规则的意识，否则就不能得到管理对象的尊重和配合。

（三）分配劳动产品的权利

分配劳动产品的权利，是生产社会主导角色最为看重的一项权利。不管在哪个历史时代，特别是在市场经济时代，各种生产社会组织的主导角色都把分配社会产品视为自己天经地义的权利。这不仅因为他们实际操控了整个的生产过程，而且因为他们把所有产品都理解为自己所投入的资本的产物。直到马克思的《资本论》问世，各种物质资料产品才第一次被称为劳动产品。

即使在马克思确立了劳动产品这个概念之后，各种社会产品的分配权也只能由主导角色而不是由从动角色来行使。不过，劳动产品这一概念的确立，起码可以迫使各种生产社会组织主导角色在分配产品的时候不得不顾及从动角色的反应，其思想解放的历史意义是无与伦比的。

与马克思的剩余价值学说不同，现在通行的经济学定义制定的会计制度，把从动角色得到的工资计算在利润之前的成本科目之中，并不属于对产成品分配内涵，只有利润才属于分配的范畴。工资与属于分配的利润构成一种反比例关系，工资部分在产成品中所占比例越高，作为资本利润的部分所占比例就越低。所以，工资和利润的对立，实际上构成各种生产社会组织最突出的矛盾。

由于工资与利润的对立关系，生产社会主导角色一般都倾向于千方百计降低工资、扩大利润。争取利润最大化，成为生产社会，特别是市场经济体制下的生产社会主导角色的主导理念。

争取利润最大化的理念，不仅体现在物质文化资料的生产过程中，而且体现在产品分配过程中。用争取利润最大化的理念指导社会分配行为，虽然拥有最简单的逻辑基础，但却必然会导致一种完全相反的实际结果：造成严重的两极分化，把社会推向崩溃的边缘。拯救社会，回归安宁的唯一办法，是避免财富过度集中。

根据威尔·杜兰特和阿里尔·杜兰特在其所著《历史的教训》第八章“经济与历史”的考证：“过去的经验毫无疑问地告诉我们，每一个经济体系或早或晚都要依赖于某种形式的利润动机，以此来唤起个人和团体的生产积极性……在各种各样的社会中都是这样，由于每个人的实际能力都不一样，这些能力多数都是掌握在少数人的手中。财富的集中，是这种集中能力的自然结果，这种情况在历史上经常有规律地重演。”在这里，作者不但指出了各种物质文化资料生产组织主导角色追逐利润最大化的普遍性，而且揭示了这种追逐活动必然导致财富集中的必然规律。该书指出，财富集中的结果，使穷人发现自己的处境一年比一年糟糕，于是开始谈论暴力反抗。“这些富人呢，又对准备向他们财产提出挑战的行为勃然大怒，也准备用武力来保卫自己”。

《历史的教训》作者指出，美国的上层阶级曾经诅咒过财富集中，遵从过财富集中，当然现在也在恢复财富集中。但是很显然，聪明的上层阶级，即各种生产社会组织的主导角色，应当理智地把握财富集中的必然逻辑，清醒地看到行使社会财富分配权应当必须遵循的客观规律。

第二节　生产社会从动角色的扮演问题

讨论生产社会角色的权利形态，需要关注一个突出的特点：不管是主导角色还是从动角色，其权利诉求都会表现为鲜明的利益色彩，都有极其强烈的利益诉求和表达冲动。主导角色如此，从动角色更是如此。

一、从动角色履行的义务

作为精英主导特征最为明显、精英主导意识最为强烈的社会组织，无论是在工矿企业、商贸公司，还是在学校、银行、医院、文化演艺团体、新闻媒体，其从动角色相对于主导角色的劣势地位也最为明显。这种劣势主要由三个方面的要素来构成：一是物质资源劣势，二是主观的行为能力劣势，三是价值位势劣势。从动角色的这种劣势地位，对其行使权利、履行义务的心态影响是不容忽视的。

任何一个生产社会组织的功能，是给成员以施展创造才能的舞台、公平交易的舞台，以及相互交流、相互合作的舞台。生产社会组织的这种功能，只能通过其主导角色与从动角色的互动行为才能发挥出来。从动角色在其与主导角色的互动中，表达为三种相互联系的社会义务。

（一）按照社会生产的需要释放主观能动性的义务

从本质上说，任何一个生产社会组织的实践活动，都是改造某种物质文化资料，使之更加符合人们需要的一种创造性劳动。因此，这种创造性劳动过程也可以表达为人的主观能动性与劳动资料的相互作用过程。作为相互作用的一个方面，劳动资料是由主导角色释放出来的。作为相互作用的另一方面，则必须而且只能由从动角色释放出来。如果说释放物质资源是生产社会主导角色必须履行的社会义务，那么，释放主观能力的义务，则必须而且只能由从动角色来承担。释放主观能力，充分发挥作为劳动者的积极性和创造性，是从动角色不能回避的社会义务。

人类能动性是由劳动主体的积极性和创造性构成的。所谓积极性，是指劳动主体的主动精神，冲动表达的感性化、物质化，也就是劳动主体对生产过程、生产目的、生产意义的自觉性和表达欲望的感性化、物质化。所谓创造性，是指劳动主体为自觉追求劳动目的，为使劳动资料最大化地满足人们的需要而在产品设计和生产工具、生产条件、劳动程序、劳动样式、协作组织设计等方面对原有知识、原有技术、原有理论的突破。突破的越多，其创造性程度就越高。作为各种物质文化资料生产的实践主体，从动角色积极性和创造性的释放程度，是提高劳动生产效率、实现劳动生产目标的首要条件。劳动生产效率、劳动生产目标的实现程度，则是衡量其主观能动性释放程度的基本指标。

从动角色的积极性和创造性，是其作为人类特质的基本标志，内含于每一个从动角色的内在要素之中。然而，这种内在的要素能不能在具体的物质或文化资料生产过程中释放出来，却并不是必然的，而是有条件的，既有社会规定性方面的条件，也有主体能动性方面的条件。社会规定性方面的条件，主要是指角色权利的社会授予是否充分，是否与其所履行的义务相对应。主体能动性方面的条件，则主要是指主体对劳动意义的理解是否充分，对劳动对象本质规律的掌握是否真切、深入，对自身权利义务对应关系的理解、对二者对应状态的判断是否符合人类社会发展的客观现实、历史条件和发展要求，等等。

在生产社会组织中，从动角色对劳动意义的理解，对其积极性和创造性的发挥有着至关重要的决定性作用。从动角色只有把自己的创造性劳动理解为人类本质，理解为生活的第一需要，才能把自己的智力和体力当作一种履行社会义务的资源而自豪地、自觉地、尽情地发挥，才能把劳动的成果视为自己的荣耀，才能从中得到成就感的满足，才能由衷地感到幸福。相反，如果仅仅把自己的劳动理解为交换社会产品的等价物，理解为获得生活资料的成本，则必然会在劳动中不断地讨价还价，千方百计地降低成本、增加收益，不可能自觉地、最大限度地发挥其积极性和创造性。

由于对劳动意义的理解不同而产生的劳动态度差异，不仅仅决定了劳动效率和产品数量、质量迥异，而且对资源与产成品的效比产生决定性影响。一个把创造性劳动理解为人类本质，理解为生活第一需要的从动角色，不但会把自己的智力和体力当作一种履行社会义务的资源而自豪地、自觉地、尽情地发挥，而且会把劳动的岗位视为施展才华的舞台而百般珍惜。不但会尽情地追求物质文化产品的数量和质量，而且会把珍惜资源、珍惜人类生存环境视为义不容辞的责任，总是力求通过自己的智慧改进生产技术，用最少的资源消耗，产出最多的劳动成果，并经常会因为人类生存环境的优化而由衷地感到高兴和欣慰。

（二）正视角色价值形态差别的义务

在组织物质文化资料生产实践的各种生产社会组织中，主导角色与从动角色的价值形态差异是一个客观的事实。尽管这个客观事实带给从动角色的心理感受与主导角色大相径庭，从动角色却无论如何都不能不面对这一事实的客观实在性。

所谓面对，有两个相互联系的含义：一是承认现实、接受现实，充分地利用现实的物质条件获得延续生命、施展主观能动性、扩充主管能量的机会。二是注重发现现实社会运动的规律，努力创造改变现实的条件，促进现实朝着理想的方向转变。

不管在哪种生产社会组织中，从动角色总是不可能比主导角色的社会地位更加显赫、社会影响更加突出、互动权重更有分量。在一个工厂，厂长不能没有必要的权威。尽管这种权威可能会让某些承受其作用的工人很不舒服，然而如果厂长没有这种权威，就无法维持必要的生产秩序，就必然会让更多的工人感到更加不舒服。从这个意义上说，认可厂长的权力和权威，不但是每个工人应当履行的社会义务，也是每个工人能够行使其权利的逻辑前提。

在生产社会组织中，特别是面对着激烈的市场竞争的经营实体，不管是工矿企业、商贸公司，还是学校、银行、医院、文化演艺团体、新闻媒体，主导角色都永远无法摆脱降低成本、提高利润这个课题。从动角色则时刻承受着生活费用上涨的压力，二者似乎很难想到一块儿去，矛盾是不可避免的。在工矿企业，工人很少会在工资待遇和劳动强度问题上感到满足。在学校，学生抱怨课程设置和课业负担沉重、家长抱怨学杂费用不合理的情况是经常发生的。在医院，医护人员抱怨辛苦，患者抱怨医药费用昂贵也是无处不在的矛盾。所有这些，都是经常性的角色互动状态。此外，科研机构的课题经费的配置问题，商贸公司或金融机构的利润分配比例问题，文化演艺团体中的创作条件和评价问题，新闻媒体中的版面安排和话语权重问题，等等，各有自己经常性的矛盾主题。在这种矛盾中，主导角色的自由度是从动角色无法比拟的。从动角色尽管经常会在与主导角色的互动中处于弱势地位，却不能不理性地面对这种从动局面。在生产社会组织中，面对角色价值形态方面的现实差异，之所以成为从动角色的社会义务，一方面，这是一个不能回避的现实，是一个客观事实。任何力图回避这种现实的冲动，都只能意味着拒绝承担任何社会义务，同时也意味着不能行使任何社会权利。从这个意义上说，勇敢地面对这种现实，不但是一种社会义务，而且是承担其他各种生产社会义务的先决条件。另一方面，面对这种现实，并不意味着永远承认这种现实，并不意味着永远不改变这种现实。所谓面对现实，包含着利用现实的条件发挥主观能动性，积聚主观能量，促使现实逐步向从动角色倾斜的含义。

（三）遵守行为规范，维持社会秩序的义务

不管哪种形式的社会组织，都不能不在一定秩序中存在，生产社会组织尤其不能例外。秩序是组织的生命，没有秩序就没有社会组织。维护社会组织的秩序，就是维护社会组织的生命。作为一个现实的社会角色，维护社会组织的秩序，就是要遵守社会行为规范。遵守行为规范与维护社会秩序，是同一个思想内容的两种不同的表达方式。

不管什么社会角色，遵守行为规范，维护社会秩序的道理并不难理解，但却并不是每一个行为主体都能自觉做到的事情。因为行为规范、社会秩序表达的是社会的统一性，是人们个性的对立面。无论是谁，无论扮演什么样的社会角色，都有追求自由的天性和本能。人的自然本性是以不受任何约束为享受，而以受到约束为不自在。所以，社会角色对行为规范的尊重、敬重和守护，从人文品格上说，是一种自律精神，是一种道德修养，是一种精神境界。而从理论上说，则是人的社会本性对自然本性的克制，是人的社会本性的发扬和光大，是人性的自我净化。

角色行为是否遵守行为规范，维护社会秩序，必然会在某项社会实践中产生某种效果。不是产生积极的建设性效果，就是产生消极的非建设性效果。在工业生产中，违反操作规程，并不一定引发事故，但一切事故都是从违反操作规程开始的。在医院，如果大夫收取一个病人或其家属的红包，或者一次诊断方面的疏忽、一次对患者的不尊重，并不一定引发医患冲突，但一切由医院方面的责任引发的医患冲突，一定是从类似不规范的从业行为开始的。在新闻行业，如果一个记者某一次夸大新闻事实，或者某一次有偿报道的不当行为，不一定降低其媒体的公信力，但类似的不规范行为如果不及时得到纠正，其媒体公信力就一定会受到损害。在人见人爱的旅游胜地，某一个游客的不文明行为，不一定会严重破坏该旅游资源的整体形象，但如果任由这种不文明的行为自发蔓延，再好的旅游胜地也会失去旅游价值。

遵守行为规范，维护社会秩序，贵在自觉。如果只是在引起相对角色的反应之后才收敛自己的不规范行为，就会在一定程度上陷入被动。我国实行市场经济的历史还比较短，有很多市场主体不注意把握自己在市场中的角色定位，有的商品提供者不珍惜自己的主导地位，弄虚作假、缺斤短两。有的消费者自以为“有钱就是上帝”，花了钱就可以不守规矩，都是过分看重了自己的权利而忽略了市场规则的肤浅表现。

生产社会的行为规范是社会实践所需要的社会秩序的主观反应。所以任何规范都有其历史性和局限性。在某一历史条件下形成的行为规范，不管是组织制度、行政规章、劳动纪律还是技术规范、操作规范，都只适用于一定的历史时期或社会生产的实践内容。一旦其所适用的社会生产实践活动发生变化，规范就要根据新的社会生产实践需要加以修订或彻底废除。但在这些规范还没有被废除或修订之前，就应当受到尊重和遵守。即使某一从动角色已经感觉到需要修改或废除，也不能在其没有被修改或废除之前对其视而不见。

二、从动角色行使的权利

生产社会从动角色的权利，从特征上说，与主导角色有两点相同之处、三点不同之处。相同之处：一是权利色彩高度物质化、利益化；二是拒绝任何潜在的权利形式。不同之处：一是除了物质利益之外，利益表达成为一种相对独立的权利诉求；二是从动地位相同，权利诉求的内容可能不同；三是生产社会组织里从动角色的权利诉求大量需要政治社会组织予以支持和保障。

生产社会从动角色的权利，从内容上说，可以概括为三个方面。

（一）自主自由地释放主观能动性的权利

所谓释放其主观能动性的权利，核心是探索自然规律、社会规律和思维规律，并按照客观规律进行创造性劳动的权利。自主自由地释放其主观能动性，包括自主自由地选择自身能力的发挥舞台，即究竟在哪一个生产社会组织释放能动性的选择权，或者说是自主自由地选择与哪些资源相结合的权利，也包括在什么程度上释放其主观能动性的权利，还包括自主自由地决定何时开始释放自己的能动性，何时暂停释放自己的能动性，进入重新积蓄主观能量状态的权利，等等。

作为生产社会从动角色的劳动者，应该能够充分自主自由地释放自己的主观能动性。这不仅因为主观能动性的所有权属于自己，而且因为任何主观能动性只有在能够自主自由地发挥的状态下，才能发挥得酣畅淋漓、尽善尽美、毫无保留。劳动者的主观能动性，在发挥出来之前，属于主观的范畴，只有在自主自由的状态下，才能充分彰显其能动的本性，在客观资源面前容光焕发，在困难面前力大无穷。相反，劳动者的各种主观能动性，如果只能在外界压力的迫使下释放和发挥，则会丧失其能动的本性，在客观对象面前暗淡无光、无所作为，在各种困难面前萎靡不振。

从逻辑上说，作为生产社会的从动角色，自主自由地释放自己的主观能动性是自然而然、顺理成章的事情。然而，在事实上，这种释放能动性的行为总是无法摆脱社会制度的制约。在人身依附经济社会，作为从动的角色，没有人身自由，不可能自主自由地释放其主观能动性。奴隶之所以被称为奴隶，就因为其并不被奴隶主当作人来看待，而是被当作与畜生、劳动工具一样的财富来看待。在数千年人类历史的发展过程中，从人身依附社会到自由市场经济社会，再到社会主义市场经济社会，每一个新的经济社会形态，都是对其之前的经济社会形态的革命和进步。这些社会制度的革命和进步，从生产社会主导角色与从动角色权利和义务关系状态上看，就是一个从动角色不断追求自主自由地释放主观能动性的历史。在社会主义市场经济社会，任何劳动都是追求崇高理想的社会实践活动，每一个劳动者都把自己的梦想与整个国家民族的梦想联系在一起，因而释放其自身主观能动性的自主和自由程度是以往任何历史时代都无法比拟的。但这并不是生产社会从动角色释放其主观能动性自由度的最高境界。生产社会从动角色真正能够完全自主自由地释放其主观能动性，除了改变制约其自主自由地发挥的社会制度之外，还要依靠每一个劳动者主观能动性的全面发展，以至能够彻底打破社会分工的桎梏。到那时，只有到那时，劳动者才能真正完全自主自由地释放其主观能动性。

(二) 表达诉求的权利

社会角色的权利，作为其履行义务的必要条件，是由规定其义务的社会组织授予的。然而，不管什么社会角色的权利，只有当它能够被行使的时候，才能表达为真正的、实实在在的权利。

社会角色的任何一项权利，作为其履行义务的条件，究竟是不是必要，首先要由其自身来表达。作为社会角色履行义务的条件，社会权利能不能被主体表达出来，是其能不能作为角色权利被社会授予的前提。所以，诉求表达，即社会角色关于履行义务的条件及其必要性的表达，本身也是一种权利，而且是先于其他任何权利而存在的权利，是需要由社会先行授予的一项权利。没有这项权利，任何社会角色履行义务的任何条件都不可能存在。

从逻辑上说，在一个生产社会组织内部，每一个社会角色表达其诉求的权利都是平等的。不管是主导角色还是从动角色，不应该有什么差别。然而，任何人表达诉求的权利，都不是只要机会平等就能实现的。事实上，任何人表达诉求的权利的实现，都不能不以其所拥有的客观经济条件为前提。例如，在自由市场经济社会，由于人们所拥有的物质条件差异很大，所以，无论是企业、学校还是医院、报社、出版社，主导角色表达诉求的渠道都要比从动角色畅通得多，主导角色表达诉求的方式都要比从动角色丰富得多，主导角色表达诉求的机会都要比从动角色多得多。所以，强调机会平等的结果，只能导致结果的不平等。

现实生活反复告诉我们，从动角色表达诉求的权利越是不平等，其权利诉求就越是强烈、越是迫切，情绪就越是急不可耐。于是，各种失去理性的表达方式就会不可避免地应运而生。从动角色越是借助于非理性的方式来强烈地表达诉求，主导角色就越是有理由认定其所表达的诉求不必要。于是，冲突就不能在生产社会自行解决，只能由站在各种生产社会之上的政治社会即国家来解决。国家通过立法来规定各种生产社会组织里不同角色诉求表达权利的范围和表达方式，划定双方权利界限。国家的立法行为，需要特别关注从动角色表达诉求权利的实现条件。

（三）分享劳动产品的权利

从本来的意义上说，任何社会产品的生产过程，都是各种不同生产社会组织里从动角色利用和改造各种资源，使其更加符合人们需要的社会实践过程。因此，任何社会产品都是生产社会从动角色的劳动与主导角色所释放的生产资源相结合的结晶。所以，不管什么样的生产社会组织，无论是在工矿企业、商贸公司，还是在学校、银行、医院、文化演艺团体、新闻媒体，每一个从动角色，只要参与了物质文化产品的生产过程，都有分享劳动产品的权利。行使这种权利，一方面，是其劳动成果被承认的体现，是对其释放主观能量的回报；另一方面，是其继续履行释放主观能量的义务的必要条件。

从动角色所分享的社会产品，被经济学家称为工资。主导角色根据从动角色付出的劳动量计算并给付工资，这是一种司空见惯的市场现象，似乎没有什么人不承认工人在付出劳动之后得到工资的权利。但对工资这种现象的本质的理解，却并不都是一样的。

一般来说，主导角色习惯于把工资理解为购买劳动的价格，属于资本投入的一部分，与用于购买机器设备后原材料的资本投入一样，都是处于平行关系中的生产成本的要素。因此，主导角色习惯于控制工资总体水平、控制工资增长节奏、控制工资增长趋势的思维定势。从这种思维定势出发，主导角色把工资作为产品成本计算，列入资产负债表的负债项下。

而从动角色则习惯于把工资理解为社会产品的源泉，理解为社会分配的主体部分，与主导角色用于购买机器设备的资本投入是两个相对的社会生产要素，是扣除各种生产成本之后可供分配的社会财富。

工资包括已经支出和尚未支出但必须支出的几个理论要素：一是劳动能力存量的必要补偿，即已经消耗的体力、智力的必要补偿；二是劳动能力增量的直接成本，即其自身继续提升体力、智力水平，提高劳动生产率所需要的衣、食、住、行以及文化消费和教育支出的成本预算；三是劳动能力存量和增量的社会成本，即其家庭成员衣、食、住、行以及文化消费和教育支出的成本预算。

在各种生产社会组织里的实际生活中，主导角色每一次分配产品的实际过程，都是一个以分享产品的手段，获得生产权益目的的过程。所以，任何主导角色都不会拒绝与从动角色分享产品，只不过是尽量减少其分享的份额而已。但是，如果主导角色为了追求利润最大化而任性地降低从动角色的工资支出，不但很难使从动角色释放其主观能量的状态达到自觉的程度，而且不可能使其劳动的能力存量达到理想的境界。20 世纪 80 年代以来，许多经济学家都对我国的农民工现象进行过理论分析，形成了很多理论成果。不过，很少有人看到这样一个事实：一方面，雇佣一个农民工所花费的工资，要比雇佣一个熟练的产业工人低得多；另一方面，一个常年流动的农民工所能创造的劳动生产率，与一个安居乐业的产业工人相比，也是不可同日而语的。很显然，把一个频繁更换工作岗位的农民工培养成一个熟练的产业工人，需要为他们创造相对安定的生活环境，包括住房和子女教育方面的投入。

从动角色不会把工资变成资本，不会超越工资的理论要素的范围表达工资诉求，不会忽视生产过程与主导角色所释放的资源的直接关联。一旦他们超越工资的理论要素的范围索要工资，甚至期望把工资变成资本积累的源泉，社会生产过程就将无法继续进行下去。

第三节 生产社会角色的评价问题

同一个人，在家庭中扮演一种角色，在企业或者学校扮演另一种角色。其在企业或者学校中履行的社会义务、行使的社会权利，与其在家庭中所承担的义务、行使的权利是不一样的。其在企业或者学校中与其他角色互动的内容、规律，与其在家庭中所发生的角色互动内容、规律也是不一样的。一个家庭里的好丈夫（或者好妻子），不一定在企业中也是一个好工人（或者好经理）。所以，对生产社会角色的评价，无论是概念形态、逻辑形态还是实践形态，都与血缘社会角色有所不同。但评价生产社会角色所使用的概念，即生产社会角色价值追求和思想境界的标志符号，与血缘社会角色的评价概念一样，也区分为本色概念、延展概念和升华概念三个层次。

一、评价生产社会角色的本色概念

与血缘社会角色一样，生产社会角色履行义务、行使权利的全部实践活动，无不从一个最基本的共同价值基点出发。表达这一价值基点的概念，就是评价生产社会角色的本色概念。

（一）评价生产社会角色的本色概念是强

生产社会是人类追求客观世界和主观世界相统一的实践活动舞台。在这个舞台上，每一个行为主体能够扮演什么样的社会角色、履行什么样的义务、行使什么样的权利、实现什么样的价值、作出多大的贡献，取决于其所拥有的行为能量，以及其在艰难困苦和挫折失败面前所表现出来的坚强程度。所以，人们最瞩目、最欣赏、最尊敬、最信任、最佩服、最崇拜的行为主体，是拥有强大行为能量，在艰难困苦和挫折失败面前足够坚强的行为主体。强大、强壮、坚强，是评价生产社会角色最本色的概念。

人们用以衡量一个行为主体所拥有的体能、能量是否强大的尺度，并不是一个绝对的数量概念，而是一个具有相对意义的价值尺度，是对不同行为主体进行比较的结果。行为主体的体能、能量状态包括主观能量和客观能量这样两个方面。

行为主体的客观能量主要是指其所拥有的体魄以及其所能够支配的自然资源、社会资源等。作为自然人的体魄包括其身高、体重、体力、健康状态等自然素质。作为抽象行为主体的社会组织，例如一个家庭、一个企业、一个学校、一个政党，其体魄主要是指其所拥有的员额质量，特别是主导角色的质量、组织结构是否适应实践主题的需要等。一个国家也是一个抽象行为主体，其体魄主要是指其幅员、人口、文明发展程度和文化遗产积淀厚度等。

观察一个行为主体体能、能量状态，首先看到的可能是其体量。体量是其能量要素中最基本的客观要素，但并不是最重要的能量要素。最重要的能量要素是其所拥有的认知能力、执行能力等主观能量要素。所以，在人类的角色评价活动中，一般来说，既要关注评价对象的客观能量，也要关注其主观能量，但主要是关注其主观能量。行为主体改造主观世界和客观世界的主观能量包括其认知能力、创新能力、执行能力，以及决定其全部能量要素发挥程度的主观精神要素，包括专注力、爆发力、持续力、意志力、定力以及人格魅力等。

行为主体的认知能力是指行为主体对客观对象各种信息感知的敏感性，对客观对象提供的各种信息之间内在联系的分析综合归纳和演绎能力。认知能力是衡量一个行为主体主观能量大小的重要指标，但并不是最重要的指标。最重要的指标是其创新能力。

创新能力是指行为主体通过对客观对象本质和发展规律的认识，进一步提出符合社会和主体需要的创新冲动和把这种冲动变成实践活动以及创新成果的能力。创新，有广义、狭义两种理解和诠释。狭义的创新，是特指新的理论发现、技术发明或制度设计。而从广义上说，每一个人参加的每一次社会主题实践活动，都属于创新的范畴。因为每一个人的每一次社会主题实践活动，都是在按照某种新理论、新技术或新制度设计创造此前所没有的物质文化资料，因而都属于创造性的劳动范畴。不是在创造此前所没有的物种，就是在创造原有物种的更多数量。

一个行为主体的创新能力，首先表现为一种创新激情、创新冲动，也就是其理想、目标、志向。无论什么社会角色，都不可能没有任何理想、目标、志向。没有理想、目标、志向就没有任何社会实践活动的开始。但一个行为主体的理想、目标、志向有没有创新的性质，特别是有没有狭义的创新激情、创新冲动，是决定其实践活动的器局大小、表达其主观能量多寡的一个重要指标。从这个意义上说，创新激情、创新冲动，既是行为主体乃至整个人类能动性表达的原始形式，也是行为主体乃至整个人类能动性表达的最高形式，是人类特别是生产社会角色实践活动的灵魂。

不管是理论创新（理论发现）、技术创新（技术发明）还是制度创新（规则设计）的冲动，都是行为主体自身乃至整个人类劳动热情的不竭源泉。人类与自然、与动物的本质区别，就在于总是不断有所发明、有所创造、有所前进，永远不会停止在一个既定的水平上。无论什么人，如果他每天都要用同样的语言表述、同样的行为方式，去重复同样的劳动内容，面对同一个劳动对象，沿用同一个劳动程序和质量标准，收获同一个品种和数量的劳动成果，那么，他很快就会降低甚至丧失劳动兴趣和劳动热情，变得疲沓、松懈。相反，如果他能够经常挑战自己，变换工作课题，变换新的劳动程序和质量标准，收获不同的劳动成果，他就会有永远也用不完的力气和精气神。所以，生产社会有经验的主导角色，总是善于通过组织劳动竞赛、改革管理方式、提高质量标准和劳动报酬等办法，来刺激劳动者的劳动热情和劳动兴趣。

创新能力不仅仅是指行为主体的创新激情和创新冲动，更重要的是把各种创新激情和创新冲动变成创新实践的执行能力。

所谓执行能力，是指一个行为主体运用其所掌握的知识、发挥其全部主客观能量，把其创新激情和创新冲动变成改变其劳动对象的实践活动的综合性表现。一个行为主体的执行能力是展示其全部主客观能量的综合性平台。只有通过强大的执行能力，行为主体的强大认知能力和创新能力乃至其全部的客观能量才能得以展现出来，才能转变成改造客观世界和主观世界的客观实践活动。离开必要的执行能力，一个行为主体无论有多么强大的体能体魄和认知能力，无论有多么崇高的创新激情和多么强烈的创新冲动，都不能变成改造客观世界和主观世界的社会实践，都只能停留在一种没有任何实际意义的状态上。一个行为主体的执行能力，也是观察其主客观能量的综合性尺度和最终尺度。一个行为主体对劳动对象的真知灼见越是丰富，专业知识和变革劳动对象的技能越是高超，其执行能力就越是强大。所以，行为主体的执行能力也就成为观察其全部能量水平的一个窗口。

执行能力还是生产社会角色追求幸福、尊严和荣耀等美好体验的终极指标，因而成为生产社会角色最基本、最普遍的价值追求。只有通过强大的执行能力，实现对劳动对象的实实在在的改变，才能够带给行为主体实实在在的成功感、成就感、幸福感，以及实实在在的尊严和荣耀。人的本质就是创造性劳动。因此，任何一个作为人的行为主体，不管是作为自然人的行为主体还是作为一个社会组织的行为主体，其执行能力，特别是其在创造性劳动中表现出来的执行能力，永远是衡量其是否拥有强大能量的一个重要标准。

作为一个行为主体的自然人的专注力、爆发力、持续力、意志力、定力以及人格魅力等精神要素，或者作为一个抽象行为主体的家庭、企业、学校、政党或国家在实际生活中表现出来的凝聚力、爆发力、应变能力、抗打击能力等主观精神要素，从本来的意义上说，并不直接属于其改造客观世界和主观世界的能量范畴。但由于这些主观的精神要素决定着其认知力、创新力和执行力能不能发挥到最佳的程度，所以实际上也构成一个行为主体的主观能量的重要指标。构成行为主体的这些精神要素的成分，既有其先天的自然基础成分，也有其后天的主观修养成分，更重要的是其后天的主观修养成分。

（二）强与弱的逻辑

研究生产社会角色评价的本色概念，必然涉及强与弱的逻辑问题。有两个地方需要予以特别的关注：无论强还是弱，都首先是标志一个行为主体的自然资源状态的概念。作为标志行为主体自然资源状态的概念，强弱是一个社会角色价值形态的决定性前提。其次，强弱又是标志生产社会角色价值追求的概念。任何一个生产社会的角色扮演主体都自然而然地追求强，自然而然地拒绝弱。

基于此，研究强与弱的逻辑问题，首先，要把握二者之间界限的确定性。强就是强，强不能被错认为弱；弱就是弱，弱不能被错认为强。不确定强弱之间的界限，就会在角色评价活动中发生混乱。其次，必须把握强与弱之间界限的相对性。强与弱不仅有对立的一面，而且有统一的一面。在现实生活中，在实际发生的评价活动中，强与弱的界限只具有相对的意义。任何评价对象的强都只是在与另一个评价对象的比较中才称其为强。任何评价对象的弱也只有在与另一个评价对象的比较中才称其为弱。强与弱之间界限的相对性，不仅表现为强弱的界限只能相比较而存在，而且表现为强与弱的界限因一定条件而存在。一旦条件发生变化，被称为强的对象就可能变成了弱，被称为弱的对象就可能变成了强。

在生产社会的角色评价活动中，被认定为强或弱的标准往往是和新与旧联系在一起的。很多被认定为强的评价对象，往往因其是一种新生事物，拥有新的生机和活力。所以，讨论强与弱的逻辑关系，离不开对新与旧的逻辑关系的探讨。把握新与旧的逻辑关系，需要特别注意的是判断新旧界限标准的客观性，即人类现实生活的客观需要。理智告诉我们，只有符合人们生活需要的东西，才是新的东西。只有创造符合人们生活需要的实践活动，才是本来意义上的创新活动。

一般来说，劳动对象的实实在在的改变，无论是新物种的形成，还是物种排列阵势的改变，只要是人的实践活动引起的改变，即使并不增加主体的满足感，也能够给主体带来新鲜的感官或心理刺激。因此，喜新厌旧，实际上是人类普遍存在的一种审美心理。然而，只有那些能够给人们带来满足感的创新实践，才是本来意义上的创新活动。最近几年电商领域出现的支付宝，之所以成为受到中国人热捧的技术创新，就是因为设计者认准了西方的电商支付手段不能满足中国人的网购需要，并且吻合了中国人的消费理念和消费习惯。

忽略了新物种或新的物种排列阵势的实用价值，单纯强调物种或物种排列阵势的一个新字，常常会使主体陷入始料未及的误区。这是因为，任何主体关于改变劳动对象的冲动，都首先是由于现实的劳动对象不能满足主体需要而发生的。建筑师要设计一座建筑，首先是因为现有的建筑已经不能满足人们的需要。或者说，是因为人们的需要已经超越了现有建筑物所能够提供的功能潜力。虽然建筑物外形的新鲜感也属于建筑美的逻辑内涵，然而当其与建筑物的实用功能发生矛盾时，必须毫不犹豫地以前者服从后者。一旦由于建筑师过分追求建筑物的外形新奇而牺牲建筑物的使用价值，就不可避免地陷入了一种创新误区。这些建筑物虽然特色鲜明，能够给人以深刻印象，却与使用价值相去甚远，甚至背道而驰。除了建筑设计之外，服装设计、工程设计、工业制造工艺以及音乐、美术、各种舞台和影视艺术创作，乃至理论发现、技术发明、制度创新活动等，都服从这一规律。

二、评价生产社会角色的延展概念

强，作为生产社会角色评价的本色概念，并不是静止的。作为生产社会角色实践活动中表现出来的一种人文品格的表现形式，强，在实践中必然延展为一系列相关的评价概念，其中最主要的展现是勤、俭、谦等概念。这些概念，一方面是强的内涵的展开，另一方面也是强这个概念所标志的人文品格的外围支撑。

（一）勤

所谓勤，是勤奋的缩略语。勤奋，作为一个评价概念，反映的是一种人文品格。勤奋这种人文品格是人类在长期的社会实践活动中逐渐培养形成的，是指人们在社会实践中始终处于一种高度兴奋、积极上进、孜孜不倦的精神状态，是人类主观能动性的一种表现形式，是克服困难、驾驭自然、达到目的的一种弹性很大的内在能量状态。

与勤奋相反的精神状态是懒惰。懒惰表现为得过且过，安于现状，缺乏目标追求和理想信念，缺乏进取精神和主观能动精神。勤奋的本质是为了实现自己的创新期待而努力履行社会义务，为了实现自己的社会价值而努力付出劳动成本。懒惰的本质是以放弃权利的方式拒绝履行社会义务。从本来的逻辑上说，任何社会角色的权利都是作为其履行某种社会义务的必要条件而由社会组织授予的。一个人如果不履行任何社会义务，就没有必要行使任何社会权利。然而实际上，任何社会角色的权利，在具体的实现形式上都区分为两种形态：一种是由某种现实的社会义务所决定的权利。这种社会权利是无法放弃的，而且是必须尽力争取的。否则，不但无法履行其社会组织已经赋予的社会义务，而且会因此而失去起码的社会尊严。另一种是由潜在的社会义务所决定的社会权利，例如，未成年儿童和失能老人的生存权，以及人们为提升主观能量层级行使的受教育权。这种与潜在的社会义务相对应的社会权利，任何人都不会因其并非履行现实社会义务的需要而主动放弃，否则，不但无法履行社会组织期待其履行的社会义务，而且会因此而降低其人格尊严。但如果某个角色扮演主体因为满足于生命的简单延续，不愿履行社会组织期待其履行的社会义务，就可能放弃这种社会权利。

勤奋，作为一种普遍意义上的人文品格，在生产社会角色的扮演实践活动中表现出来，就叫作敬业。敬业是勤奋这种人文品格在扮演生产社会角色时的特殊表现，也是勤奋这种人文品格最普遍最经常的表现形式。所谓敬业，是指某一社会角色对学业、事业的一种高度勤奋状态、一种精神状态，即对学业或事业心无旁骛的高度专注、对作品质量精益求精的自觉追求，以及为学业或事业而自我牺牲的忘我境界。没有敬业精神，创新就是一句空话。从表现特征上看，敬业精神有时可能属于个人兴趣的表现，有时可能属于社会角色对其所生活的社会组织深厚感情的表现。无论是个人兴趣还是思想感情，都不是天生的东西，而是后天增殖的人文品格。个人兴趣是生产社会角色在其生活经历中逐渐培养形成的。社会角色对社会组织的深厚感情更是只能在其与社会组织的互动过程中才能逐渐培养形成。一个工人，如果对企业给他的工资不满意，觉得企业对他的技术能力评价不公平，而又无力改变，就有可能意志消沉、应付差事、不求上进，当一天和尚撞一天钟。这实际上是对企业、对企业所赋予的社会义务的消极对抗。所以，从字面上看，敬业这个词表达的是人们对工作或学习的一种态度、一种人文品格，而实际上，它表达的是人们对社会组织的一种态度。无论扮演什么样的社会角色，不管是学习什么知识还是从事什么工作，只有其与社会组织之间达成默契，只有使其感到社会组织对他以诚相待，同时也能够对社会组织以诚相待的时候，才能在学习或工作中表现出高度的热情，达到敬业的状态。

（二）俭

所谓俭，是节俭的缩略语。节俭，是生产社会组织用于角色评价的一个价值尺度，也是人们普遍推崇的一种人文品格。在汉语中，节俭是由两个单音节词根组成的复合词。节是指对自己消费和用度的节制，俭是指对自己消费和使用对象的省约。归根结底，节俭是对自己消费和使用对象的度量控制。节俭不仅特指人们在日常生活中表现出来的一种人文品格，更加重要的是指人们在生产实践中表现出来的人文品格。作为一个生产社会角色评价活动所使用的概念，节俭在生产实践中表现为主体对各种自然资源和社会资源的珍惜，表现为对物尽其用的自觉追求，表现为对各种浪费行为的杜绝和鄙夷。节俭的实质是角色扮演主体追求人与自然和谐相处的智慧，以及对人类生存环境的敬重，对人类与自然关系的一种理性认知和科学态度。

（三）谦

所谓谦，本意是做人做事低调而不事张扬的意思，是谦虚、谦恭、谦让、谦和等人文品格的缩略语。谦虚是人们普遍推崇的一种人文品格，更是生产社会角色评价的一个重要尺度。谦虚表现为谦虚谨慎、不骄不躁、善于学习、不断进步。中国有句著名的格言，“虚心使人进步，骄傲使人落后”，讲的就是这个道理。“三人行必有我师”说的也是这个道理。“三人行”中的三，不是一个量词，而是对复数的艺术表达。三人行意即只要有其他人，不管什么人，都可能有值得学习的东西。表达的是一种虚怀若谷、虚心至极的态度。生产社会角色的劳动对象总是在不断地变化，要使自己的知识和能力适应对象的变化，实现某种创新的目标，就得不断地学习。要接受新事物，要研究新问题。所以，虚心是能够持续创新的主观前提。一见到成绩就盲目骄傲、浅尝辄止，任何创新事业都不可能持续。

从理论上说，谦虚的本质是人们在与其相对的、相邻的社会角色互动中表现出来的精神状态。谦虚，本质上就是诚实地面对别人的长处和自己的短处，并在实际行动中坦然对待自己的短处。谦虚的人，总能对人谦恭、谦让、谦和。这是在生产社会扮演任何角色都不可忽略的人文品格，是事业成功的真正要诀。然而，取得成功以后，就会获得引人注目的荣耀，鲜花、掌声、赞美、推崇等就会蜂拥而至，很容易忘却自己成功的要诀，从此走向反面。所以，在困难面前谦虚谨慎并不难，难的是在成功面前也能谦虚谨慎。能够在成功面前谦虚谨慎，是一种非常难能可贵的人文品格。

与谦虚相反的态度是高傲。高傲的本质就是对相对的角色以及相邻的角色不够尊重。高傲的人只要取得一点成功就盲目自满、忘乎所以、目空一切，甚至自我膨胀，不但目中无人，而且无视社会和规矩。有的表现为失去对他人、对环境、对社会的起码尊重，老子天下第一；有的表现为失去对事业发展规律的起码尊重，自以为无所不能。对于高傲的人来说，明明是依靠他人的支持而取得成功，却以为周围的人都是阻碍自己施展天才的敌人；明明是依靠环境和国家政策而成功，却反过来把环境和国家政策视为绊脚石，甚至狂妄地试图挑战国家政治制度，只能在最终被社会所抛弃。

不管什么人，哪怕是世界上最聪明、最能干的人，也总有力不能及的地方，有不如别人的地方。所谓“尺有所短，寸有所长”，就是这个道理。所以，任何人，不管什么时候都需要继续努力，需要谦虚谨慎，需要虚心地取别人之长，补自己之短，不管什么时候都不能骄傲。

三、评价生产社会角色的升华概念

强、勤、俭、谦等评价概念，不断地外化为评价实践，并在实践中进一步升华出新的更高更丰富的评价概念。

（一）评价生产社会角色的升华概念是信

这里所谓的信，是信用的缩略语。所谓信用，就是诚实守信、信守承诺、遵守约定。信用既是一个具体的社会角色评价概念，又不仅仅是一个具体的社会角色评价概念。信用高于生产社会角色其他任何单个评价概念的内涵，综合了强大、勤奋敬业、虚心、节俭等概念的内涵，进入生产社会角色评价活动中所使用的许多概念的综合状态和升华状态。信用，是指行为主体在角色互动过程中表现出来的一种控制自己行为边界的精神状态、精神能量，包括动机和态度两个方面。从动机上说，信用就意味着互利互惠，而不是单方面向对方索取，更不是竭泽而渔、杀鸡取卵式的无限索取。即使在市场交易行为中，无论买方还是卖方，竭泽而渔、杀鸡取卵式的追求都是愚蠢的。互利互惠才是聪明的稳妥思考和战略眼光。从态度上说，信用就意味着履行义务、行使权利时真心实意、不虚不假、言行一致、表里如一，对已经承诺的社会义务笃信不疑、认真兑现、善始善终，同时意味着坦诚、公开、透明，让每一个参与互动的对象都知道自己的内心世界，以便达到协作默契、互动充分的效果。

作为生产社会角色评价的升华概念，信用在评价尺度方面的意义，可以从两个方面来理解：第一，信用是生产社会角色修养的最高目标和最高境界。我们知道，信用意识包括规则意识，即把互动角色之间已经承诺的约定作为行为规则来信守的意识。社会生产活动的社会性，表现为不同行为主体之间社会协作的高度默契性。而不同行为主体之间社会协作能否形成默契，以及默契能够达到多高的程度，归根结底在于相互之间是否讲究信用，是否具有强烈的规则意识。信用意识和规则意识属于组织观念的范畴，是生产社会组织凝聚力的表现形式，必须强大到足以抵制、克服个性和情感的干扰和破坏的程度，才能满足社会生产活动的需要。在生产社会实践中，没有必要的信用意识和规则意识，放纵个性、情感对组织观念、凝聚力的干扰、涣散，必然破坏生产活动的秩序，降低组织的社会生产能力。第二，信用，是评价一个具体的生产社会角色履行其义务、行使其权利及其价值实现状态的最终尺度。作为一个生产社会角色，讲不讲信用，是决定其能不能逐渐强大，能不能表现出勤勉、节俭、谦逊等优秀人文品格，决定其主观能量能不能充分发挥出来的内在依据，因而是生产社会普遍推崇的最终评价尺度。

生产社会的功能是按照专业分工，组织物质文化资料的生产实践。凡是在同一个社会组织中按照分工互动的社会角色，都是在为着一个共同的目标而各自发挥其主观能动性，贡献自己的主观能量，并通过各自不同的主观能量的默契配合，相互补充，形成一种合力，达成一个最终的共同目标。工厂生产是这样，军队作战是这样，学校教学是这样，国家机关的工作也是这样。每一个社会角色都向系统输入能量，所有社会角色的能量汇集到一起，形成向目标进军的合力。这种合力并不局限于每一个社会角色输入之力的简单相加之和。在这个系统内的角色互动中，每一个岗位上的社会角色所履行的义务，都离不开其他岗位上的社会角色的配合，都必须与其他岗位上的社会角色相协调。[①] 否则，整个系统就会扭曲，就形不成合力，就无法达到共同的目标。不管什么社会组织系统，只要其中任何一个社会角色不能与整个系统相协调，其所发挥的能量不但不能汇入系统的总能量，而且必然会与这个系统中其他角色的能量发生抵消，形成内耗。其所发挥的能量越大，对其他社会角色能量的抵消作用也就越大。因此，无论什么样的生产社会组织，无不要求在其中扮演社会角色的人们诚实守信。没有信用，整个社会组织的步调就不可能协调一致，能

---

① 现代系统论把这些岗位称为要素。系统论解释的不是特指人类各种社会组织系统，因而不可能把任何系统都理解为一个有生命的系统、能动的系统，不可能把构成系统的对象称为岗位，只能称为要素。而这里的研究对象是特指人类各种社会组织系统。社会组织系统是由能动的人构成的，因此，在这里，把构成系统的要素称为岗位更为准确。

量就不可能向中心凝聚，共同的目标就不可能实现。

信用，在汉语中，有时用于表达人们对履行某种社会义务的一种态度，有时用于表达人们履行某种社会义务的一种状态。能不能真心实意、不虚不假、表里如一地履行自己的社会义务，首先取决于人们的人格修养，取决于人们为人处世的价值追求。只要个人权利、无视社会义务的人，不可能真心实意、表里如一。忠实地履行社会义务，是社会对其中每一个社会角色的期待。从逻辑上说，不管哪个行为主体，不履行任何社会义务，就没有任何社会权利，就不能参与任何社会组织的生活实践，就不能成为任何社会组织的成员。所以，任何人都不可能公开地拒绝承担任何社会义务，只能表面上表示承担某种义务，而在实际上却不认真地履行其社会义务。也就是说，不管哪个行为主体，丧失信用，不仅是对互动对象的不忠不信，而且是对整个社会的不忠不信，是其脱离社会组织的一种肇始性主观因素。

一个生产社会角色的信用，会经常遇到来自其自身各种因素的考验，需要随时克服懒惰、自私等各种自身弱点的干扰。每当这种时候，如果缺乏人格的信念，就会在守信的自觉性和坚定程度上打折扣，出现表里不一、言行不一的问题。信用，首先是社会角色人文品格的一个重要指标，但又不仅仅是单个行为主体的人文品格指标。在生产社会的角色互动过程中，任何单个社会角色扮演过程中发生的不守信用的现象，都极有可能引起巨大的外溢性社会效应。一个知名品牌产品往往是几代人努力的结果，很可能在一个早晨毁于一个人某一次弄虚作假的行为。一个市场一旦出现一个假冒伪劣商品，可能会导致整个市场销售额的大幅度下滑。信用，是每一个生产社会组织、每一个生产社会角色必须在心目中树立的至高无上的价值批判尺度。

对于每一个具体的生产社会角色来说，信用，无论是对其人文品格进行评价，还是就其自身关于人文品格的修养课题来说，都离不开其履行义务、行使权利的角色实践活动。离开履行义务、行使权利的角色实践活动，任何一个生产社会角色都不可能牢牢把握住诚信的修养课题和修养方向。同样，离开一个生产社会角色履行义务、行使权利的实践活动，不可能对其作出守信与不守信的价值判断。

守信与不守信，主要但不仅仅是指一个社会角色在生产社会履行义务、行使权利的实际行动，而且包括其在血缘社会、政治社会、信仰社会乃至其在类角色行为中履行社会义务、行使社会权利的实际行动，特别是其在各种社会组织角色互动中表现出来的人文素质、风格特征、为人态度。就一个生产社会角色的自我修养来说，前者是其修养内在品格的基本舞台，后者是这一舞台的逻辑延伸。作为判断一个生产社会角色守信与不守信的评价尺度，前者是作出判断的基本依据，后者是作出判断的重要依据，而且是更加可靠的依据。

（二）守信与欺诈的逻辑

守信是生产社会角色互动最重要、最基本的要求，也是人类社会最受推崇的美德之一。然而，在生产社会乃至整个人类社会经常性的角色互动中，却总是充满欺诈。推崇诚实守信，必须善于识别欺诈。

欺诈是一个很虚的词汇，表现形式很多。第一种叫名实不副，是指某些社会角色头上戴着某种虚假的光环。但这种虚假的光环不一定是由主体自己首先或主动进入的一种夸大事实的展示状态，而是被动地成为了某些势力谋取利益的夸张噱头。第二种叫言行不一，是指主体主动地使用不真实的语言或行动夸大自己的能力或财富、业绩等。第三种叫隐瞒实情，是指那些故意以语言或行为掩盖事实，千方百计不让互动对象知道其不愿意发生而已经发生的事实，或故意编造某种没有发生过的事实。第四种叫虚张声势，就是故意用语言或行动夸大互动对象可能希望发生的事情，或者夸大部分已经发生的事实。第五种叫弄虚作假，即蓄意使用编造的谎言或制造的假象欺骗互动对象，让互动对象相信与事实相反的假象，最终钻进其精心设计的圈套。第六种叫仗势欺人，就是借助主导互动过程的优势，滥用既定规则甚至任意设定规则，把应当履行的义务嬗变成不该行使的权利，把角色扮演的社会价值嬗变成主体（个体）追求的利益。

守信与欺诈的逻辑，实际上是每个人身上都有的社会本性与自然本性的逻辑，也就是义务和权利的逻辑。人的社会本性需要诚信的互动，以达到社会合作的目的。而人的自然本性则催生互动中的欺诈和伪装行为，以便使过程有利于主体而不利于互动对象。社会角色履行义务需要诚信，以便实现社会权利的平衡，而行使权利则需要隐秘和伪装，以造成权利多于义务的过程和结果。

所以，守信与欺诈，从概念的内涵上来说是互相对立的，而从概念所反映的对象上来说，二者都是标志人们在实践活动中表现出来的人文品格的概念，都是人的主观能动性的表达方式，守信与欺诈的指向都是人，都是指某个实践主体的人文品格。每一个人，不管扮演什么角色，都既有守信的一面，也有欺诈的一面。同样一个社会角色，在一定条件下可能表现为守信，在另一条件下则可能表现为欺诈。守信是欺诈的前提，欺诈是守信的特殊表现。各种弄虚作假的行为主体，都是由于相信互动对象诚信，能够被欺骗，才会弄虚作假，否则就不敢弄虚作假。辨别守信和欺诈，作为一种思维活动，只有从互动对象的价值追求出发，才能把握事实。

第五章 信仰社会角色的扮演和评价

信仰社会的基本特点是社会角色对其社会实践主题的认可程度高。社会角色的价值形态划分，既不是取决于行为主体的血缘序列，也不是取决于其所占有的社会资源，而是取决于行为主体对思想资源、精神能量和行为能力的大小。由于不同角色之间的价值目标高度一致，因而共同语言多，履行义务、行使权利的自觉性高。

这里关于不同价值形态社会角色社会义务、社会权利和角色评价的分析，都是信仰社会的实践主题提出的逻辑要求，是人们在信仰社会扮演角色的理想状态。

第一节 信仰社会主导角色的扮演问题

信仰组织的社会纽带是人们的信仰。信仰一般表现为对行为主体的强大控制力。所以，在信仰社会扮演角色的人们，价值追求特别是履行义务的自觉性相对较高。人们的信仰越是笃定，价值追求和履行义务的自觉性就越高，反之亦然。

一、主导角色履行的义务

在信仰社会组织中扮演主导角色，其社会义务，归根结底是要对组织的命运和前途承担责任，要在组织的命运和前途问题上发挥作用。任何信仰社会组织的命运兴衰，不管是一个政党还是一个宗教组织，无论是其兴旺发达还是衰落颓败的过程，都有多种必然的和偶然的因素在发挥作用，都是多种原因共同作用的结果。但不管有多少原因在其中发挥过作用，其主导角色的品格和素质一定是首当其冲的作用。

（一）不断强化组织纽带的义务

任何社会组织都是依靠一定社会纽带维系的。在信仰社会组织中，包括各种宗教和各种政党，其社会纽带既不同于血缘社会，也不同于生产社会和政治社会。不管是宗教社会还是政党社会，都需要不断强化信仰，巩固组织。强化组织纽带的办法大体有三种：一是把信仰形象化；二是把信仰制度化；三是把信仰生活化。

把信仰形象化，也就是把信仰人格化，就是把人们所信仰的对象，把人们所追求的美好境界应当包含的各种标准，综合成一个可以用感官感知的人物形象。这个人物的外部形象与现实生活中的人一样，但不同的是他集中了信仰主体理想中的一切品格及其所能够想象的最伟大的能量，却没有任何现实生活中人们经常会出现的那些缺点和弱点。也就是说，他是一个被神化了的可供崇拜的偶像。这是各种宗教都普遍采用的强化信仰纽带的方法。无论是基督教所崇拜的上帝耶和华，还是伊斯兰教所崇拜的真主安拉，抑或是佛教所崇拜的佛祖释迦牟尼，都是这种集中了一切美好人格的化身。有了这样一个可供顶礼膜拜的人格化的信仰标的，本来很抽象很难以把握的信仰对象，就变得很具体、很感性、很容易理解和掌握。

作为非世俗社会的宗教加强组织纽带的做法，当然不适用于世俗社会的政党。但政党也需要不断加强其组织纽带，也需要通过树立典型的办法把其信仰对象人格化。

除了把信仰人格化、形象化之外，信仰社会主导角色为了不断强化组织纽带，还需要把信仰制度化、生活化，即通过对组织生活制度的创造性设计，引导从动角色能够经常性地重温其信仰，用信仰对照检查自己的言行，使每个行为主体的言行都能够符合信仰。一旦发现有离开信仰的言行，就能够得到及时的纠正。

一个政治信仰坚定的政党，不但要为其党员安排组织生活制度，而且要把党的宗旨和信仰目标变成具有时代感的目标和任务，组织其党员参与改造客观世界的社会实践。只有这种社会实践活动，才能使党员把其政治信仰、党的宗旨与当前的政治追求融为一体，变成党组织的强大凝聚力和旺盛活力。基督教徒在牧师面前向上帝忏悔，伊斯兰教徒过斋月、吃斋饭，定期在清真寺里做礼拜，佛教徒每天念经、打坐、面壁思过，也属于主导角色为其安排的宗教生活制度。

通过组织生活的制度安排，把党的宗旨和信仰目标变成具有时代感的实践目标和任务，是一种非凡的信仰社会主导能力，不是每一个人都能做到的。现实生活中的新事物层出不穷，其中难免会有些新的现象与既定信仰出现距离。及时运用信仰对这些新的现象作出合乎逻辑的解释，是每一个信仰社会组织获得持续生命力的关键。

（二）构建并不断巩固经济基础的义务

我们知道，每个人都要不停地与外界自然环境进行物质置换，进行新陈代谢。每一个由个体的人组织起来的社会组织也是这样。不管什么社会组织，只要存在于世，首先必须解决其生存的物质条件或经济条件问题。信仰社会组织也不例外。

不同的社会组织形式，解决其物质生存条件的渠道各有不同。企业、工厂、农业生产合作社等凡是直接从事物质资料生产的生产社会组织，都是以社会生产实践活动直接创造自己生存的物质基础。而学校或者文化、体育、科研院所等从事文化资料生产的生产社会组织，虽然不能自行创造自己生存的物质基础，却可以直接以自己创造的文化产品交换成物质的生存条件。血缘社会组织中的家庭，曾经也是直接从事物质文化资料生产的社会组织。现在，不再直接从事物质文化资料生产的家庭组织，则依靠在其中扮演角色的行为主体所履行的经济义务来形成其存在的物质基础。政治社会组织和信仰社会组织，不管是国家、政党、社会团体还是宗教组织，都需要直接创办企业，直接组织物质文化资料的生产活动，或者依靠在其中扮演角色的每一个自然人和法人履行其经济义务（交税、服役或交会费、认捐等），从而形成其生存的物质条件。不同的是，政治社会组织即国家和某些政党、社团，以法律或章程的形式明文规定在其中扮演角色的自然人和法人履行其经济义务。有些信仰社会组织，例如宗教，并没有关于其成员履行经济义务的专门规定，但却需要其主导角色有针对性地通过劝捐、化缘活动创造其生存的必要物质条件。总而言之，不管哪种社会组织，不管以什么方式构建其生存的经济基础，都是其主导角色必须履行的重要义务。

缴纳会费或党费，是很多在信仰社会扮演角色的行为主体必须履行的经济义务。宗教团体虽然并不明确规定其信众缴纳活动经费，但会鼓励和引导信众自愿的奉献财物。一般来说，是否奉献过财物，奉献财物的多少，在宗教生活中的地位和待遇是不一样的。

吸收社会资助，是各种信仰社会组织活动经费的另一个经济来源。所谓社会捐献，是指那些并没有在其中扮演角色但愿意对某一社会组织表示支持而捐助财物的行为。西方各自由市场经济国家的政党开展政治活动例如竞选活动所需费用，大多来自这种社会捐助。各种宗教组织所管理的财产，也大多来自这种社会捐献行为。化缘，本来是佛教专门用来向世俗的人们劝化、募化斋食的一个概念。僧人不从事生产劳动，只能依靠世俗的人们布施斋饭为食。能布施斋僧的俗众，即被认为与佛门有缘，所以僧人的乞食行为被称作化缘。后来，化缘被广泛用于筹集佛教经费的各种募化活动。善于劝化、募化布施的佛教领袖，不但能够向有钱人化缘，而且能够争取国家财政的支持和资助，因而能够筹集充足的活动经费，组织大型的佛事活动，建立大型的寺庙、佛塔等建筑物，从而产生特别广泛而且持久的宗教影响。

前述两种经济来源都不十分稳定，常常令其入不敷出，陷入困境。所以，真正有作为的信仰社会组织主导角色，总是千方百计筹建自己的地产或企业，委以专人经营，以建立稳定的经费来源和巩固的经济基础。经营产业，或为生产社会、血缘社会提供有偿服务，是很多信仰社会组织活动经费的另一个经济来源。

（三）尊重从动角色主体地位的义务

信仰社会主导角色对组织的前途命运承担责任，必须尊重从动角色的主体地位。尊重从动角色的主体地位，主要包括三个方面的内容：一是忠实地反映和追求他们的根本利益；二是创造条件，鼓励和支持而不是限制从动角色在社会主题实践活动中充分自主自由地发挥其主观能动性；三是尊重他们的民主权利，倾听他们的呼声，接受他们的监督。

信仰社会角色是因为有共同的价值追求而走到一起的。这种共同的价值追求，只能通过主导角色才能得到完整、准确和最大化的表达和实现。所以，不管哪个信仰社会组织，无论是一个工会、一个学生会、一个企业家协会，还是一个政党，都需要一个能够完整、准确和最大化地反映、表达和实现其共同价值追求的行为主体来扮演其主导角色。一方面，没有这样一个主导角色，这个社会组织的共同价值追求就不能得到最完整、最准确地反映、表达，就不能得到最大限度的实现。另一方面，如果扮演主导角色的行为主体不能完整、准确和最大化地反映、表达这个社会组织的共同价值追求，不能使这种共同价值追求最大限度的实现，就不能继续扮演这种主导角色。

信仰社会主导角色所反映、表达和追求的社会组织的利益，包括其社会组织的共同利益，也包括其中每一个从动角色个体的基本利益。信仰社会主导角色履行反映、表达和追求社会组织共同价值追求的义务，需要两个基本的条件：一是能力超群，特别是理论思维和组织能力与众不同；二是信仰坚定，即能忠实于信仰和群体的共同利益。

尊重从动角色的主体地位，不但要忠实地反映和追求他们的根本利益，而且要倾听他们的呼声和建议，接受他们的监督，真诚地尊重他们的民主权利。信仰社会组织，特别是政治信仰类的信仰社会组织，其扮演主导角色的行为主体，归根结底是由从动角色通过不同方式确认的。不注意倾听从动角色的呼声和建议，不注意接受他们的监督，就不可能继续得到他们的尊重和确认。

作为信仰社会组织的主导角色，一项重要的经常性工作就是策划和安排组织生活。组织生活有两个方面的意义：一方面是强化从动角色的信仰理念，强化相应社会群体的共同利益目标；另一方面是通过经常性的组织生活，及时倾听和了解从动角色现实的利益诉求，并接受他们的监督。组织生活的方式和内容安排，应当体现对从动角色民主权利的尊重。

一个直接以追求共同利益为纽带组成的社会团体，例如工会、妇女联合会、学生会、企业家协会等，其主导角色所设计和安排的组织生活，无非是让其每一个成员都有机会表达其利益诉求，并通过组织生活的形式把每一个成员的利益诉求集中成统一的利益诉求，形成一个共同的行动目标。如果其主导角色不善于设计或安排这种组织生活，例如其所设计或安排的组织生活不能使其每个成员的利益诉求得到表达的机会，或者其成员的利益诉求虽然得到了表达的机会，但却不能把全体成员的利益诉求集中成共同的利益表达形式，不能上升成一种理论的形态，就不可能在组织成员中树立起崇高的威信，产生强大的号召力和动员能力。

一个政党的主导角色所设计和安排的组织生活，就其具体内容来说，无非是两个方面：一方面，是从其所组织的社会实践活动出发，把当前社会实践的具体内容和社会实践中遇到的实际问题，与其理想和信仰加以对照，检讨当前社会实践活动是否符合相应社会群体的共同利益，是否有利于实现最终理想和信仰目标。另一方面，是从既定的理想和信仰目标出发，把既定的理想和信仰目标与当前的社会利益格局联系起来，明确怎样把既定的理想信念变成具体的社会实践活动方案。作为一个政党的主导角色，如果不善于设计或安排这种组织生活，或者不善于通过这种组织生活把党的理想信念具体化为党员的价值追求，不善于把党员的价值追求上升为理论形态的理想信念，就不可能在组织成员中树立起崇高的威信，产生强大的号召力和动员能力。

宗教组织虽然不会把尊重教徒的民主权利、接受教徒监督作为宗教仪式设计的主要内容和价值追求，但会通过其他小范围的内部活动了解教徒的诉求，检讨当前宗教仪式是否符合教徒需求，是否有利于教徒对偶像的高度崇拜，作为宗教仪式改革的依据。

二、主导角色行使的权利

在信仰社会组织扮演主导角色，要在组织的命运和前途问题上承担责任，发挥作用。与这种社会义务相对应的社会权利，大体上可以概括为以下三项。

（一）解释信仰的权利

凡是被称为信仰的东西，一般都表现为一定形式的理论形态。凡是理论形态的东西，都需要结合人们的现实生活进行解释，才能为更多的人所掌握。解释信仰的工作，一般区分为两种不同的形式：一种是学术性解释，一种是政策性解释。所谓学术性解释，就是根据生活现实的客观需要和实践经验的积累，对信仰的某些具体内容提出具体说明或新的解释。所谓政策性解释，是指根据现实生活的需要或实践经验的积累，把信仰具体化为行为方案和行动标准，其中包括对哪些做法、说法、提法符合信仰，哪些做法、说法、提法不符合信仰作出说明，以成为裁定的依据。

在宗教社会，无论对信仰的学术性解释还是政策性解释，都是由宗教领袖完成的。在政党社会里，政治信仰的学术性解释工作，很多是由职业学者参与的。但这并不是说，政党领袖可以不对这种学术性解释承担责任。至于对政治信仰的政策性解释，则只能由政党领袖来完成。对政治信仰的解释之所以必须由政党领袖来完成，是由于这种解释涉及组织的思想统一、行动统一以及组织的巩固，因而这种解释必须具有权威性。在信仰社会组织中，对信仰的解释实际上是一种权威和权利。没有这样一种权威和权利，任何信仰社会组织都无法实现思想统一和组织统一，就必然要发生组织分裂，甚至不成其为一个社会组织，就要从现实生活中消亡。

信仰，不管哪种信仰，凡是能够被很多人高度信任、仰慕、崇拜、服从、敬畏、向往、憧憬和执着追求的形象或理念，不管是宗教信仰还是政治信仰，都必然具备两种品格：一是能够在广大的地域产生影响，能够兼容并包不同的文化形态、文化传统，即善于与不同的文化形态、文化传统相融合；二是善于与不断变化的生活内容相融合，即能够与时俱进。

（二）处分组织公共财务事项的权利

只要是一个社会组织，就不得不开展各种社会活动，就不可避免地要发生公共财务问题。信仰社会组织的公共财务事项也带有专门业务的性质，因而必须设置专门的社会角色来处理。这种专门的社会角色行使的只是公共财物事项的事务性或业务性权利，而不是公共财务事项的处分权。处分权是一种最后决定权，具有强制性权力的性质，只能由信仰社会组织的主导角色来行使。

一个信仰社会组织的公共财务事项，包括财政收入和财政支出这样两个方面，都有事权与处分权之别。

信仰社会的财政收入有几个主要的来源：一是组织内部收取的组织费；二是来自组织外部同情者或支持者的资助、捐助；三是自办经济实体的经营所得。

组织费是每一个在信仰社会组织中扮演角色的行为主体自愿交纳的，一般用不着主导角色督促缴纳。需要主导角色关注的，是交纳组织费的政策和制度。交纳组织费的政策和制度一方面涉及组织的整体形象，另一方面涉及相关社会角色对组织的认知和组织观念的状态。一方面要让每个角色扮演主体都能够自觉地交纳，另一方面不能让交纳主体感到负担过重。一方面要方便各种角色扮演主体都方便履行缴费义务，另一方面要有利于巩固和强化角色扮演主体的组织观念。一方面要便于收缴和管理，另一方面要方便账目公开和民主监督。

主导角色行使公共财政收入来源处分权的重要性，突出体现在关于外部资助主体资格的审查和决断问题上。首先，不管什么样的信仰社会组织，无论是一个宗教组织还是一个世俗的社会团体，抑或一个政党组织，只要是已经组织起来的一个社会组织，就是一种单个行为主体所无法比拟的社会力量。这种社会力量既可以成为一种改变社会经济结构和经济利益格局的强大力量，也可以成为影响社会政治稳定，改变社会政治格局的强大力量。所以，外部资助主体对信仰社会组织的资助，绝大多数是出于对这种力量的尊重和信任，以及出于对这种社会力量施加影响和加以利用的目的。一般来说，凡是从外部对一个信仰社会组织予以大规模资助的行为主体，一般都会对资助对象产生重要影响。于是，当一个外部行为主体主动提出对一个信仰社会组织予以资助时，这一资助到底是出于什么样的目的，接受这一资助意味着会对今后的组织行为发生什么样的影响，就成为被资助的信仰社会组织不可忽略的重要问题。回答这些问题，就要对资助主体的资格、出身和行为历史进行考察，对其资助目的和资助可能产生的预期后果是否符合组织的信仰和宗旨，是否有利于组织正面形象的确立和巩固，是否有利于队伍的发展和稳定等这些问题进行分析判断。这些重要问题的考察和判断、决策，不可能依靠任何一个从动角色来完成，只能依靠主导角色来完成。

信仰社会组织财务支出一般可以区分为组织管理支出、内部建设支出和社会活动支出三个部分。不管哪种支出，都是为了追求一个目的，即坚定成员信仰，扩大组织的社会影响，巩固和壮大组织队伍。主导角色行使财务支出决策权的重要性体现在两个方面：一个方面是三种支出的比例安排，另一方面是每种支出的项目安排和额度控制。一般来说，在三种支出的比例安排上，应当按照社会活动支出优先，内部建设支出次之，最后是组织管理支出的顺序安排。当三种支出发生冲突时，按照组织管理支出服从内部建设支出，内部建设支出服从社会活动支出的原则予以处分。为了确保每一项支出都能够有利于坚定信仰、扩大组织的社会影响、巩固和壮大组织队伍，应当建立科学的财务支出制度，规定明确的支出流程，以及具体的财务公开和监督纠错程序，避免少数人营私舞弊的制度措施。

（三）决策组织建设和社会活动方案，执行组织纪律的权利

事关一个信仰社会组织命运和前途的重大权利，除了信仰解释权和公共财务事项的处分权之外，更加直接的是关于组织建设和社会活动方案的决策权和组织纪律的执行权。信仰社会组织关于组织建设和社会活动方案的决策权和组织纪律的执行权，起码应当包括如下几项：一是关于组织结构设置方面的决策权，二是关于行为规则的制定权，三是关于组织人事安排方面的决策权，四是关于社会活动的方案决策权和指挥权，五是关于组织决策执行落实的督促检查权，六是组织纪律的执行权。

组织结构设置、行为规则和组织人事安排，是考察一个信仰社会组织内在素质的主要指标，是其能不能适应现实的社会环境，能不能展开生龙活虎的社会实践活动，实现其社会价值的主观要件。其中，组织结构设置事关一个信仰社会组织的组织生活是否适应社会历史环境和角色互动的需要；行为规则事关一个信仰社会组织的组织生活和角色互动能不能有序而高效；组织人事安排事关一个信仰社会组织能不能大量凝聚社会精英，大量储备并在需要时有效地释放出足够的活动能量，实现其价值目标。这些事项，是每一个信仰社会组织问世之前就必须由其发起者和主导者首先解决的问题。不解决这些问题，任何一个信仰社会组织都无从说起。每一个信仰社会组织建立之后，还会在其社会实践中经常遇到这些问题，不解决这些问题，就经不住实践的检验，其社会活力和生命力就会逐渐枯竭。解决这些问题，是信仰社会组织主导角色的责任，也是其权利。解决这些问题，不但需要调度社会资源，而且需要在发生不同意见时作出决断。不管是调度社会资源还是作出决断，都是只有主导角色才能行使的权利。

各种信仰社会组织每一次社会活动的方案设计，不但事关当前社会活动能否成功，而且事关其作为一个社会组织的社会形象、社会影响力大小，是影响其前途命运的重要因素。凡是对组织前途命运负责的主导角色，不可能不紧紧把握住每一次社会活动的方案决策权，决不会允许这种决策权旁落他人之手。因为不管什么人行使了这种决策权，一旦行动失败，所有损失最终还是要由主导角色来承担责任。

主导角色对集体行动决策权的行使有两种形式：一种是独断专行，一种是民主集中。所谓民主集中，就是在充分民主的基础上集中正确意见。信仰社会组织的民主集中制不仅适用于集体社会活动方案的决策过程，而且适用于信仰社会组织的人事决策、机构设置决策、规章制度和行为规则决策，以及其他各种涉及组织前途命运的事项决策过程。

除了各种决策权之外，信仰社会主导角色的权利，还包括集体行动的指挥权、决策执行的督促检查权，以及对各种违背决策和违反组织纪律行为的处分权。

集体行动的指挥权，是行动方案决策权的自然延伸。方案决策再好，只要不落实为实际行动，就没有任何意义，就与最坏的行动方案没有任何区别。所谓集体行动，顾名思义，就是众多社会角色的统一行动、协调行动。把众多社会角色统一起来，协调行动，就需要统一号令、统一指挥。集体行动号令权、指挥权，只能集中，不能分散。号令权、指挥权一旦分散，就不可能有统一的集体行动。由主导角色集中行使号令权、指挥权，是保障号令权、指挥权能够集中而不致分散，保障集体行动能够统一、协调的逻辑必然。

决策执行情况的督促检查权，是集体行动号令指挥权中的一种特殊情况。在集体行动中扮演角色的行为主体；不一定是单个存在的生命体，也包括由若干生命个体构成的群体性行为主体。由群体性行为主体扮演的社会角色，一方面，在更大规模的集体行动中扮演一个从动角色；另一方面，其本身也是一个相对独立的社会组织。其履行社会义务、行使社会权利的角色扮演活动本身也是一种相对独立的集体行动，需要由相对独立的主导角色统一号令、统一指挥。但其主导角色的号令和指挥必须与其作为一个从动角色所从属的集体行动相协调，不能与其所从属的社会组织的决策相违背。于是，就需要其所从属的社会组织的主导角色来督促检查其相对独立的决策和行动，以确保其决策和行动能够与其所从属的社会组织的集体行动的统一和协调。

为了确保集体行动的统一和协调，必须对各种不符合决策、违背决策的现象予以及时的发现和纠正。这种权利一般区分为两种形式：一种是认定权，即判断从动角色执行决策的各种行为到底是符合和还是违背统一决策；另一种是处分权，即对各种违背决策和违反组织纪律行为采取什么方式加以制止和纠正的权力。这两种权力，都是必须由主导角色行使的。

第二节　信仰社会从动角色的扮演问题

在信仰社会扮演从动角色，其价值追求和履行义务的自觉性，行使权利的心态，都高度依赖其对信仰的笃定程度。

一、从动角色履行的义务

信仰社会从动角色的义务，归根结底是为维护组织统一、壮大组织力量、扩大组织影响、实现组织最高理想贡献自己的主观能量。这种义务可以归纳为三个方面。

（一）掌握并捍卫信仰的义务

信仰社会的纽带既不像血缘社会的血缘纽带那样自然、客观、终生都不可能改变，也不像生产社会的现实利益纽带那样物质化、现实化、易失化，更不具有政治社会的政治和文化纽带那种带有外在性、强制性。信仰对象虽然是客观的，却只有在行为主体的主观世界中树立起来，才能发挥作用。所以，不管在哪个信仰社会组织中扮演社会角色，都必须把树立信仰、珍重信仰、坚定信仰作为第一个必须履行的社会义务。只有在主体头脑中开辟出安放信仰的位置，树立起信仰的形象，才能算是一个合格的信仰社会角色。

所谓在头脑中开辟出安放信仰的位置，就是对已经明确的信仰对象高度信任、高度仰慕、高度崇敬、高度向往、高度敬畏，并由于高度信任、高度仰慕、高度崇敬、高度向往、高度敬畏而能够自觉地服从执着地追求信仰目标，自愿为其奉献自身的资源、精力和能力，牺牲自己的现实利益乃至生命。

所谓在头脑中树立信仰的形象，就是把信仰对象具体化、形象化。不管所信仰的对象到底是一种理论、说教或者某种理想境界，或者某种共同的利益形态，乃至某种值得敬畏、信赖和崇拜的力量，都必须是具体的、形象的，而不能是抽象的，是能够在日常的生活实践中体现出来的，即能够变成实际行动的东西。

信仰社会作为一种特殊的精神生活舞台，其突出的特点是，凡是在这个舞台上扮演角色的行为主体，越是信仰坚定、心灵纯净，就越是能够对信仰有感情，越是能够自觉自愿地为信仰而奋斗牺牲。反过来说，越是能够自觉自愿地为信仰而奋斗牺牲，越是能够不断地经常性地参与信仰实践活动，经受组织提供的精神生活洗礼，其信仰观念就越是坚定、笃诚，心灵就越是纯净，越是能够把信仰具体化为一种生命活动的价值追求。而且，信仰主体的心灵越是纯净，越是能够把信仰具体化为一种生命活动的价值追求，就越是无法容忍任何与其所信仰的对象相悖的东西，越是能够为捍卫自己信仰而焕发出高度的担当精神、战斗精神和牺牲精神。而如果不能把信仰应用于生活实践，仅仅把信仰停留在理论上、纸面上、口头上，信仰对象的形象就会逐渐淡化，信仰理念就不可能扎根，就会随时动摇。这就是为什么越是在艰难困苦的环境或随时都可能面临生命危险的战争环境，人们就越是容易坚定信仰的原因。

实行社会主义市场经济以来，商品货币意识高度活跃，加之社会上某些过度追求物质享受现象的示范效应，拜金主义、享乐主义风气逐渐兴起。少数党员领导干部攀比物质享受，讲究吃喝玩乐，沉迷轻歌曼舞，有的甚至滋生低级趣味，从根本上扭曲了共产党员的价值追求，与共产党人的理想信念背道而驰。

历史唯物主义告诉我们，人们所扮演的社会角色不同，其价值取向也不相同。党员领导干部和普通公民属于不同的社会角色，应当有不同的权利义务和价值追求。党员领导干部只有明确自己的角色定位，先天下之忧而忧、后天下之乐而乐，才能忠实地、努力地履行自己的社会义务，扮演好自己的社会角色，实现自身的社会价值。如果党员领导干部也像一个普通的市场主体那样以物质享受、财富积累为价值追求，以低级趣味为乐事，就在实际上背离了自己的理想信念。久而久之，在社会上，就必然要与民争利，就难免要滥用权力，脱离群众；在思想上，就必然会逐渐淡化并最终动摇、放弃党的理想信念。所以，绝不能离开价值追求而空谈理想信念教育。放纵与理想信念相背离的价值追求滋生蔓延，任何信仰教育都是没有用的。

（二）参加组织生活，强化组织观念的义务

任何社会组织都是由不同的行为主体，为着某种共同事业和实践主题，按照一定角色分工而构成的，都必须依靠某种社会纽带把每一个扮演着不同角色的行为主体联系在一起。不同的社会组织，依靠不同的纽带来发挥这种社会的凝聚作用。信仰社会组织的社会纽带，既不像血缘社会组织那样自然而且牢不可破，也不像生产社会组织那样现实而须臾不可以离开，更不像政治社会组织那样具有强制性。信仰社会组织的社会纽带，表现为人们心目中的价值追求。人们的信仰或行为宗旨，作为人们的一种精神追求，属于意识形态的范畴，不能离开人们的生活实践而单独存在，只能依靠人们的生活实践才能显示它的存在，也只有依靠人们的生活实践才能不断巩固和强化。任何一个信仰社会组织，只有通过组织在其中扮演各种不同角色的行为主体参加组织生活，才能彰显出来。没有具体的现实的可观察的组织生活，任何信仰社会组织都无法显示其是否真实的存在。同样，一个行为主体是不是在某一信仰社会组织中扮演社会角色，也只有通过是否参加其组织生活，才能显示出来。参加组织生活的态度越积极、越自觉，就越表明其组织观念强烈。所以，参加组织生活，增强组织观念，是每一个信仰社会组织都必然要规定的角色义务。作为一个信仰社会角色，不管是主导角色还是从动角色，遵守组织纪律、执行组织决定、参与统一行动、维护组织统一，都需要以牢固而强烈的组织观念为基础。

组织观念，是标志行为主体关于其自身与社会组织关系的自我意识或自我觉醒程度的哲学概念。组织观念所涵盖的思想内容，包括行为主体需要履行的社会义务、需要行使的社会权利，以及这些义务和权利的来源，履行这些义务、行使这些权利的社会意义，等等。组织观念反映的是社会组织在社会角色心目中的分量、地位，表达的是社会角色对其自身社会性的觉醒，以及对社会组织的依恋情感，对社会组织的爱戴、珍重和敬畏心理。组织观念是构成角色意识的重要内容。

在信仰社会组织中，组织观念强弱，反映着信仰主体信仰程度的强弱。但这并不表明其与信仰属于同一层级的概念。组织观念和信仰都可以发挥社会纽带的作用，但组织观念比信仰更加接近信仰主体的实际行为。如果说信仰是信仰社会纽带的理论形态，那么，组织观念则是信仰社会纽带的技术形态。

组织观念不是凭空产生的，而是在组织生活中培养的。所谓组织生活，作为一个专用概念，标志的是信仰社会组织内部角色与角色之间、角色与组织之间的各种形式的语言和行为互动，例如各种集会、各种社会实践活动，以及以组织名义指令某一角色进行的思维活动或实践活动。

一方面，信仰社会角色组织观念的强弱，与其参加组织生活的多寡和密度大小成正比例关系。一个信仰社会组织的组织生活形式设计得越好，越符合信仰社会角色的实际情况需要，组织生活就越活跃。信仰社会角色参加组织生活越多、越认真，组织观念就越强。

另一方面，信仰社会角色组织观念的强弱，是通过其参与组织生活的态度和状态表现出来的。信仰社会角色的组织观念越强，其参加组织生活的态度就越自觉、越积极主动。参加组织生活的密度越大，态度越自觉、认真，也就表明其组织观念越强，对组织的依赖性就越高，对组织的力量就越敬畏，遵守组织纪律、为组织贡献能量、为捍卫组织利益而自我牺牲的自觉程度也就越高。

（三）遵守组织纪律，完成任务的义务

任何一个信仰社会组织，都必然会规定在其中扮演角色的行为主体忠实于信仰对象，自觉地为组织贡献能量，维护组织统一，服从组织决定的义务。

不管在哪个信仰社会组织中扮演角色，必须树立对组织生存的经济基础承担责任、贡献主体能量的义务观念。按照规定交纳组织费，是信仰社会角色履行这种义务的形式之一。大多数信仰社会组织都在章程中明确规定，交纳组织费是参加该组织的一个必要条件，并明确规定出交纳组织费的标准和方式。对于一个信仰社会组织的从动角色来说，交纳组织费，一方面是对其组织应有的贡献，另一方面是其组织观念、组织感情的表达方式。宗教组织一般并不规定信众必须交纳组织费，但却鼓励信众自愿贡献自己的财产、财物，而且，信众贡献的财产、财物越多，其在宗教社会组织中的地位和声誉也就越高。

不管在哪个信仰社会组织中扮演角色，必须树立参加组织生活、服从组织决定、完成组织交给的任务、遵守组织纪律的义务观念。信仰社会是独立于血缘社会、生产社会和政治社会的一种特殊的社会组织，其社会生活是一种不同于血缘社会、生产社会和政治社会的特殊的社会生活。在一个信仰社会组织中扮演角色，参加一个信仰社会的组织生活，就意味着相应地减少参加血缘社会、生产社会和政治社会生活的时间和精力，增加时间分配的压力。对于一个信仰社会组织的从动角色来说，积极主动地参加组织生活，一方面是其组织观念强烈、组织感情深厚的必然表现，另一方面是其不断增强组织观念和组织感情的必由之路。

服从组织决定，按照组织决定的要求，把组织决定变成实际行动，完成组织交给的任务，是信仰社会角色必须履行的一种义务。不管是关于组织内部建设的决定还是关于社会活动的决定，不管是关于组织整体行为的决定还是关于某一组织机构的决定，不管是关于组织行为安排的决定还是关于某一具体角色的决定，不管是关于其自身的决定还是关于其他角色的决定，都必须通过相关角色的实际行动落到实处，社会组织才能表达为一种客观的社会存在，才能表达为一个社会实体和行为主体。

遵守组织纪律，是维护组织统一的必然要求。从理论上说，一个信仰社会组织的纪律，是由其信仰和宗旨所决定的，是其信仰和宗旨对其行为准则的具体规定。不同的信仰社会组织有不同的纪律规定。无意间违反纪律，可能是出于对信仰和宗旨的无知。对组织纪律明知故犯，本质上是对其信仰和宗旨的违背或叛离。信仰社会的纪律在抽象程度上低于国家法律，而其严格程度则高于国家法律。一个组织严密的信仰社会组织不但会有明确的纪律规定，而且会有抽象程度略低于纪律，而严格程度则高于纪律的各种规矩。

服从组织决定，遵守组织纪律，对于一个信仰社会的从动角色来说，有一个思想前提，就是要在思想上摆正角色位置，明确角色定位。与其他社会角色相比较，信仰社会角色之间的价值形态差异比较淡化，容易模糊。但如果真的模糊了不同角色的价值形态，失去对主导角色功能、价值和权威的尊重，服从组织决定、完成组织分配任务时就有可能会打折扣，就会成为遵守组织纪律的心理障碍。

服从组织决定，遵守组织纪律，都是维护组织统一的必要条件。维护组织统一，除了服从组织决定，遵守组织纪律之外，更重要的是在思想上、组织上与组织保持高度一致。信仰社会的一个突出特点是追求真理的理念比较活跃，但不同意见之间一时难鉴真伪。处理不好，就可能导致组织分裂。所以，维护信仰社会的组织统一，必须善于正确处理不同意见。一方面，作为一个成熟的信仰社会组织，应当建立不同意见交流、处置和保留的科学机制。另一方面，作为一个信仰社会从动角色，有不同意见，必须按照组织规定，按照制度和程序来表达，不能搞非组织活动。必须树立任何情况下不发起、不参与分裂组织活动的观念。

二、从动角色行使的权利

信仰社会从动角色应当行使的社会权利，归根结底是由其所承担的社会义务决定的，大体上可以概括为三个方面。

（一）参加和退出的权利

信仰社会组织的一个突出特点是以信仰为纽带。这是一种只能根植于人们心中的精神力量，一种来无影去无踪的意识形态，一种只能自我表达的客观存在。所以，不管在哪种信仰社会组织扮演角色，不管是加入一个宗教组织还是加入一个政党组织或其他社会团体组织，都是一种自觉自愿的行为。不但参加某种宗教或政党组织的生活是行为主体自身的权利，而且退出某种宗教或政党组织的生活也是行为主体自身的权利。信仰社会组织虽然可以通过一定的组织措施和组织程序主动清除某些达不到其角色扮演要求的行为主体，撇清其与这些行为主体的关系，但却不可能有效地挽留某些不愿继续留在组织中扮演角色的行为主体。无论是参加组织还是退出组织，都是信仰社会每个角色扮演者的基本权利。

参加某一信仰社会组织，之所以能够成为该组织任何一个角色扮演者的权利，首先是因为这种行为是只有扮演该角色的行为主体自己才能决定的事情，只服从行为主体自己的主观意志，不可能也不应该取决于其他主体意志。同样，当一个行为主体还没有表示要加入某一信仰社会组织，其他行为主体不可能也不应该强行将其拉入该组织。某些宗教或政党组织由于急于扩大组织规模，降低组织门槛，或者违背行为主体的个人意志，强行将其拉入组织扮演某种角色，其结果，不可能实现其壮大组织规模的目的，反而可能由于被强行拉入组织的行为主体不能自觉履行其所扮演角色的义务，降低组织的纯洁程度和组织质量，涣散组织结构，弱化组织功能，降低组织的社会生存能力。

参加某一信仰社会组织，之所以能够成为其中任何一个角色扮演者的权利，还因为在任何一个信仰社会组织扮演角色的行为主体，是否参加其组织生活，是否以十分认真的态度参加组织生活，也是其自由意志的客观表现。不管扮演什么角色，不管是主导角色还是从动角色，只要其原意参加组织生活，任何力量都无权加以阻拦。只要其不愿意参加组织生活，任何力量都没有办法使其能够认真地参加组织生活。

正是因为参加不参加一个信仰社会组织，以及加入一个信仰社会组织之后，是不是认真地参加其组织生活，都属于信仰社会角色的权利范畴，所以，对于任何一个行为主体来说，加入一个信仰社会组织，就意味着你必须履行该组织为你规定的社会义务，意味着你必须由于加入这一社会组织而改变自己原来的角色面貌和社会形象，改变原来的社会关系，意味着你必须由于加入这一社会组织而改变自己原来的生活理念、生活方式和生活习惯，意味着你必须为履行这一社会组织所规定的社会义务而付出更多的精力、体力等主观能量，意味着你必须为履行这些社会义务而付出原来不必付出的各种牺牲（甚至包括生命），你必须为这一切必然性的变化作好思想准备。在某些宗教组织或者政党、社团组织社会影响力足够强大时，可能会有某些行为主体仅仅由于追求甚至迷恋该组织的社会影响力所可能带来的社会荣耀、切身利益而盲目加入这一宗教或政党、社团组织，却并没有真正理解这一组织的宗旨或信仰对象，因而并不准备认真地履行由于加入这一组织而必须履行的社会义务，并不准备认真地承担由于加入这一组织而必须承担的社会责任，或者对履行这种新的社会义务、承担这种新的社会责任缺乏必要的思想准备，结果是虽然加入了组织，但却不能扮演好这一新的社会角色。

既然加入某一信仰社会组织是一种权利，那么，相应地，退出已经加入的某一信仰社会组织也是一种权利。无论是由于加入某一宗教、政党或社团组织时并不真正了解其组织宗旨和信仰对象，还是由于通过参加某一宗教、政党或社团组织的组织生活而改变了对其组织宗旨和信仰对象的理解，或者因为其在社会主题性实践活动中充分自主自由地发挥其主观能动性的权利无法得到实现，任何一个信仰社会组织的角色，不管是主导角色还是从动角色，都有权利退出这一宗教、政党或社团组织，不再继续扮演其中的某种角色。

一个本来在某一宗教、政党或社团组织中扮演角色的行为主体，如果行使退出的权利，不但意味着其不再继续履行该组织为其规定的社会义务，不再参加由于加入这一社会组织而必须参加的社会实践活动，意味着其个人在经济利益、精神生活等方面将发生重大变化，意味着其与该社会组织及其相关人群的社会关系发生重大变化，其中可能包括由利益高度一致变成利益严重冲突，由志同道合变成势不两立。不管哪个信仰社会组织的角色扮演者，一旦决定退出该社会组织，必须为这一切必然性的变化作好充分的心理准备。

（二）选择并变身主导角色的权利

服从主导角色各项决策，遵守主导角色颁布的各项组织纪律、制度规定，都是维护信仰社会组织统一的必要条件，都是需要每一个从动角色自觉履行的社会义务。而从动角色之所以能够自觉地履行这些义务，是由于他们对主导角色及其各项决策，所颁布的各项组织纪律、制度规定都高度信任。这种信任并不是凭空产生的，只能源于其对主导角色选择权的行使。

选择主导角色的权利，包括但不局限于行使选举权，而且包括行使选举权之前对可能成为选举对象的任何行为主体行使充分了解的权利。没有这种充分了解选举对象的权利，选举权的行使就只能变成一种被操纵的政治闹剧。这是西方的民主理论和选举制度的通病，是其无法避免的基因性缺陷。中国共产党的各级主导角色都从基层做起，经过一定时间的实践考验，一方面，使其主导党内事务的理念、方式方法和经验都得到一定积累；另一方面，也在一定范围内获得了党员的普遍了解和认同，因而能够确保每一次民主选举中的每一票都不是由于仅仅听信竞选演说之后的情感表达，而是每一个选举人从其思想深处发出的理性选择，确保党的主导权永远能够掌握在最优秀的党员手中。这是中国共产党的民主理论和选举制度的主要特征和思想精髓。

信仰社会从动角色必须享有的民主权利，不仅仅是指对主导角色进行选择的权利，更重要的是指享有扮演主导角色机会的权利。不管哪个信仰社会组织的角色，在加入组织的初始阶段，被安排的角色，从价值形态上说，一般都是从动角色。扮演好从动角色，是其基本的必须履行的社会义务。扮演好从动角色，就要行使相应的权利，包括接受各种事关信仰的理论训练的权利，参加各种组织生活的权利，对事关组织建设的各种事务表达意见和建议的权利，等等。一方面，使自己对信仰对象和组织宗旨的理解逐步深入；另一方面，使组织内其他角色逐渐了解自己，并支持自己扮演更加适当的角色。在扮演好从动角色的实践中积累足够扮演主导角色的条件，是中国共产党民主理论和选举制度的另一个主要特征和思想精髓。

从动角色被选择成为主导角色的主观要件，主要内容应当包括三个方面：一是在社会实践中解释信仰、不断坚定信仰的能力；二是针对现实生活中出现的新情况，创新组织生活制度的能力；三是依据组织规则表达其对制度、规则、组织建设、社会活动方针等的理解和建议的能力。其中特别重要的是在社会实践中解释信仰和不断坚定信仰的能力。

作为人类精神生活中的一种普遍现象，作为每一个人不可或缺的精神支柱，信仰不是离开人们现实社会物质生活而孤立存在的僵化教条，而是与人们现实的物质生活紧密联系在一起的指导原则。作为人们对某种社会理想、价值理念由于高度信任、崇敬、仰慕、敬畏、服从，以及对其所指引的目标的热烈向往、憧憬和执着追求，以至于自愿为其奉献自身的资源、精力和能力，牺牲自己的利益乃至生命那样一种精神状态，信仰必须能够化解现实生活中经常出现的各种干扰和冲击。现实生活中的新事物总是层出不穷的，其中难免会有些新的现象构成对既定信仰的干扰和冲击。每一个在信仰社会中扮演角色的行为主体，都有运用自己对信仰的解释权，化解现实生活中随时出现的新事物可能对自己的信仰构成的干扰和冲击的义务。不管是主导角色还是从动角色，凡是能够展示这种能力的行为主体，获得社会认可，就应当能够扮演主导角色。

（三）依据信仰监督主导角色的权利

信仰社会主导角色履行社会义务的内容，本质上也是一种公共事务，因而也带有公共权力的某些特征。不过，信仰社会公共权力的运作，与政治社会的公共权力运作有一个重大的区别，即它不是不同利益主体之间协商利益共同点的政治运作过程，而是根本利益一致基础上的民主集中过程。所以，信仰社会组织的权力体制和机制设置更适合一元化的模式。在一元化的体制机制中，监督不需要表达为不同公共权力的相互制约，而是直接表达为从动角色对主导角色的监督，表达为权利对权力的监督。这种权利监督的目标一般只有两个：一个是防止主导角色的主导行为偏离或背离信仰或宗旨；另一个是防止主导角色谋取私利的行为，防止其侵害或背离从动角色的根本利益。

信仰社会从动角色行使其对主导角色的监督权利，需要两个方面的前置性条件：一是需要不断增强其主体意识。从动角色的主体意识，表现为其参加组织生活的自觉性和积极性。不参加组织生活，不参加组织的社会实践活动，就不可能了解主导角色的主导理念和主导社会公共事务的行为方式，就不可能了解其主导理念和主导社会公共事务的行为方式是否符合信仰或宗旨，无法对其实施监督。二是不断提升其实施监督的能力。包括不断提升其信仰领悟和表达能力、对组织生活制度的理解和参与能力、对公共事务和信仰活动的理解和参与能力、对信仰社会公共事务主导理念主导行为方式的观察和判断能力。

信仰社会从动角色依据信仰监督主导角色的权利，表现为以下两个方面：

一方面，依据信仰监督主导角色的权利，要表现为对组织事务享有知情的权利。信仰社会的公共事务不像政治社会那样涉及利益协商和利益协调，主要是关于理论、政策、制度安排和行动方案等方面的真假、是非、正误的辩论。所以，从动角色关于知情权的诉求，在内容上不像政治社会从动角色那样不但要求决策程序、决策结果的公开，而且要求包括承办人、参与人资格，审理或审批的项目及其所需提供的资料证据等在内的全部决策要件信息的公开。信仰社会从动角色关于知情权的诉求，主要是公开全部不同观点，以保障辩论信息的完整；公开辩论程序，以保证参与机会均等。而且，凡涉及必须严格保密的对外关系和组织根本利益的重要信息，不能公开。在一个组织严密的信仰社会组织里，角色的知情权和保守组织秘密的义务是统一的、不可分割的。

信仰社会从动角色的知情权，在实际生活中是通过其主导角色履行政务公开的义务表达出来的。从动角色行使知情的权利，与主导角色履行政务公开的义务，是一个问题的两个方面。无论什么样的信仰社会组织，离开其主导角色履行政务公开的义务，离开政务公开的各种规章制度的贯彻落实，其从动角色知情权的行使就只能变成一句空话。

另一方面，从动角色依据信仰监督主导角色的权利，要表现为通过参加组织生活，对其所在组织的公共事务表达意见的权利，其中包括对主导角色进行评价（奖励、批评）的权利。参加组织生活，既是从动角色的义务，也是从动角色的权利。在信仰社会一元化的权力体制机制中，参加组织生活，是从动角色行使对组织公共事务知情权的唯一渠道，也是其评价、批评、监督主导角色和公共事务的唯一渠道。任何公开批评指责主导角色和公共事务的言论和行为，都只能在组织规定的范围内以组织规定的方式进行。任何信仰社会组织都不允许以非组织的方式公开批评和指责其主导角色和公共事务。在组织生活之外公开批评和指责其主导角色和公共事务，不可能发挥建设性的作用，只会损害组织的凝聚力和统一性，甚至可能被敌对势力所利用，因而很难区分到底是积极的建设性批评还是分裂组织的言论和行为。

信仰社会从动角色通过参加组织生活，对其所在组织的公共事务表达意见的权利，包括建议主导角色就关于信仰的各种分歧意见采取措施和行动的权利。对信仰产生不同的理解或理论解释，是信仰社会经常出现的一种内部矛盾，是思想活跃的表现。信仰社会组织内部发生的思想分歧，其中包括关于信仰的不同理解或不同的理论解释，有的可能经过充分的辩论分清是非，实现思想统一，有的可能一时或根本无法实现思想统一。每当这时，矛盾双方都希望成为主流理解或理论解释，于是就会建议或要求主导角色采取必要的措施，其中包括组织措施，例如要求对对方采取组织措施，以保持信仰和组织的纯洁性。

思想活跃是信仰社会组织社会活力和组织生命力的源泉。但思想矛盾如果处理不好，则会导致组织涣散，甚至组织分裂。保留不同意见，其中包括少数人的意见或者已经被一定组织程序认定不予采纳的意见，是信仰社会从动角色的一项重要权利。这种权利不但可以有效地避免不应当出现的组织分裂，而且可能是保护真理，及时纠正错误，避免错误效应持续蔓延的科学制度。

第三节　信仰社会角色的评价问题

一个人如果在信仰社会扮演角色，那么这个角色所履行的社会义务、所行使的社会权利、所追求的价值目标，既不同于其在家庭所扮演的角色，也不同于其在企业或者学校扮演的角色。评价信仰社会角色所使用的概念，与血缘角色、生产角色都不一样。但评价信仰社会角色所使用的概念，与评价血缘社会角色、生产社会角色的概念一样，也区分为本色概念、延展概念和升华概念这样三个层次。

一、评价信仰社会角色的本色概念

与血缘社会角色和生产社会角色一样，在信仰社会扮演角色，其履行义务、行使权利的全部实践活动，无不从一个共同的价值基点出发。表达这一价值基点的概念，就是评价信仰社会角色的本色概念。

（一）评价信仰社会角色的本色概念是笃

在汉语中，笃字，有扎实、牢靠、坚定、执着等含义，表达的是信仰社会角色对自己的信仰扎实、坚定，表现为因信仰而自发地忘我那样一种精神境界。

笃，之所以成为信仰社会角色评价活动的本色概念，首先因为它是各种信仰社会组织最为看重的一种价值追求。不管是宗教还是政党，都只对承认其纲领和宗旨，接受其信仰对象的人们开放。对信仰的笃实坚定，是信仰社会各种角色的扮演主体履行其全部义务、行使其全部权利的原始性、基础性的思想基础。信仰是否笃实坚定，是评价信仰社会角色和信仰社会组织全部实践活动的基础性、原始性价值尺度。各种以维护其群体利益为宗旨的社会团体，即使没有可供信仰的旗帜或偶像，也一定要把其表达和实现切身利益的组织核心作为高度信任和崇敬的对象。如果不能让相应的社会角色深信其能够代表自己的切身利益，能够比其本人更有效地表达和实现切身利益，就不会自愿承认其纲领和章程，不会自觉履行其义务，更不会把其权利当回事儿。如果参加了一个信仰社会组织而对其朝秦暮楚、三心二意，那就不可能形成对其原则、理论或偶像的高度信任、崇敬、仰慕、敬畏和服从，不可能对原则、理论或偶像所指引的目标产生热烈向往、憧憬和执着追求的内在冲动，不可能把信仰延伸到价值目标之外的生活指导原则，更谈不到自愿为其信仰奉献自身的资源、精力和能力，直至牺牲自己的利益乃至生命那样一种纯粹的思想境界。

所以，无论什么样的信仰社会组织，不管是宗教、政党抑或社会团体，无不把坚定其组织成员的理想信念作为头等大事，无不把笃定其信仰、自觉地为其信仰奉献资源、能力乃至其生命的行为主体树立为楷模，供人们效仿。

笃，作为一个评价信仰社会角色的概念，其所标志的精神生活现象，不仅是各种信仰社会组织内聚力的源泉，而且是其组织成员全部精神生活的支柱和基础，以及生活动力的源泉，决定着信众的人生方向。

被信仰的对象都是崇高的，因而信仰这种对象的信仰主体也一定会在人格方面表现出不同程度的崇高。对信仰的笃实和坚定，意味着行为主体的理想、抱负和追求已经超出了个体生命的范畴，意味着其人生观、价值观、苦乐观都超越了现实物质世界，进入到一种忘我的境界。笃实坚定的信仰是一切英雄人物和英雄行为的能量源泉。一个人有了笃实坚定的信仰，就意味着其追求幸福的动力源泉永远不会枯竭。一个人如果失去信仰，就无法理解甚至无法相信各种英雄人物和英雄壮举的真实性。近年来出现了一些质疑、否定我国历史上各种英雄人物和英雄壮举的现象。有的以为这些英雄人物和英雄壮举不符合人性（他们认为自私才是人的本性），因而不可能是真实的。有的甚至编造一些谎言、谣言抹黑英雄人物，表明这些人自身没有信仰。一个没有信仰的人也会有某种愿望或追求，但其愿望或追求不可能达到崇高境界，忙碌的灵魂常常会感到空虚，无以寄托，找不到归宿，最终失去生活的乐趣和动力。即使他们实现了某些短浅的目标，他们整个人生的目标却只能越来越模糊，创造生活的动力源泉随时都会突然枯竭。

信仰与理想有联系，但信仰不等同于理想。理想是信仰的基础，信仰是理想的升华。理想的字面含义是对愿景的合乎逻辑的想象，是对现实进行革命的理念状态。信仰是由“信”和“仰”两个单音词组成的复合词。“信”和“仰”都是动词，而“信仰”则既可以用为动词，也可以用为名词。作为动词，信仰是指行为主体对某种原则、理论或偶像的高度信任、仰慕、敬畏和服从以及对其所指引的目标的热烈向往、憧憬和执着追求。作为名词，信仰标志的是行为主体执着地追求某种原则、理论或偶像所指引的目标，以至于自愿奉献其自身的资源、精力和能力，直至牺牲自己的各种利益乃至生命那样一种热情和精神状态。一个人的信仰是否笃实、坚定，是可以从其行为状态中加以考核的。我们说一个人的信仰笃实、坚定，一般是指如下四种具体行为：一是在物质诱惑面前不动摇；二是在斗争和对抗面前不动摇；三是在挫折和失败面前不动摇；四是在策略执行中不偏离、不动摇。

（二）笃与虚的逻辑

信仰，对于任何一个人来说，都是一种外在的东西。其本质是信仰主体由于向社会靠拢而对其自身的超越，是信仰主体在精神生活上实现的对象化过程，是人的社会觉醒过程。笃与虚，作为两个概念，都是表达人们自我超越状态或社会觉醒程度的概念。笃，表达的是人们由于信仰笃实而实现其自我超越的程度已经进入高度对象化的状态，或者说其社会化程度已经达到忘我的状态。这种状态表现为信仰坚定不移，随时愿意为信仰奉献自己的一切的那种状态。而虚则相反，表达的是人们虽然表达了信仰但却并没有真正实现自我超越，其社会化仅仅是不自觉的、被动的、表面化的甚至是虚假的那种状态。这种状态表现为三心二意、虚与委蛇、摇摆不定，随时可能发生动摇。

信仰，作为一个关于人类精神生活现象的研究对象，可以从信仰对象和信仰主体这样两个方面来观察。作为信仰对象，从逻辑上说，只有真实的、科学的东西，才有强大的征服力，才能真正满足信仰主体精神生活的需要，才能使信仰主体对之坚定不移。作为信仰主体，从逻辑上说，只有在实际生活中体验到信仰对象的真实性和科学性，才能够对信仰对象坚定不移。然而，人类的精神生活毕竟不同于物质生活，对精神生活需求及其满足状态的认知和判断并不像对物质需求及其满足状态的认知和判断那样直接、简洁，因而有时候，某些虚假的非科学的东西，也能够让人们产生对它高度信任甚至高度崇拜的精神依赖，但这种状态不可能经得住人们追求真理的实践考验。人们在发现科学的信仰对象之前，往往不得不以某种并非真实的信仰对象满足现实精神生活的需要。

所以，笃与虚，作为两种完全相反的信仰状态，并不是仅仅只有对立的一面，还有相互联系的一面。笃实的信仰与虚假的信仰，常常是相比较而存在、相斗争而发展的。

有些信仰社会组织在高速扩张的时期，会形成一种强大的潮流。很多人由于无法抗拒这种潮流的裹挟力量，就确定了这种信仰，因而其信仰并非从一开始就十分坚定、十分纯洁、十分忠诚，很容易在后来的实践中发生动摇。

人们对自己信仰的动摇，有可能是根本性的动摇，也有可能是短暂的犹豫、迟疑。所谓根本性的动摇，是指彻底改变信仰，并在组织上加入其他的信仰社会组织，或者创设新的信仰，并重新组建一个信仰社会组织。所谓短暂的犹豫和迟疑，是指信仰主体对其信仰中的某些成分，例如理论、主张、组织制度、组织纪律等所进行的重新审视。经过这种重新审视，可能彻底动摇原来的信仰，也可能由于弥补了当初确立信仰时的粗糙性和盲目性，从而变得对信仰更加坚定、更加纯洁和忠诚。

信仰动摇的原因可能是多方面的。有的是因为其所信仰的对象本身缺乏真实性，不够纯洁、崇高，因而无法实现信仰目标。有的是因为在不同信仰的冲突中受到冲击、干扰而暂时出现挫折和曲折。不管什么原因，只要人们的信仰得不到具体实现，就有可能引发信仰动摇。即使是真实、纯洁、崇高的信仰对象，也可能会因为暂时的挫折和曲折而在主体的主观世界中变得扭曲、模糊，从而引发貌似动摇而实则是对信仰对象进行重新审视的现象。

现实生活中，必须严格区分对信仰的重新审视和根本性动摇、背叛。所谓对信仰的重新审视，是指由于社会实践的发展，发现作为信仰对象的理论形态有需要补充、完善的地方而引起的冲动。所谓根本性动摇、背叛，是指由于信仰不够坚定、笃实而发生根本性动摇、背叛，是根本性地中断自我对象化或社会化的过程，重新张扬和放纵其自然属性的行为。人们由于发现了信仰对象的虚假性转而追求新的真实信仰，相对于其原来的信仰来说，也属于一种动摇、背叛行为。

一般来说，单个的从动角色对信仰的动摇，并不会对整个信仰社会组织造成巨大的冲击。而一旦主导角色对信仰发生动摇，哪怕仅仅是一点不够坚定的表现，就会在整个社会中诱发连锁反应，并可能形成整个社会组织的信仰危机，危及整个社会组织的稳定。近代出现的政党组织，由于对建党宗旨或党的基本理论的歧见发生分裂、分化的事屡见不鲜。三大世界性宗教在上千年的发展历史中，更是不计其数地发生宗教分裂或宗教改革，至今仍然教派林立。所有这些，都是信仰危机没有得到及时遏制的结果。

二、评价信仰社会角色的延展概念

评价信仰社会角色的延展概念有三个，即真、气、节。

（一）真

真，就是真实、坦率。坚定地相信自己的追求是一种客观真理，这是信仰笃实的前提条件。勇于亮明自己的观点，毫不隐讳自己的观点，是信仰笃实、坚定的必然表现。真实、坦率，表现为对内对外两个方面。对内，即对自己的信仰真实、坦率，对自己所信仰的社会组织真实、坦率，毫不隐讳自己的思想。对外，即在任何场合都不隐晦自己的观点，竭尽全力坚持和宣传自己所信仰的观点。

科学的信仰与封建迷信以及精神控制不同。科学的信仰是以真理为信仰对象，以追求真理为精神追求和实践主题。一个科学的信仰社会角色所履行的社会义务，所行使的社会权利，所追求的社会价值，都是为了把某种社会真理变成实际的社会生活。一个以客观真理为信仰对象的行为主体，总是以真实、坦率为荣，以虚伪、猥琐为耻。

真实、坦率，作为评价社会角色的一个审美概念，同时也是一种高尚的人文品格的标志，其本质内涵是对真理的尊重和敬仰。对真理的尊重和敬仰，不但是指勇于坚持真理，而且包括勇于承认和修正错误。真理与错误总是相比较而存在、相斗争而发展的。一个信仰社会角色在追求真理的过程中，难免犯错误。如果对于已经发生的错误不能勇于承认和修正，就不可能真正坚持真理。一个信仰社会组织如果不能及时修正已经发现的错误，或者不允许某个社会角色修正已经发现的错误，那就不是科学的信仰社会组织，而是封建迷信组织甚至是以实行愚昧的精神控制为特征的邪教组织。

（二）气

所谓气，也叫气质、气概、气势。作为一个审美概念，气质，标志的是主体在掌握真理，树立信仰之后，在审美实践中表现出来的人文品格，是主体对自己所秉持的信仰高度自信的一种力量表现形式，是主体因有信仰而产生的内在力量的外张气象。气概在角色的实际行动中表现为一种英雄主义精神，即为追求信仰所指示的方向、目标或行为标准，不顾一切、无所畏惧、藐视各种艰难险阻、压倒一切困难而决不被任何力量屈服的英雄主义气概。气概还表现为一种积极、乐观、通达、沉稳的定力。气势是气概表达的外在形式。气质、气概、气势都属于气的范畴。气不但是信仰社会角色审美的重要概念，而且是信仰社会角色的必备品格。信仰社会角色是由信仰主导的实践主体，是追求高层次理想目标的实践主体。理想和目标越是高远，实现的过程就越是复杂，道路就越是漫长、曲折，就越需要精神的力量来支撑。所以，在信仰社会，不管扮演什么角色，气质、气概和气势这种人文品格，都是不可或缺的。

（三）节

所谓节，是指主体在掌握真理，建立信仰之后，在信仰社会角色评价活动中被关注的另一种人文品格，是主体对其自己所秉持的信仰高度自信的一种表现，是主体因有信仰而产生的内敛能量和力度的表现形式。节也是以坚强的意志为内核的力量表现形式，表现为刚正、坚定、坚强的人格形象，表现为严格自律、强力自制的人格力量。如果说，气是主体对抗外界干扰、侵犯、阻碍时表现出来的能量形式，那么，节则是主体对抗内在世界反向因素时所表现出来的能量形式。如果说气是主体向外部世界彰显其内在能量的形式，那么节则是主体对自身反向因素彰显其定力的能量形式。和气一样，节不但是评价信仰社会角色的重要概念，而且是信仰社会角色必备的人文品格。在信仰社会，不管扮演什么角色，作为由信仰主导的实践主体，不但可能会经常遇到外界因素的各种干扰、侵犯和阻碍，而且会经常遇到自身内在的各种反向因素的干扰。不管是来自外部的各种干扰和阻碍，还是来自其自身内部的各种干扰、侵犯和阻碍，不可能是一帆风顺的。作为追求高层次理想目标的实践主体，支撑其不懈追求的精神力量，不但表现在对外部环境的反应上，而且表现在对自身内部各种反向因素的反应上。

节和气，在信仰社会角色评价活动中，可以作为两个不同的审美概念，也可以合并为一个审美概念，叫作气节。在中国文学中，气节有时又叫风骨。气节是每个信仰社会角色都必须不断加强的人格修养课题。缺乏必要的气节，一旦进入逆境，遇到困难、挫折，就会被戾气劫持，不但会悲观、烦躁、气馁、退却，而且可能会变节、逃遁。而一旦进入顺境，遇到奉承、掌声，又可能滋生腐败、堕落的倾向。

三、评价信仰社会角色的升华概念

信仰社会角色的评价活动，反复使用本色概念和延展概念的结果，是升华为一个新的更高更丰富的审美境界。

（一）评价信仰社会角色的升华概念是忠

作为信仰社会角色评价活动中使用的一个概念，忠所标志的角色扮演境界，是信仰社会角色由于自觉放大其自身社会义务、自觉调整其自身社会权利结构，从而最大限度地实现其社会价值。信仰社会角色为追求其社会价值目标而对自身社会义务的自觉放大、对社会权利结构的自觉调整，包括一般形态和终极形态两种情形。所谓一般形态，是指信仰社会角色为实现其价值目标而自觉地放大其自身义务范围和标准，自觉地压缩其自身权利范围和标准的行为。所谓终极形态，是指社会角色特别是信仰社会角色为最大限度地实现其社会价值而放大社会义务、收缩乃至放弃某些社会权利的极端行为，例如放弃生命权利的行为。

忠已经超出了信仰社会角色评价活动中使用的其他概念所标志的角色扮演境界，表现为对信仰对象的感知程度已经超越了主体自身，已经进入了无私、忘我的境界。对信仰对象全心全意、赤胆忠心。为了实现信仰目标或由信仰对象所指示的各种行为准则，尽心尽力、不遗余力、英勇无畏，不因道路的漫长而放弃，不因遇到的困难和险阻而畏惧。

忠所标志的角色扮演境界，已经不再局限于笃、真、气、节所标志的主体自身状态，已经进入主体与对象的关系领域，标志的是主体对信仰对象的理解深度和依存程度。在信仰社会角色评价活动中，树立信仰是忠诚、忠实、忠勇、忠贞等人文品格的前提。忠诚、忠实、忠勇、忠贞等人文品格则是信仰坚定的表达方式。任何主体的忠，都只能是忠于某种信仰。对信仰不忠诚，或者旁顾甚至移情于信仰之外的对象，就标志着信仰已经动摇。任何情况下，忠都是不能没有对象的。世界上没有也不可能有离开具体对象的抽象的忠。

作为信仰评价的升华概念，忠不但离不开信仰评价的本色概念，而且必然通过信仰评价的延展概念来表达。离开信仰社会角色的笃、真、气、节等人文品格，忠就是空的。也就是说，任何信仰社会角色，是不是真的忠于信仰，只能通过其是否具备笃、真、气、节等人文品格来判断。如果一个信仰社会角色在遇到其他人所秉持的信仰干扰时，对自己的信仰对象三心二意、犹豫动摇，而不是坚定不移、全心全意，或者不能持久、恒定地秉持自己的信仰，或者经常由于自身的懒惰、自私等各种弱点而在实际行动中对自己所秉持的信仰打折扣，言行不一，或者在追求信仰的实现、落实信仰对象所指示的方向、目标或行为标准等实际行动中畏首畏尾、怯懦退缩，而不是不顾一切、无所畏惧、藐视各种艰难险阻，缺乏压倒一切而决不被任何力量屈服的英雄主义精神，在面对内外诱惑时缺乏抵制的能量或力度，动辄变节，就无论如何都不能说忠于其信仰。

忠不忠，看行动。就是说，对于每一个具体的信仰社会角色来说，忠与不忠，都要表现为履行义务、行使权利的角色扮演活动。离开其履行义务、行使权利的角色实践活动，任何一个信仰社会角色都不可能牢牢把握忠于信仰这个修养课题和修养方向。同样，离开一个信仰社会角色履行义务、行使权利的实践活动，不可能对其作出是否忠于信仰的评价判断。

一个信仰社会角色对其信仰忠诚与否，主要表现在但不仅仅表现在其履行信仰社会义务、行使信仰社会权利的实际行动。而且必然表现在血缘社会、生产社会、政治社会乃至类角色行为中履行社会义务、行使社会权利的实际行动，必然表现为其在各种社会环境中所表现出来的生活情趣和价值追求。就一个信仰社会角色的自我修养来说，前者是其修养内在品格的基本舞台，后者是这一舞台的逻辑延深。作为判断一个信仰社会角色是否忠于信仰的审美尺度，前者是作出判断的基本依据，后者是作出判断的重要依据，而且是更加可靠的依据。因为前者表达的更多是不得不如此的社会规定，而后者则是主体自身内在品格和价值追求的自然流露。

忠作为信仰社会角色的一种人文品格，作为一个比较抽象的意识形态概念，有其抽象的一面，有可能被主体抽象地笼统地理解为某种教条格式。我们知道，信仰的一个突出特点就是其超现实性。不管什么样的对象，如果不能超越现实，就不可能成为崇高的、完美的信仰对象，就无法具有真正的信仰价值。然而，任何信仰对象，如果完全与现实脱节，根本不能让人们还原成一个具象实体，也就不可能具体化为人们履行信仰义务、行使信仰权利的实际行为，就失去了信仰的实际意义。

（二）忠与奸的逻辑

信仰作为一种特殊的社会精神现象，作为一种特殊的社会精神生活，有一个十分突出的特点，就是其行为主体的高度自觉性。所谓自觉性，从人文品格上说，就是对信仰对象的忠诚、忠贞。也就是说，忠是信仰社会对信仰主体的一种很自然而然的要求。但是，正如任何客观事物和精神现象都有其对立面一样，作为信仰社会角色审美升华概念的忠，也有其对立面与其相伴而生，形影不离。与忠相对的概念就是奸。

奸的字面含义，有时用以表达一种虚伪狡诈的人文品格，有时用以表达一种吃里扒外、出卖灵魂的奸佞行为。无论从哪个意义上说，奸作为一个概念，都是与忠的含义相反的。无论是奸诈品格还是奸佞行为，一方面，有其确定的内涵，有其特定的指向，是标志某种特定品格或行为的概念；另一方面，忠和奸总是相比较而存在、相斗争而发展的。有些忠烈、忠贞的信仰主体，正是由于目睹另一信仰主体的奸诈而愈加坚定其对信仰的忠贞。反之，有些信仰不够笃实的主体，可能由于受到忠贞、忠烈信仰主体高风亮节感染而变得信仰笃实，变成忠贞的角色，也可能由于在与忠贞、忠烈角色的比较中产生失落，逐渐滑入动摇甚至背叛的泥潭。

忠贞、忠烈的角色是信仰社会组织的凝聚力源泉，是信仰社会组织生命力的象征。而奸诈、奸佞的信仰主体，不管在组织内部扮演什么角色，不管是扮演从动角色还是扮演主导角色，都是隐蔽在组织内部的大敌，它不但涣散组织的凝聚力，而且瓦解组织的生命力，是敌人隐藏在组织内部的“特洛伊木马”。其所扮演的角色越是重要，其对组织的危害也就越大。所以，无论什么样的信仰社会组织，不管是宗教、政党抑或社会团体，无不把坚定其组织成员的信仰作为头等大事，无不通过对忠贞、忠烈角色的表彰而表达其信仰的崇高，无不把忠于其信仰、自觉地为其信仰奉献资源、能力乃至其生命的英雄形象树立为楷模。同时千方百计地警惕、发现、揭露和清除奸诈角色，纯洁、巩固组织，增强组织的战斗力。任何一个信仰社会组织，无不大力倡导忠于信仰的精神要素，培养、鼓励、推广忠于信仰的人文品格，千方百计缩小虚伪奸诈品格的生存空间，杜绝奸佞行为的出现及其对社会组织的破坏性影响，防止其对组织破坏力的扩散和放大。

第六章 政治社会角色的扮演和评价

在迄今为止人类已经结成的所有社会组织形式中，政治社会是组织性、强制性、综合性高踞于其他任何社会组织之上的一种超级社会组织形式。按照列宁的话说，政治国家是统治阶级实行阶级统治的组织形式。政治社会的这种特殊性，决定了政治社会角色的权利和义务有三个突出的特点：一是权利义务更加明确、更加庄重、更加严肃，一般需要通过法律形式加以确认，并用法律的形式强制性保障；二是具有鲜明的单方面特性：主导角色的权利和从动角色的义务意识都表现为高度的强制性，而主导角色的义务意识和从动角色的权利意识则高度惰性化；三是不同角色的价值形态反差巨大，竞相扮演主导角色的冲动更加旺盛，相关竞争更加残酷、血腥。

每一个人都要在政治社会即国家组织中扮演角色。弄清政治社会角色的权利、义务和评价规则，对于提高角色自觉的意义是不言而喻的。但这里概括的角色义务、角色权利，是政治社会的主题实践活动对每个社会角色提出的逻辑要求，是人们在政治社会扮演角色的理想状态。这种理想状态不可能自然而然地呈现为任何历史时代政治社会角色的扮演状态。这里对政治社会角色评价活动的分析，不能替代对阶级斗争的分析。

第一节　政治社会主导角色的扮演问题

人类之所以结成政治社会组织，是由于阶级分化以后，社会的凝聚力非依赖政治性、强制性的功能不足以实现，是由于只能依赖政治统治才能继续展开主题实践活动。从这个意义上说，政治社会组织的出现，是人类关于社会结构认知的一种巨大深化，是人类对自己社会本质的一种自我觉醒。

与其他社会组织形式不同，政治社会组织以法律的形式表达人们的义务和权利，因而其关于角色权利和义务的规定都更加明确，更加具有刚性和强制性。

一、主导角色履行的义务

既然政治社会在本质上是实施阶级统治的组织形式，所以，从逻辑上说，政治社会组织的主导角色，应当是统治阶级。但作为一种政治活动的行为主体，政治社会的主导角色，并不等于就是一个国家统治阶级的每一个人，而只是统治阶级推选出来的一些比较优秀的代表人物，由这些代表人物通过行使立法权、行政权、司法权、社会舆论和社会教育权，把统治阶级的意志贯彻到社会生活的各个方面。

立法权、行政权、司法权的主导功能是通过政治统治行为实现的，而社会舆论和社会教育权的主导功能则是通过制造精神产品实现的。所以，与政治主导活动相比，社会舆论和社会教育的主导活动有两个重要的特点：一是不具有强制性，二是行为主体的自由度相对较高，因而不像前者那样稳定，经常会脱离统治阶级的意志，与前者发生冲突。社会精神产品一旦脱离统治阶级的意志，其生产者也就成为了被统治阶级的代言人。

政治社会的主导角色认真履行其社会义务，尊重从动角色的相应权利，得到从动角色的认可，社会主题实践活动就能得以展开，统治阶级的整体意志和价值追求就能得到实现。否则，社会主题实践活动就无法真正展开，统治阶级的整体意志和价值追求就不可能得到实现，甚至走向反面。政治社会主导角色的社会义务，可以概括为以下三个方面。

（一）保障公共秩序、构建社会和谐的义务

社会秩序与社会和谐，从内涵上说，是两个不同的概念。但从概念所标示的对象上说，都是指社会角色之间的互动状态。前者是指角色互动秩序的起码状态，后者是指角色互动秩序的理想状态。

保障社会的公共秩序，追求社会和谐，是人类之所以需要建立国家这种社会组织形式的初衷，是人类文明发展的一个标志，也是衡量和评价一个国家制度好不好的核心价值指标之一，因而是国家对其主导角色规定的特别重要的一项义务。

人类之所以要用国家组织代替氏族部落这种原始的社会组织形式，是由于人类物质资料生产能力和生产效率的进一步提高，生产规模、生产方式发生了深刻变化，社会生产单位由单一转变为多元，社会利益发生不可避免的分化，不同的生产单位和利益主体之间关于资源占有等根本性的利益冲突越来越普遍、频繁、激化，迫切需要一种能够站在各种不同利益主体、生产单位和社会组织之上的专门机器出来加以调整。从这个意义上说，国家组织的出现及其主导角色的设立，出发点就是保障社会公共秩序。

良好的社会公共秩序，和谐的社会氛围，首先是人的生命和财产安全的需要。人类结成社会的初衷，是形成集体的力量，实现“力不如牛，走不如马，而牛马为用”的目的。但人在结成社会以后并没有消除其内在的自然属性，还会经常为资源的占有等利益问题发生冲突，并因此而出现生命和财产安全的问题。所以，国家这种社会组织形式的出现，首先要发挥的一项功能，就是对全体社会成员的生命和财产安全负责，对每一个公民和社会组织的生命和财产安全负责。

国家对生命和财产安全的保障功能分为内外两个方面：对外是保障国家领土完整和国家主权，防止和抵御外部敌人的入侵和破坏；对内是通过国家机器维持社会秩序，惩治犯罪。

人的自然属性，不仅表现为国家与国家之间经常发生争夺资源和财产的战争，而且表现为国家内部发生的侵占他人资源和财产等违法犯罪行为。国家主导角色的一个基本义务，就是防止和制止不同的生命个体或利益群体之间互相侵犯、互相伤害，就是及时有效地防止和制止违法犯罪行为，就是创造条件，鼓励和支持而不是限制每一个人都能在社会主题实践活动中充分自主自由地发挥其主观能动性。

有人以为秩序是依靠权力实现的，甚至以为只要依靠权力就能实现良好的秩序。其实，这是一种莫大的误解。秩序的真正基础不在权力，而在权力相对方发自内心的服膺；相对方的服膺则来自权力自身之正。孔子曰：“政者，正也。子帅以正，孰敢不正?”所以，对于每一个扮演社会主导角色的行为主体来说，重要的不是权力大小，而是把权力理解为义务和责任，时时处处律己正身，每一个行为都能得到相对方的认可，时时处处都恪尽职守、勤勉廉洁、枵腹从公、克己奉公，让相对方心服口服。相反，如果片面相信权力、依赖权力，甚至滥用权力、枉法行政、执法犯法，让相对方把权力视为不能两立的对立面，不但不可能担负起维持社会秩序的义务，反而会成为社会秩序的破坏因素。

（二）维护公平正义，提供公共服务的义务

所谓社会正义，是指社会秩序的一种境界：整个社会生活公道、公平、和谐。这是评价一个国家或政治实体制度优劣的另一个核心价值尺度。

公平正义，从概念内涵上说，是指社会角色的权利和义务高度对应的一种状态。从概念外延上说，这种状态所涵盖的，无非是指角色权利行使中的两种情况：一种是指社会公共资源、国家政治资源和劳动财富的配置情况；另一种是指资源配置情况对社会角色互动行为的影响。资源配置上的公平正义，是指社会财富和政治资源不被强势主体过多霸占。互动行为上的公平正义，是指弱势群体不受强势群体的欺凌。如果这可以被看作两个内容不同的社会公平，那么，前一个社会公平是后一个社会公平的基础。一旦少数社会成员占有了过多的社会资源和社会财富，其所占有的社会资源和社会财富不再仅仅是一种财富优势，而且成为一种继续扩张财富优势的资本，形成一种对其他多数成员越来越强势的物质条件。所以，社会财富和政治资源一旦被少数人垄断起来，必然分裂成鲜明对立的强势群体和弱势群体。前者欺凌后者、侵犯后者权利的事情就是不可避免的。这是一种普遍规律。

在政治社会，保障社会公平正义，无非是两条：一是防止少数人垄断国家政治资源；二是平衡社会资源和财富占有。比较理性的政府，都能在自然灾害发生时通过行政手段对灾民实施某种程度的救助，有的甚至在认为必要时使用强制性手段对少数已经占有过多社会财富的强势群体的资本扩张行为加以限制。前者叫作政治公平和正义，后者叫作经济公平和正义。这里主要讨论经济公平和正义问题。

其实，设法保障起码的社会公平和正义，缓和激烈的贫富冲突，实现起码的社会稳定和社会和谐，确实是每一个国家的主导角色都不得不面对的问题。忽略了这个问题，其主导地位就一定不会像他们所盼望的那样持久。在中国，历史上曾经反复出现不同形式的“平均地权”的口号，因为在农业社会，土地是最具标志性的资源和财富象征；地租是最具标志意义的资本收益象征；土地高度集中，则是最具标志意义的资本扩张行为。过度的土地兼并是历次大规模农民起义的直接诱因。而每一次大规模农民起义之后建立的新王朝，一般都会在不同程度上改变土地过度集中的问题。

在欧洲，中世纪的基督教当局从未质疑过地租的合法性，但却禁止高利贷行为，限制资本收益进入商业或金融冒险，鼓励慈善行为。这其实也是一种对强势群体的资本扩张行为加以限制的思路。

历史进入工业化时代之后，放任“看不见的手”恣意横行，实际上就是放任资本无限扩张。这必然地导致周期性的过剩危机。20世纪30年代出现的“罗斯福新政”，曾经被推行到很多资本主义国家。“罗斯福新政”的核心内容，无非是通过累进所得税和提高遗产税的办法，在一定程度上限制资本无限扩张的行为，同时用这些从少数已经占有过多社会财富的强势群体手中收来的税收，在不同程度上救济极度弱势的群体，例如失业工人，以便缓和社会贫富之间的激烈冲突。这应当是战后各资本主义国家能够中兴的要诀。但是，20世纪80年代，从美国开始，重新倡导放任资本自由。主导者只看到自由主义能够刺激社会活力，却看不到它加剧了影响社会稳定的风险。结果仅仅繁荣了20年，就导致了2008年的金融危机，从而提供了一个具有标本意义的政治短视案例。

（三）尊重从动角色政治主体地位的义务

在政治社会，从社会实践的行为特征上说，政府的行为属于主导的范畴，人民的行为属于从动的范畴。然而，从社会结构的特征上说，从动角色才是社会的主体。尊重从动角色的主体地位，是最近 200 多年以来才逐步形成的一种政治理念。表达这一理念的概念就是民主。民主既是一个政治概念，也是一个哲学概念。

但是，谈论民主的人们对民主的理解是很不一样的。有人把民主理解为一种政治程序或政治形式，强调一人一票的选举制度以及三权分立、互相制约、多党制的政治设计。有人从语义学的意义上理解民主，甚至把民主理解为一种无政府状态。有人把民主理解成自己做主，不管多少人反对，只要自己的意见不能转变成国家意志，就是不民主。还有人把民主作为评价一个国家的最高或唯一的价值尺度等。

关于民主的各种不同理解，都属于概念外延的范畴。而对民主的内涵，则基本上是统一的：政治的主权属于人民，因而人民的利益高于一切。一切政治行为的宗旨应该是全心全意地为人民服务。政治行为的主导角色只有切实树立了这种民主的理念，才能自觉地把民主当作一种社会义务来履行，才能自觉地把这种理念贯彻到政治体制、决策机制和监督程序、监督机制等政治制度的设计和生活实践之中。

作为一种政治理论，民主不但是主导角色必须履行的社会义务，而且是从动角色必须行使的社会权利。

民主作为一种相对于专制而言的政治理论，包括理念和制度两个不同的层次。首先，民主是一切社会组织形式特别是政治社会都应当坚持的社会理念。其次，民主不仅是一种政治理念或理论原则，不能停留在理论原则的形态上面。民主必须表现为一定的实现形式。其中包括政治资源配置机制、配置方法，政治生活的决策机制、决策方法，政治权力的监督机制、监督方法等。

如果这些分析都是合乎逻辑的，那么，民主这个概念就应当这样定义：民主是标志主导角色应当履行的尊重从动角色政治主体地位和从动角色应当行使的维护主体尊严的社会权利。

这个定义表明，民主作为主导角色应当履行的社会义务，是尊重从动角色对自己的选择权、参与重大政治事项的决策权和对自己实施监督的权利。

尊重从动角色的选择权，就是不能动用公共权力对抗从动角色对自己主导地位的最终决定。

尊重从动角色的选择权，包括两个含义：一是尊重不同利益主体的诉求表达机制和利益协商机制。民主意味着不同利益主体，不管其在国家政治生活中扮演什么角色，表达能力是强还是弱，都有表达的机会和渠道，都能在同一个舞台上进行平等协商。在我国目前条件下，协商民主就是最好的民主形式。二是在决策重大政治事项的时候，广泛听取不同意见，特别要注意听取反面意见，在充分实行民主的基础上，依照一定的法制程序把正确意见集中起来，实现正确决策。所以，民主并不排斥集中，而是为了集中正确意见。集中正确意见，不是简单的多数意见，不是实行多数人暴力，而是能够反映社会共同利益的意见。民主集中制是迄今为止最为科学的民主理论和制度，其要义是民主基础上的集中，集中指导下的民主，是民主与集中相结合。只讲民主不讲集中，不是民主而是丛林法则；只讲集中不讲民主，不是集中而是专制。

尊重从动角色对自己的监督权，就是主动设置各种方便从动角色监督自己的制度、机制，诚恳接受批评和建议，并以从动角色的根本利益为出发点及时纠正错误。

这个定义表明，民主是一个历史的范畴。民主诉求的具体内容和实现形式，在不同的历史时期和不同的文化背景下是不一样的。民主的具体内容和实现形式都需要不断探索、不断发展。民主体制没有最好，只有更好。是不是民主，只有一个标准：是否真心倾听民意、真心尊重民意，是否便于公众参与，是否便于公众表达。只有符合民族文化特征和经济发展水平的公众表达制度设计，才能便于公众表达，便于倾听民意。民主意味着多样性，意味着不同民族国家应当有适合本国需要的民主进程。即使是不够先进的体制设计，在它所能容纳的全部政治活力发挥出来以前，是绝不会灭亡的；而新的更高的民主体制设计，在它的物质存在条件在旧体制的胎胞里成熟以前，是绝不会出现的，出现了也不会发生人们希望它发生的那种作用。在一种政治体制没有失去存在条件之前，不能只看到它的各种问题，而看不到它还能发挥的正面作用。任何人都既不能企图把仍然有其存在理由的制度消灭，也不能企图揠苗助长出一个还不具备存在条件的所谓民主制度。任何人都无权把自己认定的政治体制强加在别人的头上。那种强制推行某种民主模式的做法，恰恰是与民主精神格格不入的霸权主义。

这个定义表明，民主不是政治社会终极的价值尺度和价值批判标准。不管在哪个国家，标示价值目标的终极概念，不是民主，而是公平、正义与和谐。民主，无论作为主导角色的义务还是作为从动角色的权利，都只是追求公平、正义与和谐这一价值目标的手段。

二、主导角色行使的权利

政治社会主导角色的权利，不管是政治统治权力，还是精神文化产品统治权力，既不是像古希腊哲学家伊壁鸠鲁和 18 世纪西方启蒙学者所说的那样，是由从动角色放弃的部分权利构成的，也不是由从动角色直接授予的，而是通过一种通行的社会行为程序获得的。这种社会行为程序大体上可以这样表述：主导角色以社会需要的名义在主导社会事务的行为中进行权力设定，然后经过一定的社会生活主导行为获得从动角色的认可。因此，讨论政治社会主导角色的权利，必须把握两个方法论要点：第一，必须与其义务相联系，才能建立合乎逻辑的思路。第二，不能忽略主导角色本身在其权力确认过程中的主观因素，才能在思考中保持比较清晰的逻辑状态。

政治社会主导角色的权利也是以其社会义务为逻辑起点的，因而应当是与其所履行的社会义务相对应的。但由于三个客观要素的作用，政治社会主导角色很容易在心理上形成其权利和义务的非对应状态。一是其既定物质资源占有方面的优势，二是其可供继承的历史文化优势，三是以上两个优势所决定的行为能量优势。正是这些客观要素，使其很容易淹没和弱化义务意识，自发地强化自己的权利。政治社会主导角色一旦从心理上发生权利义务失衡状态，必然形成一种自发的腐败趋势。

政治社会主导角色的权利，从内容上说，可以概括为三个方面。

（一）主持制定社会行为规范的权利

政治社会的主导角色之所以需要被授予主持制定社会行为规范的权利，是因为其承担了维护社会秩序、追求社会和谐的义务。

无论在什么样的社会组织中，无论哪些社会角色之间进行互动，秩序都是由行为规范来调整的。无论在什么样的社会组织中，无论哪些社会角色之间的互动规范，都必须共同遵守，但只能由主导角色来主持制定。主导角色在维持社会秩序、追求社会和谐的社会实践中，不但经常从个别案例中观察到社会秩序与角色互动行为的必然联系，而且能够从总体上发现不同案例中存在的这种联系的普遍性和规律性，所以能够概括出角色互动中应该遵循的行为规范。被视为法律经典的罗马法究竟是怎样被制定出来的，究竟是由什么人主持起草的，已经无从考证，但就其中所包括的皇帝命令和元老院告示等内容来说，可以肯定它是由当时城邦国家的主导角色制定或主持制定的。罗马法之所以能够被视为法之经典，一个重要原因，就在于其所使用的概念、术语，直到2000多年之后还能被直接使用。其中所体现的这种立法水平，不是仅仅拥有语言能力和法律知识就能达到的。对近现代欧洲许多国家的法律制度都产生了重大影响的拿破仑法典，更清楚地打着当时的法国皇帝拿破仑的印记。

在制定行为规范方面，作为主导角色的特殊权利，主要体现在三个方面：一是掌控规范制定和出台的时机、节奏，二是掌控规范内容的力度、深度和表述分寸，三是掌控规范的修改、废止。正是这些权利，不但使得主导角色能够很容易在规范中镶嵌其自身的利益诉求，而且很容易把其在规范制定过程中的主导、主持行为衍变成垄断行为。而一旦社会行为规范的制定和解释权被主导角色所垄断，这些规范就由社会的共同意志变成了主导角色的单方面意志，由调整全体社会成员行为的规范变成了只能调整从动角色的规范。

（二）表达社会共同意志，行使国家主权的权利

国家主权作为一个概念，其内涵需要从两个方面来理解：一个是相对于其他国家来说，国家主权是指其作为一个独立的行为主体的权利，例如领土完整、独立行使内部事务、不受外来干涉的权利。另一个是相对于内部关系来说，国家主权是指国家作为一个整体性存在的权益。相对于国家内部任何一个扮演某种角色的行为主体来说，国家主权都具有强制性体现的特征。

不管在哪个历史时代，一个行为主体，一旦扮演政治社会的主导角色，首先要把制定社会行为规范的权力掌控起来，然后才能运用这些规范形式调整社会角色的互动行为，实现角色互动的有序性，满足社会实践的客观需要。无论是社会行为规范形式，

还是主导角色运用规范维持社会秩序的感性活动，不管其中镶嵌着多少主导角色自身的利益诉求，从外观上看，都具有一种社会共同需要的外观，或表达社会统一意志的外观。无论是社会行为规范形式，还是主导角色运用行为规范维持社会秩序的感性活动，没有社会共同需要或表达社会统一意志的外观，就不可能得到各种社会角色的共同确认，不可能满足社会实践的客观需要。所以，当政治社会的主导角色运用各种规范形式履行其社会义务的时候，也就具备了一种表达社会统一意志、行使国家主权的外观。这种表达社会统一意志、行使国家主权的权力，是国家主导角色能够保障社会秩序、追求社会和谐，主持社会正义、追求社会公平的必要条件。拥有了这些条件，主导角色不一定能够履行好其保障社会秩序、追求社会和谐，主持社会正义、追求社会公平的义务，但是如果没有这些条件，不管什么人扮演主导角色，都不可能保障社会秩序、追求社会和谐，不可能主持社会正义、追求社会公平。而且，这种表达社会共同意志、行使国家主权的感性行为，必须获得一种强制性权力的形式，才能成为现实，才能发挥实际的社会功效。

主导角色表达社会统一意志，行使国家主权的权力，主要体现在以下三种具体行为当中：

一是关于社会公共事务的决策行为。每一个生命个体都是一个行为主体。一个国家，既是一个由很多生命个体构成的政治性社会组织，也是一个有生命、有主观能动性的抽象行为主体。每一个具备了主观能动性的主体行为，都有一个由大脑完成的决策环节。作为一个具有主观能动性的抽象行为主体，国家也不例外，也要在每一次社会行为之前，像每一个扮演社会角色的生命个体一样，首先经历一个决策环节，才能过渡到感性的环节，成为一次本来意义上的感性实践活动。作为扮演某种社会角色的生命个体，发挥其决策功能的是其思维器官——大脑。而作为抽象行为主体的国家，发挥其决策功能的“器官”则是其主导角色。没有主导角色的决策行为，任何国家和组织都不可能以一个抽象行为主体的面貌，以一个社会角色的面貌，发挥每一个成员希望其发挥的那种社会功能。

二是外交行为。国家主导角色作为外交行为的主体，是直接以国家化身的面貌、以国家主权化身的面貌来出现的。外交行为表达的不是一般的社会统一意志，而是国家主权，比表达社会统一意志的其他权利更加严肃、庄重、神圣。社会统一意志在很多时候可能表达为多数人的意志。但表达国家主权的外交行为却不能表达为多数人的意志，而只能表达为完整的、不可分割的统一意志。无论什么样的外交主题，无论是谁代表国家办理这些外交主题，都必须以一个整体的形象、一个完整的行为主体形象出现。

三是处置公共资源的行为。任何一个国家，都以一个行为主体的身份享有公共资源，包括领土、领空、领海，以及尚未开采的矿藏、尚未利用的水体等。这些资源如何配置、怎样开发、怎样分配收益等，都属于国家主权的范畴。这些国家主权也是由主导角色来行使的。至于用什么样的方法来处置，则需要根据社会生产发展的实际情况，以及主导角色对社会生产发展客观需要的认识和解读来确定。例如，在以集权为特征的政治经济体制下，只能通过行政权力机制来配置。而在市场经济体制下，则更多通过市场机制来配置。

（三）强制从动角色履行义务的权利

强制从动角色履行社会义务的权利，是国家主导角色履行其保障社会秩序、追求社会和谐，主持社会正义、追求社会公平义务的另一个必要条件。但这主要是指国家的行政权、立法权和司法权的行使活动，而不是指国家社会舆论和社会教育权的行使活动。

在国家与其中每一个社会角色的互动行为中，每一个社会角色，不管是生命个体所扮演的角色，还是社会组织所扮演的角色，都需要由国家加以制约。而国家对与其互动的每一个角色自发性倾向的制约机制，只能由其主导角色来发挥。例如，国家规定每一个从动角色都必须履行向国家交税的义务，但每一个履行这一义务的行为主体都会感受到交税就意味着放弃自己的部分利益，因而有可能会千方百计回避交税义务。所以国家税务机关的一项重要权力，就是强制每一个交税义务主体及时完税。

国家制约每一个与其互动的社会角色自发倾向的行为，既是履行义务的实际行动，也是履行义务的必要条件。既有履行义务的行为特征，也是行使权利的行为特征。

社会规范，作为人类伸张其社会性的必要形式，作为社会整体性对角色个体性的制约，作为不同社会角色、不同利益主体相互妥协的产物，对于每一个社会行为的主体来说，都有两面性：一方面有符合其需要和意志的一面，另一方面也有不符合其需要和意志的一面。所以，任何社会角色都不会自发地执行其社会行为规范。为了保障社会角色的互动能够有序进行，保障每一个参与互动的社会角色都能按照行为规范行动，必须依靠社会主导角色去执行规范，对各种不符合规范的角色行为加以纠正和调整。这既是社会主导角色必须履行的社会义务，也是社会主导角色所行使的社会权利。

国家从动角色履行社会义务的权利，有时不需要通过主导角色强制性的方法就能实现，有时则只有通过强制性的方法才能实现。例如，在两个相对角色的互动中发生纠纷而不能自主协商、妥协解决时，就需要国家主导角色行使一定程度的强制性权力裁决，才能把纠纷管控在不致破坏社会秩序的程度之内。对某些以国家主权利益为侵害对象的违规行为，也必须通过国家专门设置的强力机关加以制止、纠正和制裁。国家主导角色执行社会规范，裁决社会纠纷、纠正违规行为、管控社会分歧、维持社会秩序的权利，说到底，无非是按照已经制定的社会行为规范，不断调整各种社会角色之间的互动行为，使之能够有序进行，并能够趋向于社会和谐。

第二节 政治社会从动角色的扮演问题

政治社会的从动角色，不是指哪一个具体的阶层成员或行业从业人员，而是指一个国家中作为行政相对方的全体，是除了主导角色所概括的行为主体之外的一切行为主体。但是，如前所述，社会舆论机构和教育机构对政治社会的主导功能，不像行政机关、立法机关和司法机关那样是通过国家强制性权力实现的，而是通过生产精神产品，并通过这些精神产品的社会引导作用实现的。因此，社会精神产品的生产者虽然也在发挥着社会主导功能，但其所履行的社会义务、所行使的社会权利，与生产社会组织作为从动角色的权利义务有某些相似之处。

一、从动角色履行的义务

从逻辑上说，政治社会从动角色必须履行的社会义务，正好是社会主导角色行使权利的对应物。因此，这些义务大体上可以归纳为三个方面。

（一）承认并尊重公共权力的义务

权力是政治社会主导角色权利的特殊表达形式。所谓承认并尊重公共权力，也就是承认并尊重国家主导角色的权利。

权利与义务的逻辑关系表明，每一个社会角色的权利都是其履行社会义务的必要社会条件，没有这些社会条件，任何社会角色都无法履行自己的社会义务。政治社会的主导角色也不例外。从逻辑上说，国家主导角色的权力对象就是国家政治生活的从动角色。如果从动角色不承认和尊重其权力，那么主导角色就无法履行其社会义务。而主导角色的社会义务不是别的，就是从动角色的权利。所以，从动角色承认并尊重主导角色的权力，不但意味着履行自己的社会义务，而且意味着尊重并看重自己的社会权利。相反，如果不承认不尊重主导角色的权力，就意味着拒绝履行自己的社会义务。而不履行社会义务的角色，从逻辑上说，就等于丧失了自己行使各种社会权利的逻辑依据。

关于国家主导角色强制性权力的合理性，很多哲学家都曾力图加以解释。古希腊哲学家伊壁鸠鲁曾经用所谓的社会契约说加以说明，认为国家的强制性权力是人民为了获得生命和财产安全而通过签订契约的方式授予的。18 世纪的西方启蒙学者继承和发扬了这一学说，并使其影响进一步放大。黑格尔在其《法哲学原理》中从绝对理念出发，认为国家是“伦理观念的现实”，是“理性的形象和现实”。这些明显带有猜测性的假说虽然并没有说明非强制性的权利为什么通过一纸契约就能变成强制性的权力，或者人们的理性为什么本身就会把非强制性的权利变成强制性的权力，但却曾经长时间让人们深信不疑。直到 19 世纪晚期，恩格斯根据摩尔根长期实地考察的结果，认为“国家决不是从外部强加于社会的一种力量。国家也不像黑格尔所断言的是‘伦理观念的现实’，‘理性的形象和现实’。确切地说，国家是社会在一定发展阶段上的产物”，是经济利益互相冲突的阶级对立发展到不可调和，不得不通过建立专门的强制性权力才能继续以人类社会的面貌与自然相对立的时候，自然而然地形成的一种独立并高于原有社会组织形式的新的社会组织形式,[①] 即国家。恩格斯的解释告诉我们，国家强制性的公共权力不是无源之水，不是无本之木。国家强制性的公共权力从非强制性的权利发展而来，以非强制性的权利为依据，反映了非强制性权利的客观需要。

首先，承认并尊重公共权力，就是承认并尊重国家立法机关、行政机关和执法机关的权力及其履行职能的各种行为。国家立法机关、行政机关和执法机关的设置，是国家能够作为一个具体的社会实体而存在的必要条件和标志。国家立法机关、行政机关和执法机关履行其职能的各种行为，是国家能够作为一个统一的整体性行为主体发挥作用的必要条件和标志。承认并尊重国家立法机关、行政机关和执法机关的权力，就意味着已经把它作为一个与自己相对的行为主体并与之进行互动。任何一个扮演从动角色的行为主体，如果拒绝承认国家立法机关、行政机关和司法机关的权力，就意味着拒绝国家能够以一个统一的整体性行为主体而存在，实际上也就否认了国家作为一个社会组织的存在。

其次，承认并尊重公共权力，就是承认并尊重国家大多数人的意志。因为国家主导角色并不是自封的，而是由大多数从动角色选择的。即使像封建社会那种世袭的权力，也是被选择的结果。嫡长子继承的制度，只不过是一种主导角色选择的方式而已，是确保选择结果能够符合当时的政治理念、政治逻辑，确保选择结果能够让大多数人认可的一种选择制度。一旦这种选择的结果再也无法得到大多数人认可的时候，新的选择方式就会应运而生。也就是说，任何时候，掌握国家主权的主导角色，都是大多数从动角色选择的结果。不承认和尊重权力，也就是不承认和尊重大多数从动角色的意志。

---

① 《马克思恩格斯选集》(第 4 卷)，人民出版社 2012 年版，第 186—187 页。

最后，承认并尊重公共权力，就是要服从国家规范的约束，服从国家通过其主导角色作出的各种裁决、各种法令、规定、决议等规范性约束。即使在自己认为这些规范有错误的时候，或者在按程序规定表达诉求而没有实现诉求的时候，只要大多数从动角色还没有选择出新的扮演主导角色的行为主体，就不能另搞一套、另起炉灶，就不能挑战其权威，否则，就会破坏国家主权的统一。这是国家主权所绝对不能容忍的行为。

（二）遵守社会行为规则，维护社会秩序的义务

国家公共权力之所以是强制性的，就在于只有强制性的权力才能迫使任何社会矛盾不至发展到破坏社会统一、危及社会组织生存的程度。不管哪个行为主体，只要不破坏既定的社会秩序，国家主导角色就不会以强制性权力的面貌出现在其面前。也就是说，国家这种政治社会组织对其从动角色所规定的一项重要义务，就是遵守社会行为规则，维护社会秩序。

遵守社会行为规则，维护社会秩序，不仅是从动角色必须履行的社会义务，而且是主导角色必须履行的社会义务。前述主导角色必须履行的社会义务中，保障公共秩序，构建社会和谐的义务，维护公平正义，提供公共服务的义务，尊重从动角色政治主体地位的义务，都具有遵守社会行为规则，维护社会秩序的意义。尤其是社会精神产品生产者，虽然属于社会主导角色的范畴，但其履行社会义务、行使社会权利的行为，与生产社会组织作为从动角色履行义务、行使权利的行为有某些相似之处，所以需要特别分析一下精神产品生产者履行这项社会义务的一些规律性问题。

社会精神产品生产者有几个突出的特点，对其履行遵守社会行为规则，维护社会秩序义务的自觉性具有直接的影响：首先，人类所需要的精神文化产品，不像物质资料消费品那样可以大批量生产。每一件精神文化产品都会打上其创造者的个人烙印。也

就是说，精神文化产品本身就需要其创造者的思想比工人农民更加解放，因而在客观上需要其创造者个性更加张扬，其规则意识和秩序观念相对淡化。而且，生产精神文化的劳动技能与立法、行政和司法权力行使技能有很多相似之处，精神文化生产角色与立法、行政和司法权力行使角色经常发生流动。所以，很容易像行使国家立法权力、行政权力和司法权力的角色那样淡化其头脑中的规则意识。①

其次，精神文化产品生产活动虽然也是一种社会性劳动，但其社会性主要体现在其对物质资料生产活动的依赖关系上。而就其劳动形式来说，则更多的是手工业的作业方式。这种个体劳动不像集体劳动那样高度依赖角色互动规则和互动秩序。所以，社会精神文化产品生产者的个性必然会更加张扬，规则观念和秩序意识必然会相对淡化。

最后，知识精英虽然永远属于从动角色中的少数，但其在三尺书房里采集和驾驭社会信息的效率很高，其对社会公共事务的反应更加敏感，其意志表达机会相对较多，其表达渠道相对畅通。而且，精神文化类产品一旦形成，其社会影响力要远远大于普通的物质资料产品。

互联网、微信、微博突破了传统媒体的技术限制，为每个人提供了充分表达自己意志和诉求的技术条件，被称为“社交媒体”“自媒体”。很多人，尤其是青少年，很容易从中得到成就感的满足，因而乐此不疲。但是，如果这些新媒体真的成为没有任何规则和秩序的“自媒体”，如果这些新媒体都仅仅表达人们自己个人

---

① 现实的社会生活经验告诉我们，这种角色扮演行为的特征不仅很普遍地表现在以个体劳动为主要特征的精神文化产品生产者身上，而且在一些并非精神文化产品生产者，但却脱离了社会主题实践活动而且掌握了一定阅读和书写能力的社会成员身上也有不同程度的表现。

的意志、理念和要求，而拒绝反映社会、国家（即全体或大多数人）的意志和需求，整个社会的统一性就被动摇，国家这种每个人都须臾离不开的社会组织就不能发挥出人们希望其发挥的那种作用了。这恐怕是一种比人类在社会矛盾已经不可调和而国家这种唯一能够使社会不致被瓦解、被毁灭的社会组织还没有被创建出来的时候所感受到的那种危机更加严重的危机。

很多人已经越来越深切地感受到，新媒体乱象丛生的现状亟须改变，秩序亟须整顿，规范亟须完善。但是，法律规范作为维护国家统一、建立国家社会秩序的理性表达，历来是根据社会秩序的需要而被动地提出来的，只能被用以规范那些已经被认识到亟须规范的行为。因此，当某一件国家法律被制定出来的时候，其所针对的那种已经被大多数人意识到有可能破坏国家社会秩序的行为主体，就可能会感到很不舒服、不自由。当国家依据这些法律强制性地纠正某些社会行为时，例如查封某些严重干扰或破坏社会秩序的网站，撤销某些博主的账号等举措，很可能会使他们暴跳如雷。但是，一部法律既然已经被国家制定出来并生效，绝不是无缘无故的，肯定有其内在的必然性，并且已经被大多数人所认可。自觉地遵守国家法律，是每一个公民不能不履行的社会义务，也是媒体（包括传统媒体和新媒体）不能不履行的社会义务。

（三）顾全社会大局，贡献主体能量的义务

国家之所以是每一个社会成员所必不可少的一种社会需要，就在于它能够为每一个社会成员提供安全保护和和平的生活环境。但无论是提供安全保护还是和平的生活环境，都需要设置必要的立法机关、行政机关、执法机关以及军队、警察、监狱等物质形态的权力设施。这些权力设施的运转，需要一定的公共开支。类似的公共开支需要从动角色的认可和支持，需要从动角色为此而贡献自己的能量和智慧。这种贡献有两种形式：一种是规定形式，一种是自愿形式。

国家规定从动角色必须作出的贡献主要有两种：一种是纳税，一种是服兵役。虽然各国的课税制度和兵役制度千差万别，本质却都是一个，就是国家规定的每一个社会成员必须履行的社会义务的实现形式。

兵役和纳税是两个现代化的概念。在古代不分兵役和纳税，统一叫作徭役。由于在农业经济时代物质资料生产的基本特征是自给自足，商业和社会物流不像现在这样活跃，所以货币的社会功能和社会作用也比较局限，不必像现在这样把国家规定从动角色必须履行的义务区分为人力的兵役和物力的纳税，也不可能把各种物力的义务归结为货币的形式。不管是战争需要还是公共工程或国家机关安排的其他社会劳务需要，都由国家主导角色强制性派遣农民无偿承担，为国家打仗的军事徭役叫军役，承担其他杂役的叫力役。春秋战国之交的鲁国曾经制定过“初税亩”的法令，但那时的这个“税”字还不是现代意义上的“税”。

宋朝的王安石曾经推行“免役法”，改差役为雇役。实际上是一种国家税制改革。明朝的张居正推行“一条鞭法”，不但把宋朝王安石的“免役法”固定下来，而且把各州县的田赋、徭役以及其他杂征合并为征收银两，按亩折算缴纳，向现代的货币税制前进了一步。人类社会进入工业化时代以后，经济活动的内容极大丰富，货币在国家经济生活中的功能和作用日益显要，所以货币税已经成为普遍的纳税形式。纳税义务人通过依法缴纳不同数量的货币，为国家承担各种政治活动和军事活动的运行成本。

如果说承担徭役是从动角色为国家机关日常运转而必须履行的义务，那么，服兵役则是从动角色为国家安全而必须履行的义务。在和平环境下，服兵役主要是参与军事训练，与参加经济活动的区别不大。然而，当兵就要时刻准备打仗，一旦进入战场，服兵役就意味着可能会牺牲生命，需要很强烈的义务意识才能支撑其赴汤蹈火的勇气和信念。

因为战争或其他公共工程事业，国家经常要发行公债。购买公债也是每个公民的一项义务。虽然国家在一般情况下会为公债支付某种比率的利息，但在公债规模很大或通货膨胀率很高的情况下，购买公债也会承担一定风险，所以购买公债实际上也是一项公民义务，是一项半强制半自愿履行的社会义务。

国家从动角色自愿贡献能力和智慧的行为，被称为爱国行为，主要是指各种自愿地超越规定之外履行义务的行为，包括人们自愿参与的志愿者行为和慈善行为。志愿者行为和慈善行为主要是救助受灾主体或弱势主体的行为，这本来属于国家的职能行为。但如果从动角色在履行了国家规定的纳税义务之后，仍然行有余力，自愿通过参加志愿者行为或慈善行为贡献更多的智力和能力，则是进一步满足社会公共事务的需要，为社会和谐、为增加社会凝聚力作出更大贡献的爱国行为。

二、从动角色行使的权利

在政治社会的角色互动中，从动角色的权利意识在一般情况下表现为高度惰性化，在某种条件下又可能走向反面，表现为高度活跃甚至非理性。从动角色在权利意识和权利行使方面的这种特征，是由四个方面的劣势因素决定的：一是私权对公权的劣势，二是现成的物质资源劣势，三是可供继承的历史文化劣势，四是由以上三个要素决定的主观表达能力和行为能力的劣势。

从逻辑上说，政治社会从动角色必须行使的社会权利，正好是政治社会主导角色履行社会义务的对应物。因此，这些权利大体上可以归纳为三个方面。

（一）维护个人生命和发展权利

生存的权利，在每个社会组织中都是从动角色最基本最起码的权利。不过，作为从动角色一项权利，在不同的社会组织里，有不同的内容。在政治社会里，从动角色的生命存续权利，除了生命和财产安全得到保障的权利之外，最主要的就是对社会资源的占有和使用权利。

所谓社会资源，是相对于社会实践来说的，主要包括劳动力、劳动对象、劳动工具、劳动资本等内容。

劳动力，不管是体力还是脑力，本来属于每一个社会角色自身生命的存在形式。但这种生命的存在形式，一旦投入到社会实践中去发挥作用，就被赋予了社会资源的意义。所以，劳动力也属于社会资源的范畴。

劳动力又区分为体力资源和脑力资源这样两种形态。每个人都享有和使用自己的体力资源和智力资源从事创造性劳动的权利，这似乎是一个不成问题的问题，但事实上并非如此。在古代以农业生产为基本特征的社会状态下，广泛存在的人身依附关系，使很多人实际上不能享有和自由地使用自身的劳动能力。即使在现代社会，就业问题也是很多国家政府不得不面对的头等大事，很少有国家能够摆脱失业问题的困扰。可见，实现劳动权利并不是一个不成问题的问题。

在工业社会，作为从动角色的工人，要把对属于自己的劳动能力资源占有权利变成现实，不但需要占有劳动对象，而且需要占有包括生产工具、土地、建筑物、道路、厂房、机器、仓库等在内的生产资料。而这一切都可以用货币资本来表示。所以，能不能占有足够的货币资本，就成为工人的劳动权利能不能实现，以及实现程度如何的主要指标。没有足够的货币资本，工人要么无法实现自己的劳动权利，要么被迫接受资本家的雇佣条件。公平地占有和使用社会资源，使每一个社会成员，不管是主导角色还是从动角色，都能在生存权利的实现方面得到均衡的满足，是人类几千年文明史上持续不断的伟大理想。

生存的权利作为政治社会每一个角色扮演主体最基本的权利，并不仅仅是指能够维持新陈代谢过程的生命状态，而且包括起码的作为人的发展权利。发展权利有两个含义：首先，是生存技能的学习和发展权，例如，劳动权和受教育的权利；其次，是生存状态随着社会发展而发展的权利。由于在不同的历史时代，人类社会的物质资料生产水平差别很大，人们对生命存续状态的理解也不一样。在自然经济社会，在“昔者先王未有宫室，冬则居营窟，夏则居巢，未有火化，食草木之实，鸟兽之肉，饮其血，茹其毛，未有麻丝，衣其羽皮”① 的时代，任何一个老弱病残成员只要不被饿死，就能充分体会到作为人的生命尊严，就能因为自己已经摆脱动物界而感到骄傲。然而，到了工业化时代，在一个人均 GDP 达到数万美元的西方国家，如果失业工人只能靠政府每个月发放 600 美元救济金维持生命，尽管每天都有足够的面包吃，甚至可能由于摄入的食品热量过高而至身体肥胖，但他体会不到人生价值的分量。一旦人们在社会生活中丧失了生命尊严，出现生不如死的悲哀的时候，其生命存续的权利也就失去了起码的意义。

（二）保持人格独立的权利

在政治社会，每一个社会角色进行互动所需要的基本条件，包括享有独立的人格和人格尊严，享有在社会规范之内的人身自由，享有体力和智力受到培养和教育的机会，表达诉求的渠道畅通，受到侵害时能够自卫，等等。

参与角色互动的社会条件，首先是享有独立的人格和人格尊

① 《礼记·礼运》。

严。独立的人格和人格尊严，是扮演社会角色、参与角色互动的前提条件。只有切实地享有独立的人格和人格尊严，不依附于任何别的行为主体，才能成为一个真正意义上的行为主体，才能获得扮演具有本来意义的社会角色的资格。否则，没有独立人格或人格尊严，在角色互动中只能表达背后操纵者的意志，而不能按照社会实践的需要独立表达其作为一个行为主体的意志，不能自主自由地发挥其自身特有的主观能动性，不能独立履行特有的义务、行使特有的权利，实现其自身特有的社会价值，那就只是徒有角色扮演的外在形式，而不具备角色扮演的实质内容，至多只能属于角色木偶的角色。

享有独立的人格和人格尊严，不是一句空洞的口号，而是有具体内容、有衡量标准的一种人类文明发展状态和社会进步状态。其中最重要的就是享有畅通的主体意志表达渠道的权利，以及充分的思想自由和人身自由的权利。

主体意志表达包括角色诉求表达和角色困境表达。

所谓角色诉求表达，主要是指社会角色关于权利义务对应状态的主观感受表达。人类社会中的角色互动，是人类社会实践活动的实现形式，是一种创造性的感性活动。因此，不管在怎样的社会组织形式中，角色互动都不是一成不变、千篇一律的规定模式，而是一个充满动感的过程、一个不断调适的过程。在角色互动过程中，充分地相互表达，是不断调适的必要条件。没有表达就没有调适。表达不畅通、不充分，调适过程就会迂回曲折、障碍丛生，而不可能顺利实现。在政治社会的角色互动特别是在主导角色与从动角色的互动中，由于从动角色自身的劣势地位，表达的机会相对较少，表达的渠道相对较窄，表达权利的诉求有时比较低迷，有时更加强烈。

所谓角色困境表达，主要是指角色在权利义务不能对应时的特殊感受表达，以及因此而产生的关于变革互动规则的表达、关于变革现实价值形态的表达等。不管哪种社会组织中的从动角色，特别是政治社会中的从动角色，由于经常感受到强制性权力的制约，很容易产生被压迫感，很容易产生社会义务沉重而社会权利稀薄的感觉，很容易产生扩张权利、弱化义务的诉求。无论这些感觉是否客观，无论这种诉求是否现实，都需要及时表达出来。这是从动角色应当享有的一种权利，是从动角色因为处于弱势状态下应当得到的一种补充性权利。不客观的主观表达只有表达出来才能逐渐淡化和消除，而不致积累成一种恶劣的情绪。不现实的主观诉求只有表达出来才能逐渐回归现实，而不致积累成一种盲目的冲动。表达的权利得到切实的实现，有助于主体内在压力的释放，有助于主体在社会实践中处于一种发挥正能量的状态。

所谓思想自由和人身自由，在其实现形式上，是指人们在社会主题实践活动中充分自主自由地发挥其主观能动性的一种理想状态。

（三）维护主体地位的权利

从动角色维护主体地位，主要表现为四项权利：一是行使选择主导角色的权利，二是对国家重大事项知情并参与决策的权利，三是对国家主导角色实施监督和罢免的权利，四是获得主导角色扮演机会的权利。政治社会从动角色既然要履行承认并尊重权力的义务，当然就要了解权力是怎样构成的，当然就有权利选择自己所了解、所信任的人来行使这些权力；从动角色既然要履行遵守社会行为规则，维护社会秩序的义务，当然就有权利知道社会秩序的内容，有权利参与这些社会行为规范的制定或修改；从动角色既然要履行纳税义务，理所当然地有权利知道自己所缴纳的税款发挥了哪些作用，有权利监督自己所缴纳的税款有无不当去向。从动角色既然要服兵役，当然有权利知道自己服兵役的社会意义。既然要不惜牺牲自己的生命上前线作战，当然就有权利知道自己上前线要与谁打仗、为什么打仗。

国家的主导角色都是由从动角色选择的。有直接选择，有间接选择；有自然选择，有人为选择；有主动选择，也有被动选择。有的选择精确一些，有的选择模糊一些。不经过从动角色的选择，不可能形成真正意义上的主导角色。

有些国家实行一人一票的直接选举制度，是直接由从动角色选择主导角色。有的国家实行间接选举制度，是由从动角色间接选择主导角色。但不管是直接选择还是间接选择，只有排除了人为操纵的选举程序，才是真实反映民意的选举结果。任何人为操纵的选举程序，不管从表面上看多么轰轰烈烈，都不是从动角色主动选择的结果，都不能真实地反映从动角色的意志。

一般来说，一人一票的普选制，作为一种直接反映民意的选举制度，似乎无懈可击，然而却并非科学的选择办法。莫说在一个几亿、十几亿人口的大国，就是在一个几万人、十几万人的行政区划内，选民也难以做到在真正了解候选人的基础上去投票。甚至在一个只有十数人的单位里，仅仅依靠选票，也不一定真正能够准确表达从动角色对主导角色的需要。不管什么样的社会组织，选择主导角色的最高原则是选贤任能。我国人民民主制度下的选举办法，最大的优势就在于，能够把经过长时间社会实践锻炼和考验的优秀人物推举到主导各级公共事务的岗位上。

从动角色参与国家事务的第二项权利是对国家重大事项知情并参与决策的权利。所谓国家重大公共事项，一般是指涉及不同利益主体相互关系的重大事项。对涉及不同利益主体相互关系的重大事项，首先是任何利益主体对涉及自己利益的事项，都有权知情，有权与相关方通过平等协商，形成各方都能接受的共识。我国现在实行的政治协商制度，就是不同利益主体共同参政议政的民主形式。

从动角色参与国家事务的第三项权利是对国家主导角色实施监督和罢免的权利。从动角色对主导角色的监督，相对于其对主导角色的选择，更能体现一个国家民主发展的水平。

选择主导角色的权利、对国家重大事项知情并参与决策的权利、对国家主导角色实施监督和罢免的权利、获得主导角色扮演机会的权利，这四项民主权利，是我国人民民主的重要内容。人民民主是一种新型的民主制度，所有人的诉求和意志都能得到充分表达；多数人的意志和诉求能够得到贯彻；少数人的意志和诉求（包括决策意志和诉求、监督意志和诉求）在被否定之后还能够得到保护和保留，享有继续表达、并最终成为多数人意志的机会。人民民主是全部从动角色都能行使与其所履行的义务相对应的权利的一种新型民主制度。

第三节　政治社会角色的评价

自从人类进入文明社会以来，无人能够幸免在政治社会中扮演某种角色。而且每一个人在政治社会所履行的社会义务、所行使的社会权利、所追求的价值目标，既不同于其在家庭所扮演的角色，也不同于其在生产社会和信仰社会所扮演的角色。评价政治社会角色所使用的概念，与血缘社会角色、生产社会角色、信仰社会角色都有不同。

在欧洲文艺复兴时期，特别是在17、18世纪启蒙学者活跃的时代，逐渐形成了一种以人权、民主、自由、平等为核心的政治价值概念。200多年以来，这些概念几乎扩散到了全世界。然而，越来越多的经验表明，这些概念既不能用以评判一个政权的优劣，也不能用以评判一个政治社会角色的好坏。用以评判一个政治社会角色好坏和政治组织优劣的标准，应当是人类设置政治组织的价值追求。评价政治社会角色所使用的概念，应当是标志政治社会角色价值追求的概念。这些概念也区分为本色概念、延展概念和升华概念三个层次。

一、评价政治社会角色的本色概念

与血缘社会角色、生产社会角色和信仰社会角色一样，政治社会角色履行义务、行使权利的全部实践活动，无不从一个共同的价值基点出发。表达这一价值基点的概念，就是评价一个政治社会角色的本色概念。

（一）评价政治社会角色的本色概念是公

公，作为评价一个政治社会角色的概念，标志的是政治社会组织各种社会角色共同认可的关系样态和共同利益。它是政治社会组织的维系纽带和政治实践的价值追求，因而也是评价政治社会角色必须遵循的基本理念和价值尺度。政治社会组织纽带和价值追求的基本特征是完整性和不可分割性。它首先表现为人们的思想、语言和行为的立足点和落脚点，表现为思考问题、说话办事的价值取向。以公共利益为出发点，既不能从主体个人的利益和需要出发，也不能从任何一个血缘社会组织、生产社会组织、信仰社会组织的利益和需要出发，而是从每个角色都认可的关系样态和共同利益出发。以公共利益为出发点，常常意味着个人和小集团利益对公共利益的服从，意味着个人和小集团利益的牺牲。从这个意义上说，公与义有相通的意义，公就是义，义就要公。政治社会组织的公共理念越是张扬，其组织纽带就越是强固，其实践活动的价值追求就越是随顺。一个政治社会角色的公共理念越是活跃，其角色扮演的境界就越高。

公共利益需要公共权力来表达。公共权力一方面与任何一个社会角色扮演主体的个人权利相冲突，另一方面包含了每一个社会角色扮演主体的个人权利。换句话说，社会公共权力在本质上是对每一个社会角色扮演主体的权利（例如生命安全）的提升和扩展。所以，当公共权力与个人权利发生矛盾的时候，公共权利总是要求当事的角色扮演主体作出某种程度的权利牺牲，以服从公共权力的需要。当某个社会角色或者某个血缘社会组织、生产社会组织、信仰社会组织为了整个国家的利益而自愿作出牺牲的时候，就会被称作为国牺牲。为国牺牲是爱国主义精神的基本内涵。正是由于公共权力的这种优势，所以必须防止公共权力被滥用，必须接受每个政治社会角色扮演主体的监督。

我们知道，国家这种政治社会组织的出现之所以必要，之所以是一种历史的必然，是因为人类社会发展到了这样一种阶段：由于社会生产能力的提升，社会生产单元趋小，社会利益主体分化；由于社会角色的划分更趋多样，社会角色的互动、社会角色的冲突和利益纠葛更趋复杂，已经无法由互动双方和原来的社会组织形式自行解决，不得不建立一种高踞于各种社会角色及其社会组织之上的裁决机器出面调整。而且，一旦平和的调整方式不能解决问题，可以用强制的裁决方式和执行方式来解决问题。这种带有强制性调整矛盾功能的机器，就是国家。国家的职能，就是以公权主体的角色调整公权与私权、私权与私权之间的相互关系，保障国家本身以及每一个私权主体的生命安全，保障每一个私权主体能够在安全、诚信、和谐的社会环境中追求利益最大化的活动。所以，国家，特别是国家的各种政治性社会活动，即其角色扮演活动的基本色彩，就可以用一个“公”字来概括。从事政治活动的主体被称作公务人员，政治活动内容被称作国家公务活动。在国家公务活动中，一切符合这个“公”字的思想、语言和行为，就是正当的思想、语言和行为；否则，就是不正当的思想、语言和行为。

公，是政治社会主导角色乃至其他角色履行全部政治义务、行使全部政治权利，判断政治价值实现状态的原始性、基础性的价值尺度，因而成为评价政治社会主导角色乃至其他角色的本色概念。评价政治社会角色的其他概念，无不与这一本色概念相联系，无不是这一本色概念的衍生物。

（二）公与私的逻辑

公与私是一对矛盾。从逻辑上说，公与私首先是对立的、不容混淆的，然而又是统一的、无法分离的。其对立表现为：不管什么社会组织，总是要求其各方角色大公无私、公而忘私。而每一个具体的社会角色，则总是倾向于强调私的天然性。公与私的联系表现为：二者互为依存、互相转化。没有公就无所谓私，没有私就无所谓公。

公与私的冲突，表现为三种具体形式：一是社会公共需求与人们特殊需求的冲突，二是社会公共利益与人们特殊利益的冲突，三是社会整体需要与人们特殊需要在逻辑顺序上的冲突。

在政治社会，公与私的逻辑，主导角色与从动角色有不同的逻辑顺序。社会的主导角色，是由一个个具体的生命个体扮演的。对于这些扮演国家主导角色的生命个体来说，虽然他们也有自己的个人生活，有自己的个人需要、个人权利，但由于他们承担了维护社会公共利益、公共需要的义务，他们必须代表社会的公共权力，必须以社会公共权力的面貌出现于他们履行每一项社会义务的思维活动和实际行动当中。所以，他们必须时时处处以公共需要、公共利益作为逻辑的起点，必须把公共需要、公共利益放在个人需要、个人利益的前面来权衡，必须事事、时时、处处以追求公共利益、满足公共需求为价值取向。否则，就会失去其代表公共利益、公共需要和公共权力的形象，失去社会主导角色应当具备的资格。

而作为形形色色的从动角色来说，其基本的特征就是其作为与社会公共利益、公共需要相对方的存在。每一个从动角色的扮演主体，虽然也要履行政治社会赋予的表达社会公共需要的社会义务，但更多的是在血缘社会、生产社会和信仰社会组织中扮演角色，不可能像主导角色那样以社会公共利益、公共需要的面貌与其相对社会角色发生互动，不可能根本放弃个人及其血缘社会、生产社会、信仰社会组织的利益、需要的价值取向，至多只能为了政治社会的公共利益和公共需要而牺牲部分的个人以及其血缘社会、生产社会、信仰社会组织的利益和需要。否则，不但会丧失其作为一个政治社会角色存在的意义，而且会丧失整个政治社会组织的旺盛活力。作为一个政治社会从动角色，其存在的真实意义，不在于没有其个人及其血缘社会、生产社会、信仰社会组织的利益和需要，而在于其作为公共需要和公共利益对立面的真实性。没有从动角色对其个人及其血缘社会、生产社会、信仰社会组织的权利的追求，就无以彰显政治社会及其主导角色存在的必要性。

事实上，当人们按照需要组成一个政治社会组织的时候，只要这个政治社会组织已经存在，人们就已经以某种具体的方式满足了这个政治社会组织的公共需要、公共利益，已经以某种形式划分了其个人及其血缘社会、生产社会、信仰社会组织的利益和需要与国家公共权力的界限。因此，在一般的情况下，政治社会从动角色的个人及其血缘社会、生产社会、信仰社会组织的利益和需要，与政治社会公共利益应当是相辅相成的状态。只是当某种特殊情况发生时，例如战争、自然灾害等特殊情况发生时，作为社会的从动角色，才需要进一步放弃其个人及其血缘社会、生产社会、信仰社会组织的正常需求和正常利益，满足政治社会整体利益的客观需要。

讨论公与私的逻辑关系，有一个问题需要明确：政治社会角色评价活动中的公与私，不同于其他任何社会组织中的公与私。政治社会中所谓的公，高于任何其他社会组织中的公。在政治社会角色的评价活动中，只有符合政治社会整体利益的思想和行为，才属于作为政治社会角色评价尺度的公。与政治社会角色评价活动中所谓的公相比，其他任何社会组织角色评价活动中所谓的公，都属于私的范畴。

二、评价政治社会角色的延展概念

“公”字作为评价政治社会角色的本色概念，并不停留在一个抽象的概念形态上。人们总是在评价活动中根据具体的场合和对象，把它延展为更加具体的概念形态，其中最为常见的是“平”“明”“正”三个概念。

（一）平

平，就是公平，是对一个国家经济生活特别是对国家公务人员履行公共事务包括司法活动进行评价活动时经常使用的概念。

国家公务活动的真谛在于公平。所谓公平，包括三个方面的内容。一是行为主体与行为相对方要公平。要以平等的态度对待行为相对方。私权之所以常常要服从公权，要为公权而作出牺牲，是由于公权里面已经包含了私权，而不是由于公权居高临下，不是因为私权无足轻重。公权需要私权的服从和牺牲，但必须通过平等协商，让私权自觉地服从和牺牲。公共行为对其相对方不得态度冷漠，不得因对象的政治身份、经济地位或行为人与行为对象之间的感情因素而影响对公务事项的判断。公共行为的主体与行为对象之间的公平，包括双方权利和义务的对等。国家主导角色拥有对从动角色的管理权和裁判权，同时也就负有接受从动角色监督和评判的义务。同样，从动角色负有接受主导角色管理的义务，同时也拥有对主导角色进行监督和评判的权利，亦即对主导角色最终意义上的管理权。二是主导角色对不同的从动角色要公平。在市场经济体制下，这一原则具体体现为资本和劳动的公平。一方面，不能鼓励劳动不分青红皂白地攻击所有财富和所有富人，而不管他们做得好还是不好，因为那无异于敲响市场经济的丧钟。另一方面，也不能允许资本放肆地对劳动趾高气扬、飞扬跋扈，这无异于诱导劳动对资本发动不问青红皂白地攻击。在不同社会角色之间实现公平，必须能够排除政治的（例如权力干预）、经济的（例如涉及行为人的私人利益）、情感的（例如血缘关系或亲友关系）以及各种主观因素（例如先入为主）和偶然因素（例如行为人的疲劳程度）对公务事项的影响。三是主导角色所行使的权力与承担的责任要公平。行使多少法定权力，就应当承担多少法律责任。权力与责任的对应关系，是从宪法理论中权利与义务的对应关系引申而来的，是现代法治理念的一项基本原则。只行使权力不承担责任，或者权力很大而责任很小，实质上是对公平原则的侵害。

（二）明

明，就是公开透明，是国家公务人员履行公共事务的基本要求之一，因而也是对评价一个政治社会角色价值实现状态的重要概念。国家公务活动本质上是关于每一个公民的公共事务，因此，国家公务活动应当以公开为常态、不公开为例外。公务活动是依照国家法律运作的，而法律是公开的而不是秘密的，因而公共事务原则上应当是公开运作而不是在暗箱中进行的。公共事务公开，应当包括三个方面的内容：一是要件信息公开，二是程序公开，三是结果公开。所谓要件信息公开，包括承办人、参与人资格（例如其财产及其所代表的利益群体、政治观点），审理或审批的项目及其所需提供的资料证据都要能够让当事人预先了解，不能把公务行为相关的信息要件作为谋取私利的资源而垄断起来。所谓程序公开，就是承办公务的时间、场所、人员、顺序以及承办责任和时限都要对当事人公开。例如，任何公务行为都既不能在承办人临时指定的时间或地点承办，也不能在当事人指定的时间或地点承办。所谓结果公开，就是每一个主导角色会让从动角色都能及时了解公共事项的承办结果。公共事项结果的公开，应当是完整的而不是残缺的，应当是及时的而不是滞后的。涉及人民群众的决策事项举行公开听证、公开征求意见，既是民主参与的好形式，也是实行政务公开、防止暗箱操作的有效措施。但听证会的程序设计本身也应当公开，不能为操作者提供玩弄权术、欺世盗名的机会。检验公务行为是否公开的标准，是行为对象是否认可，而不是行为主体的自我判断。

（三）正

正，就是公正。公正与公平有联系，也有区别。公平是就公共行为主体与其相对方的关系以及由这种关系所决定的实体状态而言，而公正则是就公共行为本身的质量而言。公平概念反映的是主体的行为理念和精神状态，而公正概念反映的则是这种理念和精神状态在具体行为中的体现。公平是公正的前提，公正是公平的结果。

公正包括三个基本的含义：一是出发点公正，二是程序公正，三是结果公正。所谓出发点公正，就是既不能从自身的利益出发，也不能从当事人中任何一个单方面的利益出发。公务行为的出发点，只能是谋求结果与法律的吻合，而不是当事人或者其中某一个利益主体单方面的满意。如果公务行为的出发点中已经包含了某一利益主体单方面的诉求，就不可能保证行为的公正。出发点是公务行为的原初动力。出发点不公正，任何公正都无从谈起。

所谓程序公正，就是办理公务行为的程序只能是法定的，而不能是为了实现某种预设的目的而专门设计的。离开法定程序，任意设置或者变通的程序，是违纪违法行政的帮凶。所谓结果公正，就是一切公务行为的结果都应当原则上符合法律的规定，经得住法律的检验。公务行为的结果只能产生于公务行为的结束而不是开始，只能是公务行为结束时自然而然的结局，但公正的结果需要两个基本前提：一是公务行为的主体必须在时间和空间上置身行为对象之外；二是公务行为的主体不能与对象发生利益关联。只有在这两个前提之下，公共事务才能有效地排除各种干扰和诱惑，真正做到居中调处，不偏不倚，实现公正的目的。

三、评价政治社会角色的升华概念

公开、公正、公平等概念，经过对政治社会角色的评价活动的升华运动，会达到一个新的境界，升华为一个新的具有更高境界、更丰富内涵的概念——和。

（一）评价政治社会角色的升华概念是和

和作为评价一个政治社会角色价值实现状态的概念，包含秩序和凝聚这两个方面的内涵。秩序和凝聚是人类面对自然、驾驭自然的法宝。离开这个法宝，人类就不能成为自然界的驾驭者。和也好，秩序和凝聚也好，都是人的自然能动性与社会内聚性在一定条件下相统一的理想状态。反映在政治社会实际生活中，就是政治权力与民主权利相统一的理想状态。政治权力是人们为谋求秩序和凝聚而必须设置的一种政治条件。没有这个政治条件，人类就不可能实现秩序和凝聚的社会追求。但政治权力一旦产生，就会成为民主权利的对立物。互相对立的政治权力和民主权利，只有在双方都能把自己的诉求约束在对方能够接受的程度以内，才能实现互相统一的理想状态。

作为评价政治社会角色的升华概念，和在价值尺度方面的意义，可以从两个方面来理解：一方面，和是政治社会角色修养的最高目标和检验标准。另一方面，和是对一个具体的政治社会角色履行社会义务、行使社会权利的实践状态进行价值判断的最高级别的评价尺度，因而成为评价政治社会角色的升华概念。

“共和”是中华民族几千年文化积淀的思想瑰宝。早在周朝就有其初级形态的理论表达。中华人民共和国则是中华民族这一文化瑰宝的最高表达形态。“共和”所表达的国家政体有着非常丰富的理论内涵。其中，“共”字包含四层含义：国家的一切权力归人民共同拥有；国家的一切大事由人民共同决策；国家的主要资源由人民共同占有；国家的一切发展成果由人民共同享用。“和”字则包含主导角色与从动角色和衷共济，穷人与富人和睦相处，本国与他国和平共处等含义。“共”是“和”的价值基础，“和”是“共”的价值表达，都是我国政治社会各种社会角色履行政治义务、行使政治权利的终极性价值目标，也是对政治社会和政治社会角色全部实践活动进行评价的终极性或最高级别的价值尺度。

和不仅是评价一个政治社会角色时使用的概念，而且是一种表达包容精神的政治理念，是政治国家表达主导角色和从动角色价值共性的概念。这个政治概念以能动的形式引导各种不同的利益主体产生向心运动，把分散的能量凝聚成统一的能量，把相互抵消的能量梳理成相互助推的能量，从而产生一加一大于二的共振效应。

中华文明不但以历史悠久而闻名于世，而且以极强的包容性闻名于世。中华民族本身就是一个由众多族群不断融合而成的富于包容精神的伟大民族。中华文明的一个突出特征，就是强调并推崇“和而不同”的思想理念。中华文明从来不用一种单调的声音表达，而是习惯于在不同理念的交互作用中发展。在中国历史发展的每一个时期，都充满了不同的学术思想的交锋，各种不同学术思想一方面相互冲击，另一方面相互借鉴、相互补充。春秋战国时期的百家争鸣，在中国思想史上写下了最有活力的篇章，形成了儒家学派这样曾经在很长的时间里被推崇为主导理念的鸿篇巨制。儒家之所以能够在中国数千年历史上长盛不衰，一个很重要的原因，就是它善于吸收与之对立学派的理论成果，善于在与诸子百家争鸣的过程中不断发展和完善自己。秦朝建立大一统的国家版图之前，著名的儒家代表人物荀况的著述中，可以窥见道、法、墨、名等多家学理的影子。到了宋朝，儒家更是把境外传来的佛学理念也吸收到儒学之中，形成了一个十分成熟的理学体系。善于吸收借鉴不同文化形态的精华，体现的不仅是一种博大的包容精神，而且是一种强大的同化能力。中华文明之所以能够历数千年绵延不断，中华民族之所以能够在风雨和磨难之后顽强复兴，就是由于具备这样一种伟大的包容精神和强大的同化能力。

（二）和与争的逻辑

和作为评价一个政治社会角色的价值概念，标志的是政治社会不同社会角色之间和睦相处、默契互动、协调发展那样一种状态。和不仅是国家强盛的前提条件，而且是一种理想的政治境界。

和并不意味着差别的消失，也不是对差别的排斥或掩饰。不同社会角色之间的和睦、和平、和谐，总是与不同社会角色之间的相互对立、相互冲突相伴随的。作为一种价值追求，和就是求同存异，就是致力于发现不同角色之间的共同点，或者在不同的价值追求中发现契合点或利益交叉点，并以这些共同点、契合点、交叉点为基础，构建不同社会角色合作、和谐、和睦的局面，就是致力于把不同社会角色身上分散的能量凝聚成整个社会的合力。从这个意义上说，和是人类社会各种社会组织尤其是政治社会组织归根结底的价值取向，是人类之所以要组成各种社会组织的终极目标。或者说，是人类希望各种社会组织都能够发挥的功能基色。

与和相对的概念是争。我们知道，人类社会之所以需要组成国家这种社会组织，本来就是因为原来的社会组织内部由于利益的分化，不同社会角色之间的关系，不同社会角色之间的互动内容、互动形式都发生了深刻的变化。不同社会角色之间的利益冲突、利益纠葛越来越频繁、越来越激烈，既不能由互动主体自行解决，也不能依靠原来的社会组织来解决，必须建立一种新的高踞于各种社会组织之上，能够行使强制性权力的叫作国家的社会组织，依靠其所特有的强制性手段来解决。所以，国家这种政治性社会组织的出现和存在，本身就意味着不同利益主体之间的冲突和斗争不可避免、不可调和。不同利益主体之间的和睦相处、和平互动、和谐发展，只是由于国家发挥其功能，包括行使强制性手段，迫使不同利益主体都服从一个共同的意志即国家意志而达到的一种暂时的状态。只是由于这种暂时的和平状态能够表现为不同社会角色之间根本利益、长远利益的契合点，被强迫服从的利益主体才会承认、接受这种暂时的和平状态。国家对不同社会角色之间的利益调整方案所表达的利益契合点多而且大，社会生活状态就可能是和平、和谐的。一旦这些被迫接受国家意志的社会角色感到国家的意志和被迫接受的和平状态并不符合自己的根本利益，并且意识到通过自己主观能量的发挥就能获得更多利益的时候，社会和谐的状态乃至社会和平的状态就会被打破。所以，从逻辑上说，在政治社会，冲突是绝对的，而和睦、和平、和谐则是相对的、有条件的，是特别值得所有社会角色共同珍惜的。

在政治社会组织内部的利益冲突中，一般来说，局部的、个别的冲突，都可以由主导角色通过履行社会所赋予的义务、行使社会所授予的权力来解决。然而，一旦社会利益冲突表现为全局性、根本性的特征时，国家机器也将陷入无能为力的窘状。这时，国家就会面临动乱、分崩离析的危险。这种危险一般来源于两种情况：一种是由于掌握国家机器的主导角色主导能力已经下降到无法解决现实社会冲突的水平；另一种情况是由于社会从动角色中生成了一个实力足够强大，不甘继续居于从动地位的行为主体。无论在哪个国家实体中，不管在哪个历史时代，一旦发生这两种情况，国家就会陷入动荡并重新组合的革命过程。

第七章 类角色行为及其评价

我们知道，人类社会是一个个具体社会组织的统称。每个社会组织中的人，相互之间都是由一个共同的社会实践主题联系在一起的，每个人都在其中扮演着某种社会角色。角色扮演活动是人类社会活动的基本属性。但这并不是说，每个人的每一个行为、每一句话、每一个思想活动，都一定围绕着该社会组织的社会实践主题发生和展开。事实上，无论人们的思想、语言还是行为，离开社会实践主题的事是经常发生的。人们离开社会实践主题的思想语言和行为，不属于本来意义上的社会角色扮演活动。非社会角色扮演活动又区分为两种情形：一种情形是人们的思想语言和行为虽然并非本来意义上的角色扮演活动，但并不与该社会组织的价值目标相冲突，甚至还与该社会组织的价值目标相辅相成，这种行为叫作类角色行为。另一种情形是人们既非履行该社会组织主题性社会实践活动所规定的义务，也非行使该社会组织主题性社会实践活动所授予的权利，并与该社会组织主题性社会实践活动所设定的价值目标相冲突，甚至严重对立，这种行为叫作社会敌对行为。社会敌对行为不属于本书的研究对象，所以这里只讨论类角色行为。

第一节　类角色行为的研究对象

分析人类社会中的类角色行为，首先需要把类角色行为作为一个特殊的研究对象，定义类角色行为的概念内涵，明确类角色行为的外延界定。否则，一切分析都不可能具有理论的真假标准。

一、类角色行为是一个特殊的研究对象

类角色行为是人类社会活动中经常出现的一种特殊情况。现实生活中出现的类角色行为，虽然也是人类的一种能动的感性活动，与人们履行角色义务、行使角色权利、进行角色审美的各种能动的感性活动有很多类似之处，然而由于其所履行的社会义务不是由该社会组织赋予的，其所行使的社会权利不是由该社会组织授予的，其所实现的社会价值不等于该社会组织主题性社会实践活动所追求的价值，所以与本来意义上的社会角色扮演活动，无论就其行为规范和审美理念，还是活动规律来说，都有所不同，需要专门加以研究。

（一）类角色行为不同于角色扮演行为

尽管我们一再强调现实生活中没有抽象的人存在，强调任何人都必须以某种社会组织中的某种具体的角色的面貌存在，人们对某种社会角色的扮演活动，无不是在某种社会主题实践活动中履行义务、行使权利的行为，但这并不是说，人们除了在某一社会组织的主题实践活动中履行义务、行使权利之外，就不会再有任何别的感性行为。

事实上，不管人们在哪个社会组织中扮演角色，也不管他们所扮演的是什么样的社会角色，除了要在具体的社会主题实践活动中履行义务、行使权利之外，难免还要在某些具体的社会事件

中履行某种社会义务、行使某种社会权利。这些社会义务和社会权利既不是其所属社会组织规定的主题性社会实践中的义务，也不是社会组织规定的主题性社会实践中的权利，很难用他们本来所扮演的社会角色本身的规范予以价值审美，只能按照某一具体事件的社会意义予以价值审美。聂荣臻元帅救助一对日本孤儿的故事，就是一种既非履行抗日军人义务，也非行使抗日军人权利，不可能用战争伦理来解释的行为。[①] 当今世界，国家与国家之间的互动行为，无论其行使权利还是履行义务，都不是由一个共同所属的社会组织所规定、要求的，因而不能受到统一的社会组织的约束和规范，只服从行为主体自行制定的行为标准。这种事件中的主体行为虽然也属于履行某种义务、行使某种权利的社会行为，属于社会价值审美范畴之内的社会行为，但却不能按照通常意义上的社会角色的价值审美规则予以价值审美，它只能服从一般意义上的社会角色扮演范畴之外的事件角色价值审美规则。

这种类角色行为，经常发生在政治社会组织内部或者不同的政治社会组织之间。一个政治社会组织内部不同行为主体之间发生的互动，有时并不以该社会组织的主题性实践活动规定的权利和义务为互动内容，并不涉及其本来意义上的角色权利和角色义务，也不能简单地归之于角色互动，而是属于类角色行为。类角色行为是一种现实的客观存在，一种类似于角色实践而又不同于角色实践，具有与角色实践不同的研究价值。研究类角色行为，

---

① 1940年10月20日，晋察冀军区3团1个营配属工兵一部攻击日军控制的井陉新矿区，救下了一对父母双亡的日本姐妹，大的五六岁，叫加藤美穗子，小的叫加藤溜美子。军区司令员聂荣臻把她们接到军区司令部，又设法将两个孩子辗转送到了日军控制的石家庄。多年后，聂荣臻仍时时挂念着这两个孩子。1980年，美穗子访问中国，特意去向聂荣臻谢恩，并因此成为中日外交中的知名人物。

可以使我们从侧面对社会角色和角色实践这两个研究对象把握得更加具体、更加真切。

（二）类角色行为的内涵

一方面，类角色行为也是一种涉及行为主体切身利益和存在感的社会行为。另一方面，这种社会性主体互动行为，由于与双方并不同属于一个社会组织，或者虽然同属一个社会组织但互动内容却超越或游离了社会组织的社会实践主题，所以其互动已经不是由社会组织安排的不同社会角色之间的互动，而是由于双方都已经意识到相对方都是一个具体的“人”（包括单个的自然人和群体性的人）这个类的规定而发生的互动，是因为双方都已经意识到相对方也是同一个类存在，因而能够与相对方发生互动。所以，这种互动行为不同于本来意义上的角色扮演行为，只能叫作类角色行为。

类角色行为的互动双方虽然不是由双方同属的一个社会组织安排的不同社会角色之间的互动，而是由于双方都已经意识到相对方也是一个具体的“人”（包括单个的自然人和群体性的人）这个类的规定而发生的互动，但一般都会对其所属社会组织内部的社会主题实践活动发生某种积极的或消极的影响。类角色行为只要不严重危害其所属社会组织的社会主题实践活动，不突破其所属社会组织的规范底线，一般都能够得到其所属社会组织的宽容或鼓励。

类角色行为是某一社会角色扮演主体在某种特殊情形下发动的社会行为。把握类角色行为的概念内涵，与把握类角色行为主体概念的内涵是相联系的。我们已经在本书第一章中把类角色行为主体定义为能够自主定义权利义务内容和权利义务对应状态的行为主体。如果这个定义是可行的，那么，所谓类角色行为，就可以定义为能够由行为主体自主定义权利义务内容和权利义务对应状态的社会互动行为。

这个定义表明，类角色行为有以下几个特点：第一，涉及两个或两个以上的行为主体之间的社会交集，具有某种程度的社会意义的互动行为；第二，互动双方不属于同一个社会组织内的角色分工，或者虽然同属于某一社会组织，但其互动行为中所履行的义务、所行使的权利超越或游离了该社会组织所规定的角色权利和义务；第三，无论是履行义务的行为还是行使权利的行为，都不是出于互动双方同属的某一社会组织的主题性实践活动的价值期待，而是属于互动双方或其中一方行为主体的现实需要；第四，履行义务的行为冲动不是出于社会组织的社会动员，而是出于行为主体的社会自觉，不受互动双方共同所属的社会组织的支配，而受主体能量的自主掌控。行使权利的行为量度不是取决于互动双方共同所属的社会组织的配置，而是取决于主体履行义务的需要和相对方义务性行为的量度；第五，互动过程中无论是主导性行为还是从动性行为，都不是出于互动双方共同所属的社会组织实践活动主题的需要和规定，而是出于各自或相对方的需要或支持；第六，不管是主导行为还是从动行为的社会效应，一般都能够对其所属社会组织内部的社会主题实践活动发生某种积极的或消极的影响，只要不严重危害行为主体所属社会组织的社会主题实践活动，不突破行为主体所属社会组织的规范底线，一般都能够为其所属社会组织所宽容或鼓励。

这个定义表明，一方面，类角色行为作为一种特殊的社会行为，作为两个行为主体之间的社会互动，不同于本来意义上的社会角色互动。另一方面，类角色行为又像社会角色互动一样，不但具有履行社会义务、行使社会权利的行为特征，而且必然区分为主导一方和从动一方，因而类似于社会角色的扮演行为，所以称之为类角色行为。类角色行为主体并非因为相对方的角色特征，而是基于相对方也是一个自己的同类（也是一个人）而发生的应激性行为。类角色行为虽然超越或者游离了既定社会组织规定的权利义务范畴，但却仍然属于人类的社会行为，是人类社会性活动的一种特殊方式，是研究人类社会活动的一种特殊对象。不研究这种类角色行为，关于人类社会实践的研究就不可能是完整的。

这个定义表明，在类角色行为中，无论主导性行为还是从动性行为，都是互动双方的行为能力最直接最真实的表现，都比通常意义上的社会角色扮演行为更直接更真实地反映互动双方的行为能力，因而必然对行为主体的主体意识提出更高的要求。无论主导性行为主体还是从动性行为主体，都会处于一种主体意识高度活跃的状态，因而比一般意义上的社会角色互动行为更加需要尊崇平等、互利、自主的原则。

（三）类角色行为的外延

根据类角色行为的上述定义，类角色行为主要是指如下几种情况下的社会互动行为：

从主体的利益或需要出发，主动游离或超越既定社会主题实践活动，作为社会主题实践活动之外的补充性社会互动，例如通常意义上的交友活动。发生在行缘、政缘和信缘社会组织内部主题性社会实践之外的个人交友行为，不同于其在社会主题实践中的一般性社会角色互动行为。发生在不同社会角色之间的互动行为，无论权利还是义务，都是由社会组织定义的，边界是清晰的、明确的，而且是由社会组织公开地、客观地掌控的。而交友行为中的权利和义务，都是由互动双方自行界定的，具有较大的随意性和模糊性。有的可能比社会组织的规定更宽泛，有的则可能比社会组织的规定更严格，有的甚至可能与社会组织的规定发生冲突。交友行为不像社会角色履行义务、行使权利那样庄重，受到社会规则的规范，因而具有很强的主观随意性和感情色彩。交友不慎，就会导致其本来意义的社会角色扮演行为的迷失。

主权国家或拥有自治能力的政治实体既是一种社会组织，也是一个能够发生感性社会行为的实践主体。主权国家或政治实体作为一个社会组织，是其内部各种社会角色进行社会实践的舞台。主权国家或政治实体作为一个能够发生感性社会行为的实践主体，是通过其主导角色与其他主权国家或政治实体发生互动（包括友好交往和武装争夺）的。一个主权国家或政治实体与另一个主权国家或政治实体之间发生的互动行为，虽然也属于履行义务、行使权利的社会性感性行为，但这种互动中的权利、义务、实践目标和互动规则，并不是由双方或多方共属的一个社会组织授予或规定的，而是依靠双方协商或其中的主导主体从主体意识和行为意志出发自主提出的，所以不属于一般意义上的社会角色互动，而属于类角色行为。

不同社会角色扮演主体之间在社会主题实践活动之外的偶然性社会互动，例如在公共场所发生的临机性交集行为，包括由于某一行为主体偶然遇到某种困难而发生的救助行为，或者个别行为主体因其利益意识过度膨胀而侵害他人的行为，可能属于某种社会角色的扮演行为，也可能属于类角色行为。如果这种临机性社会交集涉及社会角色的行为规范和利益冲突，例如涉及其作为国家公民的义务履行和权利行使，并需要由国家组织加以调整，就属于国家公民角色的扮演行为。而如果这种临机性交集行为不涉及既定的角色规范和利益冲突，例如不涉及其作为国家公民应当履行的社会义务和应当行使的社会权利，不需要由国家组织加以调整，那么，这种交集行为就属于类角色行为。

二、类角色行为的总体特征

类角色行为与角色扮演行为的最大区别，在于其角色意识淡薄而主体意识强烈。类角色行为的主体虽然具有履行某种社会义务、行使某种社会权利的行为特征，但其对权利和义务的理解却比本来意义上的社会角色扮演主体拥有更多的自由度。他们有的是由于权利义务内容超越或者游离了社会实践主题的规定而更加需要主体意识。有的则是由于互动双方的能动性要素对比失衡、势差悬殊而导致其中的主导行为主体高度自由。在类角色行为中，两个互动的行为主体之间不是追求权利与义务的高度对应状态，而是追求单方面或双方共同的目标现实性。由于角色意识的淡化和主体意识的增强，在类角色行为中，既有主导主体大力扩张权利、压缩义务的情况，也有主导主体主动向从动主体大力让渡权利的情况。

类角色行为与社会角色扮演行为的这些区别说明，类角色行为主体所履行的社会义务、所行使的社会权利，不是来自于任何社会组织的规定，而是依赖于其主体意识的自觉。无论是由于双方主体能动性要素对比失衡、势差悬殊而需要依赖双方自我约束，还是由于互动双方主体能动性要素对比失衡、势差悬殊而高度依赖主导主体，互动行为的具体调整，都不像本来意义上的角色扮演行为那样，来自社会组织和公共规范，而是依靠行为主体特别是主导性行为主体的自由意志。

也就是说，类角色行为对角色意识的依赖程度比较低，而对其主体意识依赖程度比较高。不管互动双方的能动性要素和势差对比如何，只要是类角色行为主体，就会超越各种社会角色的定位而获得一种类的存在感。在战争中，获得人道主义对待的俘虏，必须以放下武器、停止抵抗为前提，否则，就不能被视为俘虏，不能获得人道主义的对待。处于互相对立的敌对阵线中的两个人，一旦超越或游离其所属阵线固有的界限，就可能成为朋友。一个冻馁交加的老人躺在路边，等待人道主义的救助时，参与救助他/

她的路人不会过问他（她）的国际、民族、家族或阶级出身，而只把他/她视为一个需要救助的人。类角色行为的这种特殊性，在互动过程和互动规则两个方面均有鲜明的体现。这是其主体意识得到强化而角色意识受到抑制的必然表现。

（一）类角色行为的互动特征

类角色行为互动过程的特殊性，首先表现在行为启动的环节上。类角色行为不像本来意义上的角色扮演行为那样，是由有计划地发动主题性社会实践的社会组织来启动的。类角色主体的互动行为，有时是由既定的强者主导启动的，例如交友行为和国际交往行为；有时是由弱者启动的，例如我们在日常生活中经常遇到的陌生人突发灾难性事故急需救助的时候，或者在公交车上遇到需要让座的老人、病人、儿童或孕妇的时候，等等。所以，类角色行为的启动原因往往各不相同。从过程上看，在任何类角色行为过程中，主导主体的行为特别活跃，然而从启动原因上看，与其说类角色行为是由一个先定的主导主体启动的，不如说类角色行为的主导主体是在类角色行为的互动过程中塑造的。

类角色行为互动的另一个突出特征，是权利义务对应状态对行为主体自觉性的高度依赖性。在类角色行为状态下，处于从动地位的行为主体，由于能动性要素相对较弱，不得不依赖主导主体的引导或无法挣脱主导主体的牵引，其权利义务的意识自觉很容易被习惯性弱化。与此同时，主导主体则很容易进入一种意志高度自由的状态。他们可能自觉地超越社会规范履行社会义务，也可能游离社会规范放肆地扩张自己的权利，甚至突破基本的义务底线，侵犯从动主体基本的权利边界，从另一个方向导致权利义务意识的自然淡化。所以，越是在这种类角色行为中，越是需要互动双方的主体强化权利义务的意识自觉，严格把握双方的权利、义务边界和审美意义，提高权利义务互动的自觉性。

在类角色行为中，从动主体的权利义务意识自觉性有两个主要特征：一是体现为尊重生命的惟一性原则。凡涉及生命存续与否的权利义务，反应高度敏锐。二是体现为恪守人格尊严底线原则。凡涉及人格尊严底线的权利义务，态度坚定明确。主导主体的权利义务自觉性有三个特征：一是体现为从人道理念出发自主确定履行义务、行使权利的边界；二是体现为自觉地把履行义务作为社会实践的逻辑起点，仅仅行使其履行义务所必要的最低限度的社会权利；三是体现为坦然面对、泰然处置可能出现的权利与义务失衡状态，自觉地以从动主体满足状态为检验义务履行的标准，把多履行义务、少行使权利视为一种享受。

所谓权利义务意识自觉似乎是一种很高的觉悟境界，其实是一种主体底线意识，守住的不过是一条保持人类基本形象的底线。在很多类角色行为过程中，由于互动双方位势差距悬殊，如果守不住这条人类基本形象的底线，很容易被丛林规则所支配，混同于一般劳动主体与自然对象的互动行为。

在类角色行为中，互动双方仍然是一个参与某项社会活动的具体的人而不是抽象的人，但这个参与某项社会活动的具体的人，与其此前扮演的承载着各种社会关系的角色并不相同。一方面，人是一种社会动物，任何人都不可能摆脱其既定的社会性规定。另一方面，不管相对方身上承载着多少社会关系，都不会彻底摆脱其作为“人”这个类的存在的基本内涵，不可能因其具体的社会规定而失去其作为“人”这个类的规定。所以，在需要忽略互动对象身上的社会角色形象，忽略其作为一个社会角色的权利和义务的时候，把相对方视为一个人、一个自己的同类，就成为一条不可逾越的意识底线。这条底线，作为弱势一方的权利意识，就是只要有困难，就享有得到救助的权利。作为强势一方的义务意识，就是只要有能力，就有救助弱势主体的义务。

（二）类角色行为的规范特征

一方面，由于类角色行为对角色意识的依赖程度较低，而对主体意识的依赖程度较高，所以，类角色行为的调整能量主要的不是来自于社会组织制定的公共规范，而是来源于行为主体的社会意识。与本来意义上的社会角色互动相比，主体行为的自由度高得多。

另一方面，类角色行为也是以某种特殊方式履行社会义务、行使社会权利的行为，所以类角色行为也就合乎逻辑地具有履行某种社会义务、行使某种社会权利的行为特征，并没有从根本上脱离人类社会实践的范畴。既然没有从根本上脱离人类社会实践的范畴，就不可能也不应当服从丛林法则，而只能服从人类社会的行为规范，亦即角色规范。所以，本书第六章中所提到的各种角色规范，都适用于类角色主体和类角色行为。只是这些规范形式的调整功能，主要的不是通过社会组织来发挥，而是通过行为主体的社会意识来发挥。

首先，道德对类角色行为的规范作用是毋庸置疑的。在一切类角色行为的崇高形象中，人们首先看到的是道德的身影。类角色行为与社会角色扮演行为之间的区别，不是有没有道德规范发挥作用的问题，而是行为主体遵守道德规范的自觉程度高低的问题。道德在本质上是对行为主体的一种外在的规定，然而在实际上，只有当行为主体不仅把道德作为一种外在的约束，而且把道德视为一种崇高理想的组成部分时，道德规范的履行才会成为真正的自觉行为。由于类角色主体行为的角色意识比较淡化而主体意识高度活跃，所以其行为的动力来自信仰的程度一般要高于来自利益的成分。也就是说，类角色行为中的道德自觉要高于一般的社会角色扮演行为。

其次，法律对类角色行为的规范作用也是毋庸置疑的。前述社会组织，特别是政治社会组织宽容类角色行为的一个重要前提，就是类角色行为不能突破其所属政治社会组织的法律底线。在交友行为乃至在大规模灾难救助中的志愿者行为，都不是发生在国家这种政治性社会组织范畴之外的行为，离不开国家这种政治性社会组织的认可，因而也就离不开法律的规范调整作用。只不过在类角色行为中，发挥法律调整功能的主要能量，首先不是来自国家组织，而是来自行为主体的自觉性，来自主体法律意识的自我约束。只有在行为主体失去自我控制并达到一定程度，确实与国家法律发生冲突的时候，国家才会通过法律来实施调整。

最后，纪律、制度、公约、合同等规范形式对类角色行为的规范作用也是毋庸置疑的。在以国家组织为行为主体的类角色行为中，例如在国家与国家的交往行为中，订立双方共同遵守的制度、条约、公约或其他行为规范是必不可少的。

在类角色行为中，行为主体的主体意识高度活跃，追求意志自由的价值理念高度活跃。因为类角色行为很容易成为丛林法则复活的平台，所以特别需要警惕和排斥丛林法则对人类社会的危害，防止因为规范模糊、权利义务边界不清而导致丛林法则的复活。在交友行为和某些临机出现的救助行为中，互动双方的权利义务不是由有形的社会组织定义的，而是由互动双方依据客观需要协议达成的，或者是由行为主体的诉求表达的。其中，感情的调整作用十分突出，但感情的作用也不能没有边界、不能突破边界。而行为边界都是由惯例、经验、常识等形式中隐含的道德、法律、纪律、制度、公约、合同等规范形式确定的。虽然这种隐含在惯例、经验、常识等形式中的道德、法律、纪律、制度、公约、合同比较柔和，不像其文本形式的面孔那样冷酷，但其对主体的约束、规范作用是毋庸置疑的。

（三）类角色行为的绝对性和相对性

类角色行为的绝对性是指其客观性和普遍性，类角色行为的相对性是指其具体性和条件性。

我们说类角色行为具有客观性，是说类角色行为与社会角色扮演行为的界限是客观的、不容混淆的。或者说，类角色行为作为人类行为中的一个类型是客观的、毋庸置疑的。凡是属于类角色行为的人类活动，不应该也不可能被误认为社会角色扮演活动。混淆社会角色扮演活动与类角色行为的界限，用社会角色扮演行为中履行义务、行使权利、追求价值的行为标准衡量类角色行为，不但是一种不应出现的价值误判，而且常常会导致审美主体自身的形象扭曲。例如，在现实生活中，有些在公共交通工具上自认为需要帮助的人，对自认为应当帮助自己的相对方出言不逊，甚至大打出手，引起社会公愤，就是由于犯了这样的错误。

我们说类角色行为具有普遍性，是说类角色行为并不是特指某一个人在某一时间某种特定场合发生的某一次具体行为，而是泛指人类社会行为中一种普遍存在的现象，是对每一个社会角色扮演主体都不可能完全避免发生的一种行为的共同特征的高度概括。这种概括是人类理性思维的一种表现形式，即运用概念表达对象，运用概念把握对象的一种能力的表现方式。我们知道，凡是运用概念表达的对象，都不是对个别对象的表达，都不是特指某一个对象，而是对对象世界中普遍存在的某种现象的把握和表达。类角色行为就是这样一个可以概括、可以表达、可以把握人类社会行为中普遍存在的一种现象的概念，所以它具有非常大的普遍性。类角色行为的普遍性，也是其绝对性的一个基本含义。

我们说类角色行为具有具体性，是说作为一个概念，类角色行为不仅能够使我们概括、表达和把握人类社会行为中普遍存在的一种现象，而且能够使我们精确地指称、表达和把握发生在我们身上或者我们身边的某一次具体行为。由于它是具体的，所以它是丰富的而不是单纯的。作为一个供我们认识和把握的对象，它不但是它自身，而且包含与它相对立的对象。一方面，每一个类角色行为都不是一个具体的社会角色扮演行为。另一方面，每一个具体的类角色行为都与其主体扮演社会角色的行为相互渗透。虽然类角色行为不同于本来意义上的角色扮演活动，但类角色行为不可能完全摆脱其行为主体在长期的社会角色扮演活动中形成的思维特征、语言特征和行为习惯。不可能不受到其行为主体在长期的社会角色扮演活动中形成的知识结构、能力水平和人格特点的控制，不可能不流露出其行为主体在长期的社会角色扮演活动中形成的气质修养、价值追求和审美情趣的痕迹。也就是说，类角色行为与社会角色扮演行为的界限虽然是分明的、不容混淆的，但这种界限只是相对的，只具有相对的意义。虽然每一个类角色行为都不允许我们把它与社会角色扮演行为相混淆，但类角色行为主体在这种行为中透露出来的思维特征、语言特征和行为习惯，以及知识结构、能力水平和人格特征，都可以让我们观察到其经常扮演的那种社会角色的影子。同时，一个社会角色扮演主体在类角色行为中的体验，也必然会深刻地渗透到其扮演某种社会角色的行为之中。现实社会中，使用微信已经成为一种非常活跃的类角色行为。一方面，这种看似并非扮演任何社会角色的行为，其中都非常清晰地透露着其主体所扮演的社会角色的影子；另一方面，人们在使用微信中得到的体验，必然会成为其作为一个行为主体的一种素质，深刻地影响其扮演社会角色的具体行为，成为其所扮演的社会角色的一种色彩。

我们说类角色行为具有条件性，是说任何类角色行为都不是任意发生的，而是因一定条件而发生的。而且任何一个具体的类角色行为都不是永恒的，而是因其必然发生的条件变化而消失或者转变成社会角色扮演行为的。也就是说，任何一个类角色行为都是一个既定的社会角色扮演主体，因一定条件的变化而暂时地超越或者游离了社会主题实践活动，暂时地变成了一个类角色行为的主体。所以，任何一个类角色行为主体都会在条件发生变化时回归社会主题实践活动，恢复其所扮演的社会角色的本来面貌。

第二节　类角色主导主体的行为特征

类角色行为也是一种社会行为，是发生于两个或两个以上行为主体之间的互动行为。因此，尽管这种行为与本来意义上的社会角色履行义务、行使权利的行为有所不同，但可以按照社会角色履行义务、行使权利的逻辑样式进行逻辑分析。

任何类角色行为都可以按照社会角色的互动逻辑那样区分为主导行为和从动行为两个方面。其中的主导行为，类似于社会角色互动逻辑中的主导行为。类角色互动行为一般是由强势主体主导的。所谓强势主体，是指在智力、体力、资源等能动性要素占有上处于优势地位的行为主体。在某些临机性利益交集过程中，由于互动双方处于陌生状态，智力、体力、资源等能动性要素占有状态并不明确，有的行为主体可能会自以为强者而主动挑起事端，力图主导互动过程。然而，如果缺乏智力、体力、资源等能动性要素的优势地位而挑起事端，就会随着互动过程的展开而陷入明显的被动地位。

一、类角色主导主体的义务

如果说类角色行为是一种高度依赖主体意识的自由意志状态，那么，在类角色行为中处于主导地位的主体，特别是其履行社会义务的行为，对其主体意识的依赖则几乎是绝对的、唯一的。其履行社会义务的动力，既不是来自任何社会组织的规定，也不属于任何社会组织的主题性实践活动，主要是甚至仅仅是来自于其相对方的权利。其相对方的这种权利只能依靠其自身的高度自觉才能意识到，才能成为一种履行社会义务的动力。这种高度自律的主体意识，是一种依靠人类的社会实践长期培养而成但却隐藏在人类大脑深处的东西。正是人类大脑中这种强大的主体自律意识，才能超越本来意义上的角色权利义务对应原则，构建出纯洁的人类关系理想模型，实现真善美的统一。类角色主导行为的社会义务主要有以下三个方面。

（一）敬重生命的义务

在类角色行为中，主导角色最起码的一项义务就是敬重生命，包括自己的生命和相对方的生命。生命是人最宝贵的东西，是承载人财富、资源、价值的物质实体，是人与人间各种审美价值的基础所在。人的生命不可能是永恒的，而且只有一次。一旦获得，就必须受到最认真的保护和珍惜。人的生命的结束有两种基本的形式：一种是自然结束，例如因老因病而死亡；另一种是人为的结束，包括自杀、互相残杀或者见死不救。互相残杀，或者见死不救，是人类普遍认可的可悲的行为。而敬重生命，特别是舍己救人，则是人道主义最基本的含义，是人类最纯洁的行为之美。

在大规模公共灾害救助活动中，把挽救灾民生命作为首要的价值追求，比较容易取得共识。然而，在突发的灾难救助行为中，例如，在某个公共场所突然发生需要救助的生命灾难时，就成为对现场每一个人是否敬重生命的考验。只有在这种突发事件中把敬重生命视为自己的社会义务的人，才能主动地承担起主导义务，启动主导行为。在主导主体对从动主体的管理行为中，只要涉及从动主体生命的事项，都应当得到特别的关注和充分的努力。

战争是大规模残杀人类生命的行为，是大规模屠杀人类生命的机器。从最一般的意义上说，敬重生命，就应当珍爱和平、反对战争。国际交往事务的核心问题是国家利益。不管大国小国、强国弱国，不管是领土争端，还是贸易事项，都是从自己利益的最大化出发思考和制定外交战略和策略。不会有哪个国家会从割让本来属于自己的领土、牺牲自己的贸易利益，满足对方的领土和商贸利益出发去签订领土条约、制定贸易规则。然而，只要能够把敬重生命作为国际交往行为中最重要的义务来履行，就不会随意按动战争机器的开关，更不会以斩尽杀绝为目的，而是千方百计地找寻通过和平谈判解决问题的方案。

（二）尊重人格的义务

在汉语中，人格有时指人的性格、气质、能力等特征的总和，有时指个人的道德品质，有时指作为权利和义务主体的资格，有时指人格尊严的底线。在这里，主要是指人格尊严的底线，也就是作为一个人不可侵犯的起码的尊严。

人格是一个合成词，包括“人”和“格”两个部分。其中，“人”字作为一个名词，含义比较清晰、比较确定。“格”字也是一个名词。有时是指一定的标准或样式，如“资格”“合格”“及格”“聊备一格”等用法。有时是特指人的道德品质、风度、气质、能力，如“人格品质”“人文品格”“人的性格”“行事风格”等用法。有时是指行为主体的权利底线，也就是人们应当能够享有的最基本的社会权利，如“人格尊严”“尊重人格”等用法。“格”字还有很多别的含义和用法，与“人”字相关的主要是这几种含义。

在一般性社会角色互动中，人格尊严问题受到的关注一般已经包含在对权利义务的关注之中。然而，在类角色行为中，尊重人格就成为一项很值得强调的主导义务。因为在这种类型的社会互动行为中，明显不对称的主体特征，非常容易导致强势主体恣意放大其权利而淡化其义务，甚至侵蚀弱者作为人格底线的起码权利。

作为社会行为主体的人格尊严，一般由四个层次的基本权利组成：首先，是不受虐待的权利。所谓不受虐待，包括获得基本衣食住行条件的权利，以及在患有疾病伤痛时被救助的权利。这是维持生命的基本条件，因而等同于生存的权利。如果说不得剥夺人的生命，是从消极的意义上设定的尊重生命权的底线，那么，获得基本衣食住行条件的权利，以及在患有疾病伤痛时被救助的权利，则是从更加积极的意义上设定的尊重生命权的行为标准。其次，是不挨打受骂的权利。动辄被打骂，实际上就是被降低到了与动物无异的地步。再次，是性别差异能够得到承认和尊重的权利。最后，是文化娱乐、信仰自由得到尊重的权利。这是人的精神生活得到起码满足的权利。如果说获得基本衣食住行条件和伤病救助机会，是人格权在物质生存条件方面的基本标准，那么，文化娱乐和信仰自由则是人格权在精神生活方面得到尊重的起码标准。文化娱乐包括读书阅报、写作出版、文学艺术欣赏等方面的行为。这是人们在物质生活的基础之上必不可少的精神生活内容。信仰自由包括自主改变信仰的自由和不被强迫改变信仰的自由以及不因信仰不同而被放弃生命救助或与其他社会行为主体互动行为的自由。信仰是每一个社会行为主体的精神支柱，是其能够作为一个社会行为主体独立存在的基本标志。没有了信仰自由，就意味着丧失了作为一个独立的社会行为主体的基本资格。不受虐待的权利、不受污辱的权利、性别差异能够得到承认和尊重的权利、文化娱乐以及信仰自由的权利，是作为一个社会的行为主体的基本权利，或者说是作为一个人而存在的基本资格、基本条件、基本尊严。失去了这些起码的权利，即使生命仍然存在，也已经与动物无异，不再具有作为人的生命的特征。

对战争中已经放下武器、停止抵抗的俘虏，或者对已经停止犯罪并接受刑事处罚的罪犯，实行人道主义的政策，对受伤或有病的人给予积极治疗救助。对服从并配合管理的人，在衣食住行等物质生活以及文化娱乐等精神生活方面的需求给予积极的安排，是现代人类社会普遍认可的人道主义行为准则。

（三）对事态发展趋势负责的义务

类角色行为发展趋势的不确定性要比本来意义上的社会角色互动大得多。所以，类角色主导行为主体对事态发展趋势负责的义务也就重要得多。特别是在某些临机性利益交集行为中，例如，在某些公共场所发生的利益纠纷，并不一定是由强势主体肇始的，但事件发生以后的发展趋势一定是由强势主体主导的。

类角色行为主导主体不应满足于对从动主体的行为作出回应，需要根据从动主体的行为判断其整体特征，并根据这种整体特征及其与自身的能动性要素所形成的势差，驾驭互动局面、掌握互动行为的发展趋势。例如，在国际事务中，一个国家如果自喻为领导力量，就不能满足于在国际事务中指手画脚，必须能够对国际事务的结局承担责任。只要你发挥了某种影响作用，例如，你向哪里输出过你的价值观，或者对哪里的事态发表过评论，支持或打压过某种力量，你就应该对你发挥过的作用承担责任。

一般来说，在不同的类角色行为中，主导行为对事态发展趋势的责任程度是不一样的。在灾难救助行为，或对类角色主体的单方面管理行为中，例如，对战犯或罪犯的管理改造行为中，主导行为的主体确定，责任意识明确，而且意志高度自由，其责任一般不会受到质疑。在交友行为或国际交往行为以及临机性利益交集行为中，由于互动双方的主体意识都高度活跃，都力图通过争取主导地位使事态发展进程符合自己的意志，所以事态发展趋势更加不确定。在这种类角色行为中，事态的发展趋势一般有几种可能的类型：一种类型是就事件对互动双方利益的影响力度来说，可能由小事变成大事，直至不可收拾，或者不得不由双方共同所属的社会组织通过规范程序加以干涉；也可能由大事变成小事，直至消失在初始状态或者萌芽状态，即所谓大事化小，小事化了。另一种类型是就事件的结果来说，可能双方各得其所，皆大欢喜，即所谓双赢的结果；也可能是两败俱伤，甚至是你死我活。

能不能在类角色行为中把握最理想的发展趋势，实现最理想的结果，关键在于主导主体能不能切实地把握自己权利和义务的边界，防止权利对义务的侵害。作为主导行为的主体之所以能够取得主导地位，根本的原因在于拥有智力、体力和资源的比较优势。而恰恰是这种智力、体力和资源的比较优势，非常容易使主导主体忘乎所以，盲目地扩张权利，淡化、侵害义务。所以，作为主导主体，切实把握权利与义务的边界，并不是一句空洞的承诺，而是一种十分难得的聪明智慧和自制能力。在手机功能开发出微信以后，很多人特别是青少年患上了手机依赖症。患上手机依赖症的学生经常不听课、不写作业。这让他们的家长非常着急。如果家长不善于把握自己权利和义务的边界，忽略孩子迫切需要手机的心情，过于简单粗暴地采取没收孩子手机等办法，就有可能导致孩子因为对手机需求的过度迫切而迷失方向，甚至接受坏人的引诱，从此走上堕落的道路，结果是家长自己追悔莫及。相反，如果能够从尊重孩子的权利出发，充分理解孩子在同龄人中适度交流的权利，就可能会采取一种更加妥当的办法，更加有效地把握事态发展趋势，取得比较理想的效果。作为一个学生的家长，严格地把握自己与孩子之间的权利义务边界，不是一件很容易做到的事情，需要更加细致的思考，更加艰苦的努力，更加漫长的过程。也就是说，需要更加认真地甚至是超额地履行家长的义务。

二、类角色主导主体的权利

如果说类角色行为中主导主体履行义务需要依靠其自身高度的主体意识，那么其行使权利则需要依靠其高度的自律意识。自律意识也是一种主体意识，是人类主体意识中的重要组成部分，但不是全部。类角色行为主导主体，其能动性要素方面的优势状态，特别是这种优势的发挥状态，既不是源于任何社会组织的规定，也不是源于从动主体的制约，而是源于主体自身的高度自律精神。其主体自律意识越强，其能动性要素的优势发挥状态就越好。其主体自律意识越弱，其能动性要素的优势发挥状态就越差。如果失去主体自律，有可能完全被丛林法则所控制，满足于弱肉强食的感官刺激。而如果其主体自律意识强大，也可能超越本来意义上的角色权利义务对应原则，构建出更加纯洁的人类关系理想模型，实现真善美的统一。

类角色主导行为的权利可以概括为两个方面。

（一）提出并首先贯彻行为方案的权利

在类角色行为中的主导行为，首先表现为提出并贯彻行为方案。这是一种义务，也是一种权利。设计、提出并贯彻行为方案，作为类角色行为得以启动和持续的基本条件，是主导主体应尽的义务。而从类角色行为实施方案在过程中发挥的主导作用来说，则是占据主导地位的行为主体的一种权利。作为一种权利，占据主导地位的行为主体，拥有高度的自由意志空间，必须通过自律意识，以确保从动主体的生命权和基本人格权不受到侵害。主导主体的权利边界，以从动主体的基本权利不被侵害为底线。陌生人在某些公共场合发生利益交集，强势主体如果不能自律，侮辱弱势主体的人格，侵害其基本权利，不但会遭遇弱势主体的强烈抵抗，而且会遭到社会舆论的谴责甚至国家法律的制裁。

在交友行为中，从表面上看，双方的行为更多地由情感决定，与主体的强弱没有多少关系。然而，从实际上看，真正决定交往过程的，还是双方的能动性要素对比和资源占有状态。只不过在这种特殊的类角色行为中，无论是规则制定的过程还是实际交往的过程，主导主体都能够更加自觉地履行自己的义务，更加关注对方的权利。

在灾难救助行为中，情感因素、道德因素、法律因素交织在一起，共同发挥作用。由于主导主体和从动主体的界限更加分明，主导规则制定和设计并提出行为方案的主体，更需要强大的自律意识，更需要自觉地约束自己的权利边界，更需要小心守护从动主体的人格尊严和权利诉求。

（二）要求从动主体配合的权利

任何角色互动都首先是一种主体合作与配合。在类角色行为主体的互动中，由于能动性要素的高度不平衡或高度的利益冲突格局，互动主体之间的协作配合比一般的角色互动更加难以默契，常常需要发挥主导作用的主体直接表达出要求从动角色加以配合的意志。要求从动主体配合，本质上是为了捍卫其主导地位。因此，有时候，发挥主导作用的主体甚至会不得不使用强制性的方法迫使从动主体不得不予以配合互动的需求。然而，由于类角色行为中的主导主体在能动性要素方面的优势，其要求从动主体配合行动的诉求很容易超越共同价值追求的目标，甚至逾越从动主体的权利底线。所以，在类角色行为中，发挥主导作用的主体特别需要高度的自律意识。这种自律意识，本质上是其自责履行自身义务的自觉性，主要表现在以下三个方面：

第一，凡涉及从动行为的安排，注意征求从动主体的意见，观察从动主体的反应，争取从动主体的主动配合。在国际交往或陌生人之间偶然发生的利益交集行为中，无论强者还是弱者，无论主导主体还是从动主体，主体资格是平等的，任何一方都没有权利单方面制定要求相对方必须执行的行为规则。国际交往的主导方面可以首先设计并提出某些行动方案，充分听取从动主体的意见。有分歧意见，应当能够以互相尊重的态度展开充分的协商。在交友行为中，在偶然的或者有计划的灾难救助行为中，从动主体可能因各种原因不能充分完整地表达其对行为方案的主观意志。在这种情况下，主导主体不能因此而不尊重对方的主体地位，擅自以自己的意志代替相对方的意志，而是应当在贯彻已经与从动方达成一致的行动方案的同时，注意观察这些行动方案在相对方所导致的客观效果和从动主体的主观反应。一旦发现有损从动主体人格尊严或基本权益的现象，应及时作出必要的调整。

第二，不到万不得已的情况不采用强制性行为。所谓强制性行为，是指从动主体明确表示不愿看到、不能配合的主导行为。所谓万不得已，是指在自己的生命或对方的生命危机的时刻，不采取强制性行为，危机就会变成现实。而只要采取强制性行为，危机就会化解，自己或者从动主体的生命就会得以继续。

第三，即使采用强制性行为，除了出发点必须是自卫或救助从动主体的善意之外，在强度上以不超过自卫，或不过度加剧从动主体的痛苦、不损害从动主体的人格尊严为限度。

第三节　类角色从动主体的行为特征

如果说在类角色行为中发挥主导作用的行为主体的主体意识的突出特征是能动意识，那么，在类角色行为中发挥从动作用的从动主体的主体意识的突出特征是存在感。存在感就是类角色从动主体的主体意识。

主体意识，对任何一个行为主体来说，都是其能动性的源泉。任何一个行为主体，不管是社会角色扮演主体还是类角色行为主体，也不管是主导主体还是从动主体，都不可能丝毫没有主体意识，正像任何一个行为主体都不可能没有其个性一样。所以，任何一个行为主体，不管是主导主体还是从动主体，都不可能没有丝毫的主体能动性。从动主体的主体意识虽然仅仅处于一种沉寂状态，而且恰恰是由于这种主体意识已经很沉寂，所以就更显得特别重要。任何从动主体都必须首先意识到自我存在的价值和意义，才能发挥其应当发挥的社会作用。作为类角色行为中的从动主体必须明白，自己之所以只能处于从动的地位，不是因为自己的人格渺小，仅仅是因为自己的能动性要素配置相对不足，自身内涵的能量相对弱小。

以存在感为特征的主体意识表现为自尊、自爱、自信、自重。这种主体意识是否活跃、是否强烈，只能在其履行义务、行使权利的行动和心态中表现出来。

一、类角色从动主体的义务

类角色从动主体的突出特征是能动性要素配置不足，因而缺乏履行更多社会义务，行使更多社会权利，实现更大社会价值的内在能量。与此同时，由于其与所属社会组织实践主题的疏离状态，类角色从动主体履行社会义务的动力，不是来自其所属社会组织的动员，而是来自主导主体的提示、牵引和激励。

类角色从动主体的社会义务可以概括为两个方面。

（一）承认现实的义务

现实，作为一个哲学概念，指的是由各种条件所决定的对象的当前状态，具有与未来、可能相对的意义。这里所谓的现实，是特指类角色从动主体自身能动性要素配置不足的客观事实。承认这个现实，不仅仅意味着对其从动地位的认同，而且意味着对这种社会地位所决定的不得不履行的社会义务的认同，意味着履行这些社会义务的自觉性。

我们知道，在类角色行为中，无论是国家与国家的国际交往，还是陌生人偶然间的利益交集，每一个行为主体都希望占据主导地位，不希望处于从动地位。而且越是能动性要素配置不足的行为主体，越是不甘心其所处的从动地位。这是人的社会主体性和主观顽固性的表现。人的这种社会主体性和主观顽固性，与类角色行为的一个重要的特点①一起，决定了类角色从动主体的另一个重要特征，即承认从动地位这个现实并非一件很容易的事情，而是一件很不情愿、很无奈的事情。所以，在类角色行为中，承认现实，对处于从动地位的主体来说，一方面，这是一个现状认同和义务自觉性的问题；另一方面，就其重要性的程度来说，毋宁把这一问题视为类角色行为从动主体必须承担的一项社会义务。

正像主导与主动是两个完全不同的概念一样，从动行为不等于就是被动行为。从动作为一个哲学概念，其含义是指行为主体在互动行为中所处的一种与主导地位相对的现实状态，所发挥的一种与主导作用相对的社会作用。无论是主导还是从动，都是指由行为主体自身能动性要素配置状态所决定的一种行为主体的社会样式。从动样式的社会行为并不丧失主体的主观能动性本质，仍然拥有发挥主观能动性的舞台，仍然保持着争取行动自由和主动地位的机会。从动和被动只有一字之差，却是两个完全不同的哲学概念。与被动相对的概念不是主导，而是主动。作为另一个

---

① 这个特点，是指主导主体与从动主体的划分，不像主导角色与从动角色的划分那样，是由社会实践主题和主体自身的现实条件共同决定的，而是由行为主体自身的现实条件单方面决定的。

哲学概念，被动的含义与主动相反，是指行为主体在社会互动过程中的一种特定的行为状态，即丧失了主观能动性表达空间，丧失了主体自由的一种行为状态。被动状态就是只能被某种力量牵着鼻子走，每一个举动都是不得已而为之的一种被迫的窘态。无论是主动行为还是被动行为，所标示的都是一种主体行为的状态样式，而不是行为主体或主体行为的社会样式。人们行为的主动状态或被动状态，虽然不能不受其能动性要素配置状态的制约，但主要是由行为主体对其自身能动性要素配置状态的认知和使用所决定的。行为主体的能动性要素配置状态是决定其行为状态的客观条件，而行为主体对其能动性要素配置状态的认知和使用则是决定其行为状态的主观条件。所以，处于从动地位的行为主体可以在行动中掌握主动权，处于主导地位的行为主体也有可能陷入被动状态。

在类角色行为中，作为从动主体，只有承认现实，从实际出发，顺势而为，才能在互动中取得主动。无视现实，只凭主观愿望出发，脱离实际，很难不陷于被动。所以，从动主体是不是自重，不在于其是不是顽强地表达主导愿望，而在于能不能对其自身的能动性要素配置状态实现自我认知和正确使用。类角色从动主体是否承认现实，能不能自觉承担必要的社会义务，本质上是一个主体存在意识强弱的问题，是一个自重与不自重的问题。

（二）发挥主观能动性的义务

自强意识是任何社会行为主体意识的另一个重要内容。如果说能不能承认现实，是处于从动地位的类角色行为主体是否自重的表现，那么，能不能发挥主观能动性则是处于从动地位的类角色行为主体是否自强的表现。

从动主体是否自强，不在于其能动素质是否强大，也不在于其自强愿望的顽强表达，而在于其掌握强弱转化规律的能力。这种能力就是从动主体的主观能动性，可以具体化为以下四个方面：

一是不拒绝救助。灾难救助行为是一种常见的类角色行为。任何救助行为都不但需要主导主体的牵引和倡导，而且需要从动主体的密切配合。没有从动主体的配合，任何救助行为都无法获得成功。配合主导主体发起的救助行为，应当是从动主体需要履行的义务。

二是不主动挑起冲突。在类角色行为中，利益冲突是不可能完全避免的。有利益冲突不等于表现为冲突行为。只要双方都能意识到自身的根本利益所在，利益冲突可以控制在不妨碍合作的潜伏状态中，甚至可以通过能动性的创造把冲突的因素改变成互利合作的起点，转向双赢的趋势。在这种转化过程中，主导主体的积极牵引是主要方面，从动主体的默契配合能够客观地把握现实格局也很重要。如果从动主体缺乏把握现实格局定力，轻易挑起冲突，无论主导主体怎样牵引，都不可能实现互利与双赢。

三是不轻易主动挑战互动规则。类角色行为的互动规则往往不是由某社会组织制定的，而是由主导主体主持制定甚至是单方面制定的。因此，从动主体往往不愿意买账，常常会产生挑战的冲动。但如果不顾自身能动性要素配置状态的实现，轻易挑战互动规则，就不但会延缓自己转向主导地位愿望的实现，而且极有可能会使自己在互动过程中由从动状态变成被动状态。

四是不轻易主动挑战对方的主导地位，即不主动挑战现实的互动格局。类角色行为的一个重要特点是行为主体的高度自主性。无论是互动规则还是互动格局，都是由双方自身的能动性要素配置格局决定的，而互动行为的发展趋势，则依靠双方各自发挥高度的主体意识以及对主体地位的高度自觉。这种对自身主体地位的高度自觉，作为从动主体来说，就是不轻易主动地挑战现实的互动格局，即主导主体的主导地位。

不管什么事情，没有人不希望能够在与他人的互动中取得主导地位，主导互动过程和发展趋势。然而，如果忽视互动双方能动性要素配置格局这个客观现实，轻易挑战既定的互动格局和互动规则，被破坏的就不仅仅是互动格局和互动规则，而且是从动主体自身固有的权利。

二、类角色从动主体的权利

如果说类角色行为从动主体的自重、自强，必然表达为其自觉地履行承认现实并发挥主观能动性的义务，那么，类角色行为从动主体的自爱和自尊，则归根结底要表达为存续生命，维护人格尊严等权利的行使。

（一）获得生存机会的权利

生命是每一个人身上最宝贵的东西，是承载人们尊严、财富、资源、价值的物质实体，是人间各种审美价值的基础所在。人的生命不可能是永恒的，而且只有一次。一旦获得，就必须受到最认真的保护和珍惜。在类角色行为中，从动主体的生命更容易遇到危机，因而是其权利的首要主题。

作为类角色从动主体的权利，核心问题是在生命遇到危机时能不能得到必要的延续条件和机会。这种机会和条件包括以下两个方面：

第一，爱惜生命是从动主体的权利，应当行使这一权利。在遇到危险的时候，应当呼喊或使用其他方式请求救助；在发生疾病的时候，应当及时就医，不到最后时刻，不能放弃治疗；在失去衣食住行等维持生命所必需的物质条件时，应当请求主导主体的支援和救济，不管迫切需要的衣食住行等物质生活条件是否属于自己所有，都有权利立即获得这些物质条件；在生命受到威胁时，应当进行自卫，以便获得必要的排除威胁的机会。

第二，爱惜生命作为从动主体的权利，表现为主导主体敬重生命的义务。对事关从动主体生命的事项，态度必须明确，行动必须坚决。例如，不能在从动主体发生生命危险时袖手旁观，不能在从动主体发出求救信号时隔岸观火、见死不救；不能在发生利益纠纷时以任何手段危及从动主体的生命；对需要救护的病人应当救护到最后一分钟；等等。

（二）守护人格尊严的权利

自尊是任何社会行为主体意识的另一个重要内容。人格尊严是自尊的底线。如果说能不能承认现实，是处于从动地位的类角色行为主体是否自重的表现，那么，能不能守护人格尊严这条底线，则是处于从动地位的类角色行为主体是否自尊的表现。从动主体的人格尊严，也需要从以下两个方面着手才能维护：

第一，是从动主体自己必须自尊。从动主体在能动性要素配置方面的劣势地位是一个客观事实。从动主体是否自尊，不在于其能动性要素配置是否强大，而在于其对自身主体尊严是否有追求的欲望，是否不因势弱而降低自己的人格标准。中国古代思想家孟子有很多关于行为规则和人格修养的论述，在历史上影响很大，其中有一条涉及人格尊严问题。他说："得志与民由之，不得志独行其道。富贵不能淫，贫贱不能移，威武不能屈，此之谓大丈夫。"① 不管什么人，如果因为自己身处劣势或其他不利条件就降低人格标准，自己不尊重自己，对比自己强势的人低三下四，就会丧失人格，就不可能获得别人的尊重。

第二，当人格尊严受到侵害时，有权利捍卫自己的人格尊严。人格尊严有时并不能仅仅依靠自尊就能得到守护。在社会地位的差别面前，人格修养的参差，是人类自然属性的必然表现，是人

---

① 《孟子·滕文公下》。

类社会发生利益分化以来的常态。恃强凌弱、弱肉强食等侵害人格尊严的现象是经常发生的。从动主体为了守护其人格尊严，难免要付出某种代价，有时甚至要付出生命的代价。人的生命是宝贵的。但是丧失了起码的人格尊严的生命就不再具有人的生命的意义。所以，从动主体在遇到恃强凌弱、弱肉强食者侵害自己人格尊严时，有权利予以反抗。为了反抗恃强凌弱、弱肉强食者对自己或他人人格尊严的侵害，即使付出某些代价，包括牺牲生命，都是受人尊敬的行为。为守护人格尊严而付出必要的代价，甚至牺牲生命的壮举，常常被社会称为英雄行为，是与为捍卫社会正义和进步事业而牺牲生命一样的英雄行为。

第四节 类角色行为的评价

类角色行为并非典型的角色互动行为，而是类似于角色互动的行为。所以，类角色互动行为的价值追求和价值判断都与本来意义上的角色价值追求和价值判断有所区别。评价类角色行为的概念，与评价一般意义上的社会角色行为是不一样的。对类角色行为的评价包括对行为本身的评价，也包括对行为主体的评价。类角色行为主体的心理结构属于人类心理建构的初级阶段，即真善美的自然状态。

一、评价类角色行为的概念

评价类角色行为使用的概念，也区分为本色概念、延展概念和升华概念。其中的本色概念是仁，仁的延展概念是义、礼、善，升华概念是智。不管在哪里，也不管什么时候，即使是评价战争行为，也无非是用这五个字特别是其中的“仁”字和“智”字所标志的价值标准。

（一）评价类角色行为的本色概念

评价类角色行为的本色概念是仁或人道，有时也被称为人道主义。这里所讲的仁或人道，并不像人道主义历史观那样是由许多概念及其相互联系而构成的一种理论体系，它只是一种行为原则或人文关怀理念。因此，把仁或人道理解为类角色行为的一个价值尺度，并不意味着把人类各种社会历史现象归结为人的异化和异化的扬弃。事实上，在人与人的关系中，人文关怀并不是唯一的。除了人文关怀这种关系之外，还有更普遍、更重要的关系，例如角色权利、角色义务、权利和义务的对应关系等。而且，观察和分析任何一个人与另一个人之间的关系，需要并能够使用仁或者人道的机会，与需要并能够使用角色权利、角色义务、权利和义务的对应关系等概念的机会相比要少得多。因此，仁或者人道不能用以解释和分析人类社会历史现象的全部，只能用以观察和分析人类社会历史现象中很少的一部分，只能用以观察和分析人们之间发生的类角色互动行为。这里之所以把仁或者人道理解为类角色行为的评价尺度，实际上是对仁或者人道这个概念使用范围的一种限定，是表示这个概念只能在这个意义上被使用，而不能在其他意义上被使用，不能用以解释和分析人类社会历史中的其他更多现象。

仁或者人道，之所以成为评价类角色行为的本色概念，是因为仁或者人道所标志的对象形态，是类角色行为主体的义务与权利相统一的基础性形态。仁与不仁，是评价类角色行为主体履行其义务、行使其权利的各种互动行为的基础性、原始性价值尺度。仁或者人道是人类社会生活中一种最低限度的权利诉求过程与最艰难的义务履行过程的交叉。试想，当一个人不管是什么性别、什么年龄、什么种族、什么肤色，遇到生命危险时有人对他实施救助，他就能继续活下来，而如果没人对他实施救助，他就只能失去生命。很显然，这时候（只是在这时候），得到及时的救助，就是这个人最基本最底线的一种权利诉求。

与此同时，如果我正好路过这里，我发现了他的这种权利诉求（可能他已经不能表达这种诉求）。这时候，如果他是我的亲人、我现在或者曾经的同事，我要对他实施力所能及的救助，当然是一种义不容辞的责任。但是，如果我并不认识他，他既不是我的亲人，也不是我现在或者曾经同事，我对他没有任何感情，却要花费精力、力气、时间、金钱来挽救他的生命，这时候，我可能选择救助，也可能选择不救助。我可能思考自己救助他以后会不会得到回报，会不会经历一次费力不讨好的尴尬和痛苦，我也可能什么都不去想，什么都没有想，就毫不犹豫地冲了上去。这时候，他可能因为我的犹豫而失去生存的机会，也可能因为我毫不犹豫地救助而得以继续生存下来。很显然，这是一次非常短暂却是非常现实、非常艰难的利益权衡。如果我发现他曾经是我的敌人或者仇人，发现他曾经枪杀过我的战友，或者他杀害过（或者欺负过我自己或者我的亲人），那么，现在我却要对他实施救助，就不但需要超越现实的利益权衡，而且需要克服巨大的情感障碍。

很显然，在这种时候，我无论作出怎样的选择，都是绝对自由的意志空间。同时，在这种时候，我无论作何种选择，都是站在仁与不仁、人道与不人道之间的分水岭上的选择。只有抛开自己和对方现实的角色定义，进入类角色行为的情境，我才能作出叫作仁或人道的选择。所以，仁或人道，在这里只是表达了一种把对方视为一个脱离了任何社会关系、不具有任何社会角色身份的自然人、只是一个自然存在的生命的那种理念，以及从这种理念出发而产生的那种冲动。这种理念不能用以解释普遍性的社会历史现象，只能用以解释某些类角色行为。

仁，在我国古代思想史上是一个十分重要的理论概念。儒学最重要的经典《论语》中多处使用仁这个概念，有时用为政治概念，有时用为伦理概念，包含恭、宽、信、敏、惠、智、勇、忠、恕、孝、悌等多重含义。孟子说得比较精确，认为仁就是爱。《孟子·离娄下》中说："仁者爱人。"儒学另一部经典《礼记·中庸》中说："仁者，人也，亲亲为大。"这里，一方面反映了儒家强调仁爱之心有大小、远近、等差的区别，另一方面说明儒学也认可亲亲之外的泛泛仁爱。在汉代《说文解字》中，作者许慎的解释为："仁者，亲也，从人从二。"宋代徐炫解释为："仁者兼爱，故从二。"他们都强调两个以上的人之间才会有仁爱之事发生。也就是说，仁是一个反映人际关系的概念。迄今为止，在中国数千年的文明史中，仁这个概念，一直是最为活跃地反映一种特定人际关系类型的价值理念。

到了近代，发源于欧洲文艺复兴时期的人道主义理念传入我国，仁这个概念的使用频率大大下降，大有被取代的趋势。18 世纪法国大革命时期，人道主义被具体化为"人权""自由""平等""博爱"等口号。人道主义中所讲的人道，包括尊重人、以人为中心、人格平等、互相尊重等含义，与我国古代所流行的仁这个概念的含义有相通之处。两相比较，仁这个概念更通俗，更具有意会的特征，但从理论上说则显得抽象和模糊。人道则更富有逻辑性和理论性，更有针对性和战斗性，含义也更精确，但从其对现实生活的指导意义来说，显得不够通俗。

从方法论特征上来说，无论是我国古代的仁学还是欧洲近代的人道主义，有一个共同的特点，就是其对象都是没有任何社会差异、角色差异的抽象的类存在。也就是说，无论是我国古代所讲的仁还是欧洲近代所讲的人道，虽然都把聚焦点集中到了人的身上，但其所指向的人，是没有具体的社会分工、社会地位、社会义务、社会权利，仅仅是一个表达类存在物的概念，而不是现实生活中的活生生的人。现实生活中的人，无论是生活在孔子时代的人，还是生活在欧洲文艺复兴时期的人，都是以一定社会角色扮演主体的形式存在的，其社会分工、社会地位、社会权利、社会义务都是千差万别的。因此，无论是用人道还是用仁来表达、反映那些被称为善的行为或现象，只能在极其有限的范围内，表达人们在某种特定情形下出于对同类灾难的恻隐之心。对更多的即扮演各种社会角色的人的善的行为，用仁或人道这个概念就解释不通。因为扮演不同角色的人，对人道与不人道的标准、仁与不仁的界限，不可能不受到其履行角色义务、行使角色权利的现状制约，很难建立一个共通的标准。同一个社会行为，到底符合不符合人道标准、符合不符合仁的标准，扮演社会主导角色的人与扮演社会从动角色的人，在理解上往往是很不一样的。前者认为很人道、很仁义的事，后者可能认为很不人道、很不仁义。

但这并不是说，仁或人道理念在人类价值理念发展史上毫无意义。事实上，现实生活中的人，不但要扮演各种不同的社会角色，而且要经常遇到很多其本来意义上的社会角色范畴之外的社会情境，需要抛开对方的具体社会角色，超越自己本来意义上的角色定位，履行并非其本来意义上的角色义务，行使并非其本来意义上的角色权利。只要人们进入这种类角色行为情境，其行为评价也就要相应地摆脱通常意义上的角色权利、角色义务、角色价值的制约，进入一种淡化了角色身份的境界，因而只能是使用以仁或人道为本色概念的评价活动。

（二）评价类角色行为的延展概念

仁，是评价类角色行为的本色概念，在实际生活中，总是被具体化为一系列的延展概念，例如义、礼、善等概念。

在汉语中，义字的本来含义是标示应该做的或者应该有的，即指公正的、合理的、高踞于个人利益之上的，反映社会共同需求的，因而必须做、应该做的事情，或者必须采用、应该采用的做法，或者必须有、应该有的表现，以及应该达到的标准等。如，“义务”“正义”“道义”“义理”等概念中的义字，都是这个意思。

作为一个概念，义字与仁字所表达的含义有相通之处。其区别在于：仁字表达的是主体的内在素质，而义字表达的则是这种内在素质的外化。可以说，义是一种感性状态的仁，仁是一种抽象状态的义。

虽然这个义字的用法很宽泛，但无论哪种用法，都在不同程度或不同意义上包含着“高踞于个人利益之上的，反映社会共同需求的”含义，都是从其反映作为人这种类存在物不同于自然界的禽兽的本质这个本义出发的。义的本意表明，义是人们在超越各种现实的社会角色规定性的状态下表达人际关系的一种价值理念、价值追求和价值尺度。

礼，是评价类角色行为的另一个重要概念，是仁展开之后的另一个必然的重要内容。所谓礼，包括礼节、礼貌、礼仪，是对类角色行为包括各种救助行为的一个不可忽略的价值指标。礼节、礼仪、礼貌首先表现为一种形式，是主体行为的一种外在表现，而其实质的思想内容则是对行为对象人格尊严的尊重。

礼，并不仅仅是评价类角色行为的概念。在本来意义上的角色互动行为中，角色必须遵循的角色规范中已经包含了礼节、礼貌、礼仪方面的内容，而在类角色行为中，各种互动规范都需要由主体从其自身人文精神的积累中生发出来。所以，礼在评价类角色行为中的意义要远远高于评价本来意义上的角色互动行为。

礼，在汉语中，曾经被作为表达国家制度的概念。所谓周礼，就是周朝规定人与人之间长幼高低秩序的国家制度。作为对类角色行为进行评价的概念，礼主要是表达与义相联系的一种审美意蕴。在类角色行为中，尊重相对方的人格，是以自觉自愿对相对方承担义务和责任为前提的。作为类角色行为主体，不管是主导主体还是从动主体，虽然不是在其既定的社会组织中参与主题实践活动，仍然不能摆脱社会责任，仍然是从社会责任感出发的。如果缺乏义务和责任感这个基础，就会显得缺乏礼貌、礼节。即使是对弱者的救助行为，离开了义务和责任感的支撑，也就失去了对救助对象的敬意和人格尊重。对于被救助对象来说，其人格能不能得到必要的尊重，是其被救助过程幸福指数的一个重要指标。中国古代有“君子不食嗟来之食”的人格律条。所谓嗟来之食，就是指侮辱性的施舍，是指不尊重饥饿者的人格的救助行为。所以，礼是类角色行为一个必要的价值标准。

善，作为评价类角色行为的一个概念，从概念的内涵上说，包括行为的出发点和行为过程两个方面。行为的出发点是善意的，是与人为善的，是从相对方的需求出发的，然后才会有善良的实际行为。从概念的起源上说，善是仁的具体化，是仁德、仁义概念的展开，是爱的扩展。一般意义上的爱是有具体对象的，而善则是超越亲人、朋友、同事等角色关系之外的情感范畴，出于对人这个类概念的把握而发生的理性行为。

作为评价类角色行为的一个特殊概念，善还有一个特别需要把握的含义，就是其单方面的善意和善行，即不求回报，甚至不求感谢的善意和善行。如果计较回报，就脱离了善作为评价类角色行为的本来含义。严格地说，从获得回报的理念出发帮助别人，属于生产社会角色的价值理念，而不属于类角色行为的价值理念，不属于善的范畴。在类角色行为中，主体的价值理念仅仅是出于对人这个类概念的把握。

善有小善、中善、大善三个境界。小善是以利益为价值目标的主体行为，就是在利益上能够替相对方着想，例如出于对陷入困境的人的恻隐之心而对其施以救助，助其脱离困境的善意和善行。这种出于恻隐之心的善意善行可能是偶尔为之，不一定是经常性的表现。中善是以理想信念为价值目标的主体行为，就是把善意善行理解为一种信仰，例如宗教信徒所信仰和表现出来的善意善行。这种出于信仰的善意善行不是偶尔为之，而是经常性的表现。大善则是以真理为价值目标的主体行为。大善也是从信仰出发的一种行为，但大善所表达的信仰不是对任何偶像的信仰，而是对真理的信仰。大善是把类角色行为中的善意善行理解为一种特殊情境下的人文精神，是人的社会性的一种特殊表现。这种闪烁着理性之光的善意善行不但是经常性的表现，而且是必然性的表现。雷锋精神就属于大善境界。他把向每一个需要救助的人伸出援助之手理解为一种社会责任、一种理想信念，理解为人际关系的题中应有之义。雷锋的每一个善意善行都出于一种崇高的人文精神，都闪烁着超越利益藩篱的智慧光芒。

（三）评价类角色行为的升华概念

评价类角色行为的活动，经过反复使用仁以及义、礼、善等概念，又会迎来一个新的升华概念——智。

智这个词的本义，是指一个人比较聪明、智慧。智是评价对象智能、智力在评价主体主观世界的反映。人们的智力水平不但深刻影响着人们的生产行为，而且深刻影响着人们的一切社会行为，包括人们处理社会关系的实践活动，也包括人们的类角色行为。智既是社会角色扮演活动能够达到什么境界的决定性因素，也是人们追求类角色行为价值的决定性因素。中国古代思想家一直把智与仁、义、礼、信一起视为人格修养的重要指标。

智之所以成为评价类角色行为的升华概念，是因为智是类角色行为最高形态的价值追求。一方面，智与否是评价类角色行为主体全部互动行为的终极性或最高级别的价值尺度；另一方面，对于类角色行为主体的价值追求来说，最终都会在智的境界中得到体现或实现。没有智，无论是仁还是义、礼、善，都只以一种主体的状态或主观愿望的形态而存在。而且，离开智，无论是仁还是义、礼、善，都有可能在主体的追求中走向反面，变成不仁、非礼、不义和恶。因为无论是仁还是义、礼、善，都不仅是一种主体行为，而且不能停留在主体状态的层面上，必须由主体的实践活动，变成客体状态，才是类角色行为的终极目标。而人们追求仁、义、礼、善的实践过程并不是一个单纯的主体自我表现过程，而是一个由互动双方为追求统一而相互作用构成的过程。在这个互动过程中，双方互为主体和客体。无论主体对客体的作用，还是客体对主体的反作用，都必须符合各自对象的实际，符合主客体双方各自运动以及互动的规律，即把握主体行为之度，体认客体反作用之度，才能恰到好处地实现主客体的统一。无论对主体行为还是对客体反作用之度的体认，不管是达不到规律所要求的度，还是超过规律所要求的度，都会使人们对仁、义、礼、善的追求走向反面。而对这个度的把握，只有依靠主体自身的智慧才能实现。

度是一个很古老的标志人类实践活动智慧的概念，却是一个很年轻的哲学概念。中国早在两千多年之前就有“过犹不及”的深刻思想，但并没有明确提出度这个概念。在哲学领域，明确地把度作为一个哲学概念确定下来并加以理论阐述的，可能要数黑格尔和李泽厚给人的印象最为深刻。黑格尔把度理解为世间一切事物自行运动过程中由量变到质变的关节点。在他那里，度是一个纯粹的对象，是绝对理念本身。而李泽厚则认为，度“并不存在于任何对象（object）中，也不存在于意识（consciousness）中，而首先出现在人类的生产——生活活动中，即实践——使用中”。[1]

度作为一个哲学概念，其本义是指在时间上不前不后，在力度上不大不小，在强度上不强不弱，在方位上不左不右、不上不下。总而言之，就是在时间、空间、力度、强度等一切维度上都恰到好处的那个点。这的确是人类实践活动中出现的美妙状态。所以，李泽厚把度视为他的人类学历史本体论的第一范畴。度作为一个概念，并不是评价行为主体人文品格的概念，而是评价其实践过程的概念。但不能因此而怀疑其所反映的对象的客观性。黑格尔认为，度首先是一个客观对象，是一个不以人的意志而独立存在于客观对象世界之中的东西。正因为它是一个客观对象，所以才会成为人类需要在实践中牢牢把握的东西，所以才会成为一种人类实践活动的价值追求。由于度已经成为人类实践活动中一种特殊的价值追求，所以在人类的人文品格词典中才会出现智这个概念。人类的实践活动，特别是类角色行为活动，只有牢牢地把握住度，才会实现主客体的统一。

作为评价类角色行为的升华概念，智是对一个具体的类角色行为主体履行社会义务、行使社会权利的实践状态进行评价的最高级别的价值尺度，因而成为评价类角色行为的升华概念。

对于每一个具体的类角色行为主体来说，智无论是对其人文品格评价，还是就其自身关于人文品格的修养来说，都离不开其履行义务、行使权利的社会实践活动。离开一个类角色行为主体履行义务、行使权利的实践活动，不可能对其作出智与不智的价值判断。

---

① 李泽厚著：《人类学历史本体论》，天津社会科学院出版社 2008 年版，第 62 页。

二、评价类角色行为的概念逻辑

与评价各种社会角色相比，评价类角色行为，包括对行为主体人文品格的评价，不但其所使用的概念有其特殊性，而且这些概念之间的逻辑关系也有其特殊性。评价类角色行为经常遇到的逻辑关系，主要是仁性与兽性的逻辑，善与恶的逻辑，以及智与愚的逻辑。

（一）仁性与兽性的逻辑

仁也可以叫作仁性。作为评价类角色行为的本色概念，并不通行于各种有形的既定的社会组织。不管在家庭、企业还是在国家，乃至政党、社团组织，经常性的角色审美，都不会满足于仁，否则就失去了其作为一种具体的社会组织形态的存在意义。然而，仁作为人类生活中一种最低限度的权利诉求过程和一种最艰难的义务履行过程的交叉，又是每一种社会组织生活中不可避免并需要认真解决的问题。这是因为，仁作为一种权利诉求来说，具有最基本最低限度的性质，而这种最基本最低限度的权利能不能得到实现，则需要相对方作为一种义务来履行。而相对方履行这种义务，常常需要跨越现实的利益门槛，甚至需要排除深深的感情障碍。所以，仁并不是人人都能很容易做到的高尚行为。相反，由于在现实的生活中，每一个人都有自己的切身利益，而且每一个人的切身利益都存在着或大或小或明或暗地与他人发生利益冲突的可能性，所以，维护、扩张自己的切身利益，常常是与减少、损害、侵占、剥夺他人的切身利益相联系的。在很多情况下，维护自己的切身利益，就意味着不顾及别人的切身利益。扩张自己的切身利益，就意味着要减少、损害甚至侵占、剥夺他人的切身利益。而只要顾及别人的切身利益，比如满足陷入困境的人的救助诉求，就要牺牲自己的切身利益。如果说不惜牺牲自己的切身利益，满足陷入困境的人的救助诉求，是一种仁义行为，那么，为了满足自己扩张切身利益，而不顾及别人的切身利益，甚至公然减少、损害甚至侵占、剥夺他人的切身利益的行为，则是不仁不义的行为。一切违背仁性原则的行为，归根结底都是为了满足、扩张自己的切身利益。各种违背仁性原则的不仁不义行为，无不倚仗自己所占有的资源优势或能量优势，很像在自然界中畅行无阻的弱肉强食的现象一样。所以，各种不仁义的行为又叫丛林法则。丛林法则是人类自然属性的自发流露。

凡有人的地方，有仁就会有不仁。二者是不可能完全分开的。根本的原因就在于，社会性是人与野兽的根本界限，因而是人的根本特性。然而，人又是从自然界进化而来的，而且不可能与自然界彻底绝缘，会始终保留着某种程度的自然属性。所以，仁性与兽性，无论从逻辑关系上说，还是从客观现实上说，都是人类自身无法避免的一对内在矛盾。这对矛盾的双方既对立又统一。

（二）善与恶的逻辑

善与恶的逻辑和仁性与兽性的逻辑有相似之处。不同的地方在于，后者是一种价值理念形态的逻辑，前者则是一种行为形态的逻辑。

善恶问题是哲学史上一个很古老的问题。不过，哲学史上所讲的善恶都是作为人的本性问题提出并论证的。中国早在春秋战国时期就有思想家讨论这个问题。孟子主张性善论，认为人的本性是善。一切恶的思想和行为都是由于人的本性被现实生活中的利益问题所蒙蔽而导致的。荀子主张人的本性是恶，就是“好利”，自私，所以“争夺生而辞让亡焉”。尽管荀子论证性恶论的逻辑性更强，更容易征服人，然而在历史上长期发挥主导作用的却是孟子的性善论。

与中国不同，在欧洲，性恶论更加根深蒂固，影响也更加深远。基督教一方面认为恶是一切罪过的源泉，另一方面又认为人本性恶，只有依靠上帝才能获得拯救。虽然在文艺复兴时期的人文主义对基督教的“原罪性恶论”形成过很大冲击，但在整个欧洲近代思想史上占主导地位的还是性恶论。性恶论不但在欧洲近代哲学史上有着不可动摇的地位，而且对近现代的伦理学说、政治学说、经济学说、心理学说和历史观点都产生了深刻的影响。启蒙学者关于三权分立的政治设计，马基雅维利的国家集权理念，美国哲学家杜威的民主理论，古典经济学中的市场竞争理论，乃至弗洛伊德的精神分析理论，都是从性恶论出发的。在历史观方面，黑格尔则看到了恶对人类历史的推动作用。正如恩格斯所说：“在黑格尔那里，恶是历史发展的动力借以表现出来的形式。”①

黑格尔确实是一个真正深刻的哲学家。他不但看到了恶对人类社会历史发展的推动作用，而且阐明了善与恶的辩证逻辑。他在《法哲学原理》中说：“唯有人是善的，只因为他也可能是恶的。善与恶是不可分割的，其所以是不可分割就在于概念使自己成为对象，而作为对象，它就直接具有差别这种规定。”这种辩证思维深刻影响了马克思和恩格斯的历史观和经济学。马克思主义经济学说和历史观中的辩证法，就包含着人性善恶相成的观点。

正如黑格尔所理解的那样，善与恶作为两个哲学概念，最值得关注的问题，不是究竟哪个更符合人的本性的问题，而是二者之间不可分割的联系。只有切实把握住二者不可分割的联系，才能更好地把握其本来意义。其实，善与恶都是人的属性中不可或缺的东西。善是人们对其社会属性的自我意识。恶是人们自然属性的自发表现。善与恶的逻辑，恰如人的社会属性与其自然属性的逻辑，既是对立的，又是不可分割的，而且正如黑格尔所说，

---

① 《马克思恩格斯选集》(第4卷)，人民出版社1995年版，第237页。

互为因果。因为有恶，所以才有善。反之亦然。凡是现实生活中的人，都是其社会属性和自然属性的有机统一。任何一个人都既不可能只有自然属性，毫无社会属性，也不可能只有社会属性，毫无自然属性。个体之间的善恶差别，只在于其由于某种原因或各种原因的综合作用而社会属性较为强化，或者相反而致其自然属性较为张扬。一个人如果社会属性强化，则自然属性必然淡化，就表现为比较善良；一个人如果自然属性较为张扬，则社会属性必然淡化，就表现为比较自私。至于一个人为什么会表现为善或恶，则是由于其生活履历、社会教育、或某些甚至某一个偶然的因素而致。

在类角色行为评价活动中，把握善恶之间的这种辩证逻辑尤为重要。在现实生活中，某些社会组织常常为了倡导高尚的人生而树立某些道德楷模。然而，有人对这种道德楷模的看法却离开了辩证精神。要么不许他们有一点道德或人生瑕疵，对其百般挑剔，要么为他们罩上一层神秘的光环，并被这层神秘的光环把自己弄得头晕目眩，甚至有意无意地造成一种引导道德楷模走向反面的客观条件。对一个瑕疵明显甚至已经对社会犯下某种罪过的人，也需要用善恶相成的辩证观点加以观察，决不能把其看成一成不变、无可救药的异类。对犯错误的人进行惩罚是必要的，但惩罚的出发点决不能仅仅是惩罚，而应当是教育、挽救，是引导并切实地帮助其从晦暗的人生转变到光明的人生。

（三）智与愚的逻辑

智与愚是两种不同的人文品格，也是两个不同的哲学概念。智与愚并不仅仅适用于对类角色行为的评价，但在类角色行为的评价活动中具有特殊的意义。智与愚的区别是有客观标准的，是不可能混淆的。所谓智，就是比较聪明，包括反应比较敏捷，即所谓耳聪目明；记忆力、联想能力、逻辑判断能力、辩证思维能力比较强大，因而能够发现别人没有发现的事物，能够看到别人看不到的深度，能够预见到别人无法预见的可能性，在角色互动特别是在类角色行为中总是处于主动地位，等等。所谓愚，就是对外界的事物反应比较迟钝，凡事比别人慢半拍，就是在记忆力、联想能力、逻辑判断能力、辩证思维能力等方面都比别人差一些，因而想不到别人能够想到的深度，预见不到别人能够预见到的结果，在角色互动特别是在类角色行为中总是处于被动地位，等等。

智与愚属于人的个体之间的相对差异。只要是两个不同的人，哪怕是在形象上难以区分的双胞胎，也会在智力上有所不同。人们之间的这种差别，有其物质基础方面的原因，就是以大脑为核心的神经系统方面的个体差异。人们以大脑为核心的神经系统在孕育形成过程中就会出现个体的差异。这就是聪敏与否的先天原因。与此同时，人们以大脑为核心的神经系统在后天发育和成长过程中还会遇到其自身以及各种自身以外的自然和社会环境方面的影响，这就是聪敏与否的后天原因。其中由于主体自身原因对其聪明与否所发生的作用，例如人们的实践经历对其聪敏程度所发挥的作用，叫主观的原因；而外界环境方面所发生的作用，例如人们的受教育程度和智力开发技巧对其聪敏程度的影响，就叫客观原因，属于后天因素的范畴。

智与愚的界限是有客观标准的，但这种界限不是绝对的而是相对的。这种界限的相对性，是指无论智者还是愚者，都只是相比较而存在、因互动而彰显的。与某个主体相比较而显得聪明的人，与另一个主体相比较，就又可能显得愚笨。

智与愚的相对性，还表现在同一个主体的可变性上。就是说，智与愚的界限，除了物质基础方面的原因，还常常与人们的精神因素相联系。比较聪明的人，可能会在一定条件下显得比较愚笨。同样，比较愚笨的人，只要条件具备，也可能显得比较聪明。不管什么人，在比较理性的时候就会比较聪明，在感情用事的时候，就会比较愚笨。所谓利令智昏、急中生智，都是指某种特殊情景对行为主体的直接影响。

人格修养是使人由愚笨变聪明的重要条件。虚心使人进步，骄傲使人落后。不管多么聪明的人，如果不注重人格修养，有了一点成绩就骄傲、自满，就会变得比较愚笨。相反，即使比较愚笨的人，只要树立积极向上的人生态度、以勤补拙的勤奋精神以及虚怀若谷的博大胸怀，就可以逐渐变得聪明起来，发现别人没有发现的事物，看到别人没有看到的深度，预见到别人没有预见的可能性。所以，汉语中有个词汇，叫大智若愚，说的是真正聪明的人并不以聪明自居，而是善于倾听和自己不同的声音。

参考文献

1. ［法］托克维尔著：《论美国的民主》，商务印书馆 1988 年版。

2. 奚从清著：《角色论——个人与社会的互动》，浙江大学出版社 2010 年版。

3. ［英］马尔科姆·卢瑟福著，陈建波、郁仲莉译：《经济学中的制度：老制度主义与新制度主义》，中国社会科学出版社 1999 年版。

4. ［法］托克维尔著，陈天群译：《旧制度与大革命》，江西人民出版社 2013 年版。

5. ［美］雅克·蒂洛著：《伦理学——理论与实践》，北京大学出版社 2005 年版。

6. 陈原著：《社会语言学》，学林出版社 1983 年版。

7. 《马克思恩格斯选集》（第 4 卷），人民出版社 1995 年版。

8. 王海明著：《伦理学原理》，北京大学出版社 2009 出版。

9. ［美］威尔·杜兰特、阿里尔·杜兰特著，倪玉平、张闶译：《历史的教训》，中国方正出版社、四川人民出版社 2015 年版。

10. 郭沫若著：《中国古代社会》，人民出版社 1964 年版。

11. ［英］查尔斯·埃利奥特著：《印度教与佛教史纲》，商务印书馆 1985 年版。

12. 金宜久主编：《伊斯兰教教史》，中国社会科学出版社 1990 年版。

13. 王韶兴著：《政党政治论》，山东人民出版社 2011 年版。

14. ［英］安德鲁·海伍德著：《政治的常识》，中国人民大学出版社 2014 年版。

15. ［法］托马斯·皮凯蒂著：《21 世纪资本论》，中信出版社 2014 年版。

16. 何新著：《论政治国家主义》，时事出版社 2003 年版。

17. 陈志尚主编：《人学原理》，北京出版社 2005 年版。

18. 赵敦华主编：《西方人学观念史》，北京出版社 2005 年版。

19. 李中华主编：《中国人学思想史》，北京出版社 2005 年版。

20. 李泽厚著：《人类学历史本体论》，天津社会科学出版社 2008 年版。

后　记

这本书从动笔到成稿，已经有八年时间。如果从最初的冲动和酝酿开始算起，则已经有近30余年时间。期间，得到了很多同志热情而无私的支持、帮助和鼓励。他们有的从一开始就强调这是一件填补理论空白的工作，鼓励我下功夫把这件事情做好，有的从头到尾仔细阅读过我的初稿，并提出过很具体的修改建议，有的热情提供参考文献，有的热情介绍出版机构。他们有的是我在北大哲学系读书时的老师或同学，有的是我在从事哲学教学和理论研究工作时的同事和朋友，其中包括李伟民、许全兴、陈志尚、许志功、路日亮、邵志强、张晞海、张志浩、刘跃钊等同志。他们让我从内心里深切地感到，这本书上署的是我一个人的名字，实际上它是许多人共同努力的成果。特别是李伟民同志，他在我写作这本书的过程中，不但提出过很好的修改意见，而且从始至终多次主动地过问这本书的写作和修改情况，在我感到困难时给我以鼓励，督促我务必善始善终。借此机会，向这些同志表示衷心的感谢。

齐世泽

2020年11月